重庆市人文社会科学重点研究基地项目计划（项目批准号：18SKB004）

德行与才智

Virtue and wisdom

幸福生活的社会认知基本维度

毕重增／著

商务印书馆
创于1897 The Commercial Press

2019 年·北京

图书在版编目(CIP)数据

德行与才智：幸福生活的社会认知基本维度/毕重增著. —北京：商务印书馆，2019
ISBN 978 - 7 - 100 - 16745 - 1

Ⅰ.①德… Ⅱ.①毕… Ⅲ.①社会认知—研究 Ⅳ.①C912.6-0

中国版本图书馆 CIP 数据核字(2018)第 238850 号

德行与才智：幸福生活的社会认知基本维度
毕重增 著

商 务 印 书 馆 出 版
（北京王府井大街36号 邮政编码100710）
商 务 印 书 馆 发 行
北 京 冠 中 印 刷 厂 印 刷
ISBN 978 - 7 - 100 - 16745 - 1

2019 年 4 月第 1 版 开本 787×960 1/16
2019 年 4 月北京第 1 次印刷 印张 13¼
定价：65.00 元

前　言

　　生活中什么最能牵动我们的神经？具体的回答有千种万种，绝大多数答案或与德行有关，如背叛、冷漠、欺骗等。个人生活中如此，社会生活也是如此，例如在轰动一时的"小悦悦事件"中，人们广泛讨论的一个问题是面对一个儿童遭受生命之危，人们为什么会无动于衷？孟子说人人具有善端，难道那些旁观者是坏人吗？我们生活在一个不德的时代吗？如果是这样的话，我们又如何在这样的环境中护佑自己的温暖和幸福呢？

　　依据个案来判断一个时代、一个族群往往是危险的。对于这些社会现象，合理的认知是将其纳入社会结构和社会运行的框架之中去理解。如，在评价一个人或一个群体的道德时，运用社会认知理论纳入能力维度和宏观社会规则机制，就能够理解这种类似"老人倒了不去扶"现象背后所缺乏的其实不是道德和勇气，而是因为个人通常没有能力去应对很大概率发生的"被讹诈"，是助人代价超越了一般人的现实担当。也就是说，这些看起来是道德的事件，其本质并不具有个体意义上的道德内涵，根源不是个人的道德。在陌生人群中，个人的行为责任无法由他人背书，而"好心"的意图也是主观、难以呈现确凿证据的因素，当能力无法承担起可能的损失时，所有的善意就失去了意义，人们自然会选择冷漠。

　　另外，特定案例所引发的思考，已超越了这类小概率事件会不会发生在自己身上的问题，扩展到了我们如何理解社会运行规则，如何对自己的行为进行取舍，如何来界定自己和认识他人，从而营造良好的生活秩序和内心平安。社会转型已经使得一个非常简单、几乎无须回答的"做人还是做事"重新成为问题。当人们纠结于做人与做事的优先顺序，无法正常释放自己善意的时候，内心一定是痛苦的。如何理解这个过程中指导人们行为的潜规则，形成了本书写作的一个宏观背景。

与道德困惑相若的另一个时代主题是幸福。人们通常认同这样的表述："幸福是相同的，而不幸的人各有各的不幸。"幸福是什么？其定义和理解千千万，一个主要纠结来自内容。影视文学、自媒体铺天盖地描述人们追求事业会带来不幸，暗示等待高成就者的将是不幸福。然而，这些描述对于由贫穷带来的种种不幸，如无钱医病、上学等，却难以自圆其说。幸福本质上并不排斥富有和成就，关键是如何取得成就。那么，如何取舍自己的追求才是幸福之道呢？是追求成就，还是攒人品？是修炼能力，还是培养品德？从已有研究来看，虽然幸福的感受和评价非常复杂，但才智和美德对于幸福而言都不可或缺，将社会生活、个人发展的阶段性等因素考虑在内，就能够了解何者优先，何者基本；何者是潜台词，何者是真刀枪，幸福才会落到实处。

本书中"社会认知基本维度"主题所描绘的内容，是认知他人的框架，也是自我发展、自我批判的框架，还是社会架构阶层地位的依据。这多重性质决定了其对解释、描述幸福的多维性和重要性。无论对于个人还是群体、组织，认知和处理好二者的关系，是发展内外秩序、营造幸福生活绕不过去的主题。

本人对社会认知内容基本维度的研究，肇始于 2010 年与奥斯卡·伊巴若（Oscar Ybarra）教授讨论如何从内容角度描述个体以及群体关系对社会认知的影响——"鬼子"是一个例子。我访问安娜堡之前，主动被动看过很多有关"鬼子"的作品，伊巴若到访北碚前曾在多个周边国家访问，对"鬼子"这个词汇印象很深刻。双方对"鬼子"都有很多想象，但认知并不一致。2011 年初夏一起登缙云山，由本地"中国西部科学院"、嘉陵江对岸复旦大学的登辉堂、缙云山上的哲学家等历史，自然又提起了这个社会认知绕不过去的问题。中文里"鬼子"不等于"外国的魔鬼"（foreign devil），这个词具有褒、贬双重含义，既可描绘聪明有为，也可描述心怀叵测。仅仅两层含义之间的关系就是一个有趣的研究问题，但却极不容易用心理学方法来操弄。有关讨论确实激发了我对社会认知内容研究的兴趣，其时我关注的问题是描述自信，基本维度就被当作一个内容框架来看待。

　　初读有关文献，发现过去半个多世纪人文社科有多个领域有相近议题的研究，如华沙大学波格丹·沃乔斯基（Bogdan Wojciszke）教授从个体角度出发解读社会认知基本维度，普林斯顿大学苏姗·菲斯科（Susan Fiske）教授从群体角度建构有关理论。回望我国文化历史以及当前自我认知和认识他人的内容也可发现，"德"与"才"在对中国人描述中具有基础性。在东西方思想和文献的基础上，暂假定"德"与"才"是我要研究的社会认知基本维度。但真正开始实证研究，却还有另外两个理论铺垫。

　　第一个理论铺垫来自"行为归类假设"及相似的哲学论述。跟黄希庭教授学习人格心理学时，先生多次邀请北京大学王登峰教授到校讲有关中国人人格结构的研究。王登峰主张对于同样的行为，可以归纳出完全不同的人格结构。这个理论假设与哲学家邓晓芒所阐释的文化心理模式有异曲同工之妙。邓晓芒阐述东西方都有真善美的追求，但这些要素在各自文化中的安排不一样，他认为东西方文化心理最根本的是模式差异，而不是要素差异。这些宏观假设和哲思很好地回应了当前人文心理学某些领域话语取舍的困境，运用还原论和元素主义去寻求文化差异，不仅无法有效描述文化差异，而且可能抹杀了文化差异。这类研究无法获得描述和解释现实生活的鲜活生命力。社会认知内容基本维度研究的出发点是回应人类主体存续的两大需求：进取和与人合作共处对于任何文化都是最基本的、适用的。两大基本维度既可以用来描述西方，也可以用来描述东方文化中的个人和群体，不同的应当是二者所具有的权重以及作用条件差异。同理，在历时性维度上，两大内容主题的关系必然会随时代而发生变迁，不管是个人、群体抑或是国家，都需根据发展要求来调整二者的关系。

　　第二个理论铺垫来自对中庸心理的理解。黄希庭教授多次提醒我要关注本土心理学研究的主题和研究者。这方面所能读到的是杨国枢、黄光国和杨中芳的著作，最具吸引力的当属杨中芳博士所提倡的中庸研究。虽然西贤亚里士多德有中庸方面的表述，西方思维中也饱含中庸思维的要素，但这个命题对于当前生产革新、文化与社会大变迁中的普通人更具适应性价值，更是因为具有深刻的历史传承和现实基础。我在读中庸相关文本时，一个最简单的问题是中庸主张"叩其两端而用中"，那么，人们在认识自己和他人时的"两端"内容分别是什么呢？是圣人与禽兽，君子和小人，还是德与才？一个基本的生活经验帮助我切入思考这个问题。小时候看电影人们总是要问：这个人是好人还是坏人？这并不是偶然的个人经验，也不存在非此即彼的选项。彼时是媒体走向普及、陌生形象开始渗透到日常生活的时代，人们对于媒体形象相当陌生，人们认识陌生人所要做的第一个判断就是判断其好坏——是竞争者还是友人。今天人们或已不再如此简单粗暴地问这个问题，但认知他人的动机仍然是社会认知内容分化的起端。与德行内容相对的另一端，是随着进入学校、步入社会而渗透到每个人生活中的才智，是独立生活的基础。作为一项普世的事业，教育系统总是切中文明的最基质：首先是教学生成为一个好人，起码是个合格的公民，而后是获取谋生的技能、发掘创造的才智。虽然关于中庸的阅读没有使我去专门做中庸的研究，但中庸的思维方法启动了我去思考阴阳、天地人等传统命题，并认定德行和才智应该是世俗生活中最基本的社会认知内容，是认知自己和他人的基本维度，也是奠基、权衡幸福的内容框架。

在这些理解支撑下，我开始了社会认知基本维度内容的探索研究。首先是建构衡量两大基本维度的材料，即发展工具将概念转化为分数，实现概念的操作化问题；而后在一些基本议题中检验已有的研究、扩展描述自我和他人的框架，如基本维度与自我评价的关系、基本维度与社会结构的关系。通过研究，不但验证了西方已有的理论和国内其他学者的洞察，并且渐次有所发现，例如：研究材料的内容效价可能会左右研究的结果，对于同一个变量，采用消极素材可能就会得到与采用积极素材极不同的结果；再如，西方研究发现的能动性主导自尊这一"规律"，就不能很好地在幼儿和老年人群体中复现，这些群体的生活并非由能动性主导。另外，我和研究生还以认知神经科学的方法探讨社会认知内容加工时的脑活动特点，虽然是些最基础、最显而易见的问题，但确实也都是目前尚没有正面答案的一些问题，算是有所得。

当然，由于我个人偏于人格心理学立场，已经进行研究也多属于人格心理学关心的问题，在本书大题目下所叙述的内容，自然会有偏颇。所幸国内已有研究者从社会学立场出发来研究这个主题，有关内容引用颇多，十分有益。另外，在本书最后，为了全面理解社会认知内容的组成、相关的心理过程和心理现象，并产生实际的用途，我根据这几年的理解开列了若干需要探究的理论和应用问题，期待这些问题能抛砖引玉，呼唤出新的研究。

需要说明的是，本书并不是一本幸福修炼指南，书中没有探讨如何具体地去获取幸福问题，也没有探讨为什么会不幸福。本书探讨了认知和界定自我、他人、群体、组织、文化的两个基本内容维度，这两个维度内容的取舍会塑造人们幸福的内容、追求的方向，对幸福有深刻而系统的影响，因而将幸福作为了本书的副标题。

目　录

第一章　社会认知内容基本维度研究概述

　　个体通过了解自我、他人和社会群体的特征以及行为动机等来适应社会生活，对自我、他人和社会群体的特质、动机意图、行为等的认识组成了社会认知的内容。社会认知的内容复杂多样，如何以简单内容结构来描述自己和他人，是人格与社会心理学、跨文化心理学、健康心理学等领域的诉求。

一、基本维度的核心概念和主要理论

　　为适应社会，个体需要注意、推断以及存储有关自己和他人特质、动机、价值、目标的信息（Van Overwalle，2009）。尽管有许多推断，但社会认知方面的研究表明，人们所做的有关他人和自己的推断有两大类基本内容或两个基本维度（Bakan，1966；Chance，1988；Hogan，1983；Wiggins，1991；Ybarra et al.，2008），被整合到各种不同的标签下，如男性度（masculinity）与女性度（femininity）、智力（intellectually）与社会期许（socially）、个人主义（individualistic）与集体主义（collectivistic）、温暖（warmth）与才干（competence）以及社群性（communion）与能动性（agency），它们都包含相似的核心内容（Abele and Bruckmüller，2011；Abele and Wojciszke，2007；Fiske et al.，2007；毕重增等，2013）。

　　（一）概念源流

　　社会认知内容可以归纳为两个基本维度（Abele and Bruckmüller，2011）：社群性（communion）强调与他人建立亲密关系或者是与道德行为相关的特质；能动性（agency）则是个体在追求自身成就目标过程中展现出来的特质（Fiske et al.，2007；Ybarra et al.，2008）。两大维度易于理解，常

1

会自发地被用来描述自我和他人（Trapnell and Paulhus，2012）。两大维度的社会认知功能不同，社群性特质驱使个体融入社会群体中去，包括利他主义、亲和动机、情感表达等，被知觉者的社群性特质可以直接对知觉者带来利益或造成伤害，因此通常为他人导向（Abele and Wojciszke，2007；Reisz et al.，2013）；相反，能动性特质驱使个体个性化，不断提升自身能力，无论个体支配性高低或是能力强弱，都直接服务于个体自身，是自我导向的（Abele and Bruckmüller，2011）。

从 20 世纪 60 年代班肯（Bankan）开始提出社会认知的两大基本维度，到沃乔斯基等明确主张两大基本维度，在大约半个世纪的时间里有众多研究者偏好以两分法描述所研究主题的内容。除了心理学领域中认知度较广的概念，如性别角色、个人主义与集体主义，其内容指向二元社会认知内容之外，还有更早来自于领导行为和群体功能等社会科学经典领域的研究。2014 年，埃伯利和沃乔斯基对有关主题进行了总结。在领导行为、人格发展、性别角色、自我建构、生命叙事、自我认知、群体认知等众多研究主题中，都浮现出了社会认知内容的两大基本维度（Abele and Wojciszke，2014）。①新精神分析在其生命发展任务理论中描述了自主和信任。自主与羞怯和怀疑相反，指向了我能否做我自己，是自主能动的维度；怀疑与不信任相反，核心是我可否信任其他人，是人际维度。②社会学家在研究群体功能时将行为区分为工具性和表达性。工具性描述行为以实现社会系统一部分的群体目标为导向，表达性描述行为以内群体和谐、团结、休戚与共为导向。③在领导行为研究中，领导风格区分为关心和体恤两种，前一种风格的领导看重分工、主导行为，规定群体如何完成任务，后一种风格的领导关心群体成员福利。④罗森博格等在对特质进行多维度研究时，将特质从智力和社会性的好与坏进行了区分，前者是与智力活动有关的特质，如灵巧、果断、愚蠢、迟钝，后者是与社会活动有关的特质，如温暖、和气、冷酷、不受欢迎。⑤在性别刻板印象、自我概念维度研究中，都涉及了男性度和女性度，分别描述男性的性别角色特质，如果断、支配和进取，女性的性别角色特质，如富有同情心、情绪化和依赖。⑥人际关系环理论、社会分析理论也将相关的内容分为支配和温暖两大类，支配的两极是主导和服从，以向前进（进取）为核心，温暖的两极是嘘寒问暖与冷心肠，以人们间的共同相处为目标。⑦在描述自我建构研究中，将自我区分为独立自我和互倚自我，前者关心个人的权利、自主、自我实现高过责任与义务，如独立和独特；后者关注群体成员、为共同利益牺牲，对群体的责任与义务优先，如忠诚和合作。⑧在生命叙事研究中，叙事内容聚类中有权力和亲密两大主题，前者关心影响力、独特性和权力，后者关心联结、社交和爱。⑨对特质和行为类型进行研究时，研究者先后将其分为能力和道德，前者指目标达成的能力、技能和效能，如效率和愚钝，后者是将个人目标与他人及道德标准联系起来的内容，如公平和背叛。⑩刻板印象的内容区分为能力和温暖，能力依附于社会权力地位的高低，如能力、效能、才智和灵巧；温暖依附于与本群体合作或竞争的关系，如友好、温暖、真诚和可靠。⑪描述自我欺骗倾向中也区分了超级英雄和圣人，前者是一种自我中心偏差，倾向于夸大个人的社会地位和才智，后者是一种道德主义偏差，倾向于否认偏离正常的冲动。

对社会认知基本维度的研究源于欧美心理学界，在研究中使用的概念标签各不相同，虽然具体的内容有差异，但都指向了前述两大基本维度。各个标签各有其学术渊源，在使用时也有限定性。如菲斯科等人的研究使用了能力和温暖这对概念，易于理解，但其操作性定义包含的实际内容较少，在描述群体时固定使用几个词，虽足以区分两个基本维度但也可能忽略了效价的作用。再如，性别角色取向的研究者通常采用词汇列表和句子组成的问卷，价值观主题领域的研究也是以短语组成的问卷为主，还有一些研究采用包含背景或情景信息的句子。侧重于从认知过程的研究纳入效价因素，但这些研究者又很少关心群体差异这个社会认知领域的基本问题。

概言之，由于学术背景不同，基本维度研究的重点和概念化方式也有差异，偏向社会学背景的研究者关心群体过程、认知群体、社会结构与基本维度的关系，偏向心理学背景的研究者关心基本维度内容认知加工的心理过程特点、与认知自我的关系等。有代表性的基本维度概念操作化工具介绍，见本书第二章。

在翻译西方术语中出现了对基本维度标签术语的多样化理解，尤其是

communion，反映了基本维度内涵的丰富性，也反映了这个领域还需要更多的研究。日本研究者将communion翻译为"共同性"，仅以对应的汉字去理解，这个翻译也能很好地体现communion的社会性，但汉语情景中"共同性"与"差异性"对称，故而用"共同性"在表意上能体现"和"而对"不同"的体现不够完美。陶云等将两个基本维度翻译为"共融性"和"动因性"，共融性的"融"字具有浓厚的集体主义意涵，但社群建设在当今除了形成共同体，还有经济社会发展赋予了个体独特性的一面，能够"和而不同"；"动因性"突出了动机的一面，这是能动性中重要的动力特征，是直接翻译为能力所不能表达的成分，但"动因性"中的能力和才干意味有所减弱。另有研究者采用的不是communion这个词汇，而是warmth，翻译为"热情"或"温暖"，也很好地表达了社群性中的积极一面。

美德、责任在现代生活中占有很大的重要性，人的能力越发展，越需要协调与他人、社会的关系，舍去了这些前提，就会陷入一种"无政府主义"的自由主义、社会达尔文主义。换言之，社会契约、文化认同这些是先于个人能力意义的发掘。这些内容构成了生活的信仰、习俗和行为原则，是幸福生活、群际和谐的基本保障。如果只有物质主义、权力主义，就会变成粹民，社会结构破损，一切意义都会超越心理健康的边界。

两个基本维度在描述个人和群体时也有偏向，描述个体时通常表达为"XX性"，强调人格特质或倾向性，而描述群体时通常会去掉"性"而直接用名词表达。在本书中，引用时会尊重原作者语境中使用的有关表达，而一般性涉及两个维度时偏好采用**社群性**（communion）和**能动性**（agency）这对术语，通俗地讲，前者表达的是本书标题中的"德行"内容，后者表达的是"才智"内容。选择社群和能动更多是一种先入为主的表达习惯问题，而不是要表达不同的意义。有关术语对照见表1-1。

（二）基本维度的主要理论

1. 双视角理论

双视角理论（Dual Perspective Model，DPM）是沃乔斯基、埃伯利及其合作者在系列研究中提出的，也参见王凯等（2016）的综述性介绍。双视角模型包含三个假设：首先，社群性内容在基本维度中具有一般优先性；其次，

表 1-1 两个维度术语的翻译对照

社群性	能动性	使用情况
热情、温暖、温情（warmth）	能力（competence）	佐斌等（2006）；管健（2009）；苑春永（2009）；高明华（2010）；管健、程婕婷（2011）；张庆、王美芳（2011）；程婕婷、管健、汪新建（2012）；郑健、刘力（2012）；张燕等（2013）；王美芳、杨峰、杨云云（2013）；张珊明、罗伏生、钟毅平等（2013）；佐斌等（2014）；代涛涛、佐斌、温芳芳（2014）；苏昊（2014）；杨文琪等（2015）；王沛等（2015）；张珊明、钟毅平、罗伏生（2015）；张珊明等（2015）；佐斌等（2015）；周春燕等（2015）；汪新建、程婕婷（2015）；佐斌等（2016）；赵卫星、郑希付（2016）；向敏、毕重增（2017）；徐朝娜、赵玉芳、毕重增（2017）；周迎楠、毕重增（2017）；韦庆旺、李木子、陈晓晨（2018）
诚意（warmth）	能力（competence）	庞隽、毕圣（2015）
温暖性（warmth）	能动性（competence）	韩梦霏、Ybarra、毕重增（2015）
温暖性（communion）	能动性（agency）	陈菲菲、毕重增（2014）；陈菲菲、毕重增（2015）
共融性（communion）	动因性（agency）	王凯、陶云、陈睿等（2016）
共同性（communion）	作动性（agency）	土肥伊都子、廣川空美（2004）
集体性（communal）	能动性（agentic）	蔡华俭、黄玄凤、宋海荣（2008）
共享性（communion）	自力性（agency）	佐斌、代涛涛、温芳芳等（2014）
亲和性（communion）	能动性（agency）	佐斌、代涛涛、温芳芳等（2015）
表达性（communion）	能动性（agency）	蔡贞、毕重增（2012a，2012b）；蔡贞（2013）；韩梦霏、毕重增、张继元（2013）；李雪姣（2014）；郑鸽、毕重增、赵玉芳（2015）；蔡贞、毕重增（2015）；郑鸽、赵玉芳（2016）
社群性（communion）	能动性（agency）	陈菲菲（2016）
共生（communion）	能动（agency）	潘哲、郭永玉等（2017）

在观察者视角下，社群性内容比能动性内容所占权重更大；最后，在行为者视角下，能动性内容比社群性内容所占权重更大。

双重视角模型（Wojciszke et al.，2011）认为社会认知内容的双重性反映了社会互动视角的双重性，即行动者和接受者在利益上存在差异。行动者关注行为的完成，这要求衡量能力类特征属性，能力相关内容因此就具有更高的重要性和认知易得性，而接受者关注行为的发生以及如何避免由行为带来的伤害或获得利益，这就导致对社群性内容更敏感。在个体感知自我、亲密他人以及那些代理个体利益的人时，能动性内容在塑造认知、情感反应和行为中扮演了重要角色，出现能动性视角。

当感知他人以及他人行为时就会出现接受者视角，此时社群性内容在认知和行为上是主导的。换言之，在观察者视角下感知他人、认知他人时，社群性在个体认知和行为上起主导作用；在行动者视角下感知自我、亲密他人以及那些代理个体利益的人（如律师）时，能动性在个体的认知、情感和行为中起主导作用（Abele and Wojciszke，2014；Wojciszke and Bialobrzeska，2014）。

2. 刻板印象内容模型与系统模型

菲斯科及其合作者的研究采用的基本维度标签为能力与温暖，并以刻板印象内容模型（Stereotype Content Model，SCM）作为研究群体认知的理论框架。菲斯科最先采取 competent，intelligent，confident，competitive，independent 五个特质词汇测量能力维度，随后调整为 competent，capable，intelligent，efficient，skillful；温暖维度最初则包括 sincere，good，natured，warm，tolerant 五个词汇，然后调整为 warm，good-natured，sincere，friendly，well-intentioned，trustworthy（汪新建、程婕婷，2015）。

菲斯科及其合作者卡迪等总结了刻板印象内容模型的四个假设（Cuddy et al.，2004、2008、2009；Fiske et al.，2002；高明华，2010；佐斌等，2006）。

第一，双维度假设。可以通过能力—热情两个维度来确定各类群体在社会中的位置。

第二，混合刻板印象假设。大部分社会群体在上述两个维度上都是一高一低的，即那些能力强的群体，通常在热情维度上得分较低，或者相反。只有少数群体在两个维度上都占据较高或较低的位置。高低搭配的认知模式符合**补偿效应**（compensation effect）。

第三，社会结构相关假设。社会结构可以预测能力和热情。一是社会地位与能力呈正相关，人们倾向于认为社会地位高的人能力也更强；二是竞争性与热情呈负相关，与本群体有竞争关系的群体通常会被认为缺乏热情，或者说在热情维度上会被评价较低。

第四，内群偏好和榜样群体偏好假设。人们在评价自身所属群体（即内群）时，通常在两个维度上都给予较高的分值，称为纯粹刻板印象或非矛盾的刻板印象。对社会榜样群体（或称社会原型群体，如中产阶级）的评价也属于这种双高类型。与内群体偏好联系在一起的是**晕轮效应**（halo effect）。

以两大维度区分不同的群体，这些群体会唤起人们不同的情绪和行为倾向，三者结合形成了群际情绪—刻板印象—行为趋向系统模型（Behaviors from Intergroup Affect and Stereotypes Map，BIAS Map）。SCM 的优点在于通过实证研究将复杂的刻板印象内容化约为热情和能力两个基本维度，而 BIAS Map 的最大创新在于将 SCM 模型和情绪与行为进一步联结，使刻板印象内容模型推向深入，更加有助于揭示内群体与群体间态度的复杂性和内在心理过程，窥见内群体、群际知觉与互动中的认知多样性（管健，2009）。

表 1-2　两个维度 SCM 与 BIAS Map 的模型组合

能力	热情	群体特征	唤起情绪	行为取向	群体举例
高	高	社会地位高，具有竞争性	自豪、赞美、钦佩	帮助、保护	中产阶级、大学生
高	低	社会地位高，具有竞争性	嫉妒、妒忌、羡慕	合作、联系	亚裔、犹太人、富人
低	高	社会地位低，缺乏竞争性	可怜、同情	忽略、漠视	穷人、残疾人、家庭妇女
低	低	社会地位低，缺乏竞争性	轻视、贬低、嫌弃	攻击、反抗	药物滥用者、吸毒者

资料来源：管健，2009。

在 BIAS Map 的系统模型中，高热情—高能力群体是受羡慕的（admiration），低热情—高能力群体是令人嫉妒的（envy），高热情—低能力群体是令人怜悯的（pity），而低热情—低能力群体是令人嫌恶的（contempt）；四种不同的行为反应包括主动助长（active facilitation，例如，帮助与保护）、主动伤害（active harm，例如，攻击与反抗）、被动助长（passive facilitation，例如，合作与关联）与被动伤害（passive harm，例如，忽略与漠视）。BIAS Map

假定热情是首要维度，知觉到的热情唤醒积极性行为，如果群体被判断为热情，则引发主动助长，否则导致主动伤害。在处于从属位置的能力维度上，如果群体被判断为高能力则唤起被动助长，否则引发被动伤害。

3. 社群性优先效应

两大维度区分具有稳定的认知加工差异。有研究发现，人们对于社群性信息加工具有优势，社群性信息为优先所注意、识别、赋予更大的权重，对于陌生人信息的搜寻，社群性也是优先的（佐斌等，2015）。社群性特质优于能动性特质的特点，得到社会信息加工和语言内容分析研究的支持，具有跨文化的一致性（Ybarra et al., 2012）。

社群性具有一般优先性（primacy），个体在识别、褒贬判断、特质提取等早期认知加工阶段对社群性特质的反应较快，且能够迅速地从描述行为的句子中提取出社群性信息；当人们自发描述他人时，最先提及的是他人的社群性特质（Abele and Bruckmüller, 2011；Ybarra et al., 2001），更多地运用社群性的措辞。当人们初次与陌生人相遇，往往是通过搜集有关此人的社群性特质信息对其形成印象（Brambilla et al., 2011）；人们更倾向于通过社群性角度而不是能动性角度来解释他人的行为（Abele and Wojciszke, 2007）。伊巴若等首先对两维度信息选择偏向进行了研究（Ybarra et al., 2001），发现人们在词汇判断任务中对社群性内容的再认快于能动性内容。埃伯利和布鲁克米勒研究发现，当要求对特质词的效价进行分类时，人们对社群性特质词的分类比能动性特质词更快，这种加工优势在积极信息和消极信息上都得到了体现（Abele and Bruckmüller, 2011）。

在语言内容分析研究中，埃伯利和沃乔斯基（Abele and Wojciszke, 2007）对特质词评定的研究发现，社群性因素解释评定的变异（66%）是能动性因素（23%）的两倍多。伊巴若等（Ybarra et al., 2008）分析了372个泛文化行为，比如赠送礼物、传播流言蜚语或自我控制，结果显示，2/3的行为与这两个维度相关，在只与其中一个维度相关的216个内容中，87%被评定为社群性特质，只有13%被评定为能动性特质。而且，与能动性特质相比，对社群性特质典型性的认同在各国之间更具相似性。

社群性优先效应会受到人际关系类型、地位关系、任务和交往目标的调节。埃伯利、沃乔斯基等的研究表明，人们认为亲密朋友的社群性特质和能动性特质都更重要（Abele and Wojciszke，2007）；在交换关系条件下更多地关心交往对象能动性特质（Abele and Brack，2013）；拥有权力会加强人们对他人能动性特质的兴趣，而处于较低地位会增加人们对他人社群性特质的兴趣（Cislak，2013）；在官僚化组织中，在预测雇员对上司的态度方面，社群性的预测力强于能动性，而在以效率为导向的组织中，能动性的预测力强于社群性（Wojciszke and Abele，2008）；当要求寻找一位可以透露秘密的人时，研究对象偏向于关注对方的社群性特质（Wojciszke et al.，1998），但是当要求寻找一位公正的谈判者时，研究对象更偏向于关注能动性特质；人们对他人的智力评价会随任务和目标的不同而发生改变（Wojciszke et al.，1998），持有掌握目标的人们更多地选择了能动性特质交往对象（Abele and Brack，2013）。

社群性优先效应的理论解释主要有两种：一种是目的／能力解释，即认为对他人是敌是友的热情判断对人类生存具有更加重要的意义；另一种双重收益解释，即认为人们更容易知觉到那些能带来利益的热情特质（张庆、王美芳，2011）。

4. 能动性主导效应

社会认知中并不总是社群性优先，双重视角模型描述了社会认知内容重心会随视角而改变（Abele and Wojciszke，2007）。在行为者视角下，能动性内容比社群性内容的权重更大。行为者主要对成功实现目标感兴趣，会用自利或自损的能动性特质监控和解释他们自己的行为，而且尤其对自利的能动性特质感兴趣。埃伯利和布鲁克米勒的一项研究为这一假设提供了直接支持证据，他们发现描述自己比描述他人时使用了更多能动性特质和更少社群性特质（Abele and Bruckmüller，2013）。

能动性主导效应（dominating effect）最有力的证据来自自尊的研究。当要求回忆影响自尊的事件时，人们更多地回忆起成功或失败等能动性行为（Wojciszke and Abele，2008；Wojciszke，2005）。能动性因素总是能够显著而强有力地预测自尊，而社群性只是一个微弱的预测因素，并且经常达不到显著水平，自尊水平只受能动性记忆的影响，而不受社群性记忆的影响（Wojciszke et al.，2011；Wojciszke and Sobiczewska，2013）。这种能动性对自尊的影响大于社群性的效应，且这一模式不受个体自我结构差异的调节也得到了跨文化研究的验证（Wojciszke and Bialobrzeska，2014），这种效应既存在于高个人主义的文化，也存在于高集体主义的文化。

对行为的解释、预测和情绪反应等方面的研究为能动性主导假设提供了进一步支持。沃乔斯基研究发现，自我意识激活会导致人们对虚构人物行为进行更多能动性解释（Wojciszke，1997）。埃伯利研究发现，对自己能动性的评价可以预测两年后的事业成就，而社群性评价对事业和私人生活都没有预测力（Abele，2003）。埃伯利和斯巴克的纵向研究也表明，在职业生涯开始时自己能动性评价对 10 年以后事业成就有较强预测力，而社群性特质评价只能微弱地预测在 10 年期间的私人生活（Abele and Spurk，2011）。还有研究发现，由能动性行为（如成败）引发的情绪反应比社群性行为（如维护或破坏规范）引发的情绪反应更强烈（Wojciszke，2005）。

能动性的主导效应可能会受到文化、宗教、性别、年龄等因素的调节。盖博埃等认为两个维度与自尊的相关取决于自我中心性，即居于自我中心的程度越高，与自尊的相关更高。社群性或能动性的文化、有无宗教信仰、性别和年龄这四个因素都可以对两个内容维度与自尊的关系起到独立的调节作用（Gebauer et al.，2013）。

5. 补偿效应

补偿效应使社会目标形成反差以区分社会目标（Kervyn et al.，2009），例如，为了区分职业女性和传统女性这两个群体，会在她们的热情和能力上进行补偿，即认为传统女性更热情而职业女性更冷漠。补偿效应是在热情与能力两个维度之间的一种特殊关系。伊扎贝特等的研究表明，补偿效应只发生在热情与能力两个维度之间（Yzerbyt et al.，2008），赫拉因与菲斯科关于印象管理的研究也表明，补偿效应是两个基本维度之间的补偿，不会与健康或政治兴趣等第三个维度发生补偿（Holoien and Fiske，2013）。出现补偿效应情境中的社会目标，既可以是在一个维度上存在差异，也可以是在两个维度上都存在差异，由此形成不同类型的补偿效应（Kervyn et al.，2009；Yzerbyt et al.，2008）。当目标在一个维度上存在差异时，热情与能力单维补偿。当目标在两个维度上都存在差异时，会出现热情与能力的双维补偿。对在一个维度上表现较高的目标，会降低对其另一维度的评价，而对于在某一维度上表现较低的目标，会提高对其另一维度的评价。

补偿效应的心理机制，有系统公正理论（system justification theory）、对比效应（contrast effect）和混合刻板印象预期理论（mixed stereotype adherence）。系统公正理论认为，人们在评价社会群体时，倾向于选择一种平衡观使现存社会认知结构保持公正（Jost and Kay，2005；Jost et al.，2004）。当察觉到两个社会目标在一个维度上有差异时，为了保持公正，会倾斜另一维度使它们都具有优势和劣势，最终对两个目标具有等量的积极印象（Kay and Jost，2003；Kervyn et al.，2010）。研究发现，"穷但是快乐"和"富但是悲惨"原型会提高系统公正得分，而"穷且悲惨"和"富且快乐"原型会降低系统公正得分，这意味着补偿原型提高了系统公正得分，而晕轮原型降低了系统公正得分。系统公正理论在一定程度上解释了热情与能力之间的负向关系，但是当研究者加入"健康"作为第三个维度时发现，这两个维度与健康维度之间出现了明显的晕轮效应而不是补偿效应（Yzerbyt et al.，2008）。此时，知觉者只是达到了热情与能力之间的等量的积极印象，而不是总体上的系统公正。补偿仅发生在热情与能力这两个基本维度之间，而不会与其他维度发生补偿，这使得系统公正理论的解释力受到局限。

穆斯韦勒用对比效应来解释补偿现象，人们评价目标在某个维度上的表现时，会受到另外一个目标的影响，当一个目标被评价为具有高能力时，对比目标会被评价为低能力（Mussweiler，2007）。对比效应解释了社会目标在一个维度上的差异，但是当在两个维度上比较社会目标时，对比并不能很好地解释补偿效应。在比较两个社会目标时，人们在一个维度上评价较高时，会降低对另一维度的评价。补偿不是两个目标在一个维度上的比较，而是在两个维度上比较形成的补偿。更重要的是，补偿效应仅仅发生在热情与能力两个维度之间，而不是其他可能的第三个维度。因此，对比效应并不能解释两个维度之间的特殊关系。

凯尔万等提出混合刻板印象预期可能是补偿效应的心理机制，即社会知觉者对社会目标有种先入为主的混合刻板印象预期，认为社会目标要么能干但不友好，要么热情但能力不足（Kervyn et al.，2010）。混合刻板印象预期会影响对知觉对象的评价，当知觉者对任务形成一种刻板印象预期时，对知觉对象在该任务中的表现的评价也不同。当呈现一个模糊的情境时，人们会不自觉地把两个群体当成混合刻板印象群体。当呈现的信息与刻板印象预期一致时，人们会比在晕轮条件下形成更深的刻板印象。

6. 两大维度可能存在的关系

佐斌等（2014）阐述了两大维度可能存在的几种关系，即正向关系、负向关系和正交关系。

正向关系符合晕轮效应，人际知觉和群际知觉的研究也确实发现了这种关系。在表现热情和能力的行为句子与特质词的评定任务中，同样发现了热情和能力的正向关系。

补偿效应是一种负向关系，补偿效应并不是由于环境诱发的评价策略，而是人们主动采取的认知策略。影射效应（innuendo effect）也是负向关系，当个体只接收到知觉对象在热情和能力其中一个维度的积极描述信息时，会形成对另一维度的消极推断，并且最终降低了对知觉对象的接纳度（Kervyn et al.，2012）。具体来说，当知觉者只接收到知觉对象的高能力描述信息时，会推断其具有低热情；反之，只接收到知觉对象的高热情描述信息时，会推断其具有低能力，并且对被忽略的维度的消极推断最终降低了对知觉对象的接纳程度。消极忽略效应（negativity omission）是指信息传递者在描述个体印象、群体刻板印象以及那些具有热情和能力混合评价的对象时，出于策略化的自我陈述动机，会选择忽略那些消极的内容（Bergsieker et al.，2012）。因此，当知觉对象被评价为具有高能力/低热情或低能力/高热情时，知觉者会有意减少对其消极维度的描述。

正交关系是指高能力或低能力的知觉对象都可能是高热情或低热情的（Kervyn et al.，2010）。关于刻板印象以及群际关系的研究也表明，不同社会群体可以被纳入不同的热情与能力组合中，从而形成四种评价类型（Fiske et al.，2002；管健、程婕婷，2011；佐斌等，2006）。

影响两大基本维度之间关系的因素有很多。从知觉者条件来看，知觉者的预期、性别以及所持的文化价值观都会影响社会认知内容的感知；从知觉对象来看，知觉对象的水平、数量和性别也会影响到知觉者，例如在比较两个目标时会出现补偿效应，在评价单一目标既可能会出现晕轮效应，也可能会出现影射效应等等。另外，知觉者和知觉对象的关系以及他们所处的情境也是重要的影响变量。

（三）研究领域

社会认知内容基本维度最基本的研究领域是自我认知和群际认知，在此基础上衍生出地域认知（本质上还是族群认知）、拟人化认知（动物、产品等）、组织认知，以及若干适用于由社会认知内容描述的应用领域。

1. 自我认知

自我认知（self-concept，self-judgment）是社会认知的基本组成部分。认识自己是具有悠久历史传承的观念，苏格拉底将"认识你自己"作为哲学的最基本命题，《论语》中讲的"吾日三省吾身"一直传承至今。自我存在内容的价值塑造了个人与神灵的关系（个人是否具有独立于彼岸的价值，是否有能力独立于神）、个人与父母的关系（如精神分析中所描述的弑父情结表达了人类对能力驾驭的广泛焦虑，恋母情结表达了人类对自身温暖归属的抑郁）、个人与自我历史及未来的关系（如青春期自我认同表达了从过去分离、独立成长的恐惧与希冀）。

自我判断涉及追求什么样的目标是令人兴奋的、幸福的？我如何思考自己，如何感受自己的存在？"我"的内涵是什么，在人生的各个阶段如何过自己想要的生活？从生理到心理、从个人到社会归属，在主我（I）与客我（me）的关系中，在个人与群体关系中，在过去与未来中，从具体到抽象，都构成了自我认知的内容。

2. 他人与族群认知

在对他人认知时最优先的判断（social-judgment）往往也是判断其是敌人还是朋友，而后是其才能特征。除了对日常中他人的认知，对理想人格或有智慧者的判断，也是社会认知的一个重要领域。汪凤炎和郑红（2015）所提出的"德才一体"智慧理论的核心内容就是社会认知的基本维度，在其对智慧者的特征聚类分析中（Li and Wang, 2017），最后的两大类是美德（virtue）和才干（competence 和 achievement）；在另一项中德智慧对比研究

（王立皓、汪凤炎，2015）中，两国大学生内隐智慧概念中都包括了"善为人"与"会处事"两方面的内容。

他人认知往往与外群体认知（group perception）联系在一起。群体过程是塑造个体社会性的基础，没有了群体，人也不会是政治的动物。然而，群体之间存在着先天的竞争，合作则是竞争的进化了的形式，意图因而必然成为群体认知的核心内容。族群认知中存在广泛的内群体偏好，即凡是内群体的总是优于外群体。在族群类别属性中，最为显著的是种族，而后是宗教派别和民族，在这些族群标签之下的群体间压力和竞争不但会滋生非我族类，其心必异心理，甚至会左右特定地区的社会与政治生态。如种族议题对于美国、中东的教派冲突等，背后都有族群竞争心理作为依托。由于以群体为前提的民族主义是近代以来国家与社会组织的基石，族群边界混杂了文化、政治、经济等多重因素，成为无数冲突的起点，如中东的教派冲突、胡图族和图西族的冲突、缅甸罗兴亚人的困境等。

群体刻板印象是与群体成员交往心理的起点，对于污名群体，不管是高能力性与负面社群性的组合，还是低能力与低社群性的组合，认知总是从防御推理开始的，这些群体中不符合群体刻板印象的个人均视为例外。对于模范群体成员的认知也符合这种例外率。周迎楠和毕重增（2017）讨论了这种例外对于榜样有效性的消解作用。

国内有若干族群刻板印象研究可纳入基本维度的范畴。例如，苏昊（2014）以自有联想法获得石河子大学生对于汉族和维吾尔族的刻板印象，发现描述维吾尔族的前10个词汇：热情的、美丽的、团结的、能歌善舞的、友好的、好客的、善良的、勇敢的、野蛮的、开朗的；描述汉族的前10个词汇是：能干的、友好的、聪明的、勤奋的、善良的、内向的、热情的、自私的、平和的、坚强的。这些内容均可归入两大基本维度。

周春燕等（2015）通过对高、低地位两个群体的研究发现，社会阶层可以预测人们对其形成的刻板印象，高阶层群体被认为是"高能力、低热情、低道德"的，而低阶层群体则被认为是"低能力、高热情、高道德"的。评价者的社会阶层主要影响了能力维度的评价，低阶层评价者在能力评价上表现出了内群体偏好。

程婕婷、管健和汪新建（2012）的研究发现，外来务工人员和城市居民在刻板印象内容模型的一致性上达成共识，认为城市居民的能力显著高于外来务工人员，热情显著低于外来务工人员。在程度差异方面，城市居民内群体的热情评价显著低于外来务工人员对其热情的认可，而外来务工人员的自我能力和热情评价均显著高于城市居民对其评价。

　　郑健和刘力（2012）认为"热情"与"能力"不是大学生对农民工刻板印象的内容，通过研究得到了18个刻板印象内容形容词，分别是勤劳朴实的人格特征（淳朴的、老实的、吃苦耐劳的、勤劳的、踏实的、朴素的、安分守己的、坚韧的、节俭的）；地位低下的社会经济地位（弱势的、贫穷的、社会地位低的、受不公正待遇的、平凡的）；以及强壮有力的身体或体力特征（多为男性的、精力充沛的、不拘小节的、适应力强的）。农民工的刻板印象内容并不完全排斥"热情"与"能力"这两个维度，但是，如果仅以"热情"和"能力"两维度来描述农民工，则不能全面地概括人们眼中农民工形象的特点，农民工刻板印象中的"勤劳朴实"则是一种"被动热情"，包括老实、安分守己等。

　　张燕等（2013）研究对日刻板印象时，不但包含热情、能力，也设置道德内容。热情维度包括：不好相处—好相处、冷漠—热情；能力维度包括：愚笨—聪明、无能—有能力、没有头脑—有头脑；道德维度包括：卑鄙—不卑鄙、凶恶—善良。学生对日本人的刻板印象能显著预测地震后的情绪反应和援助意向，援助意向同时受到刻板印象和情绪反应的影响，刻板印象对行为倾向的影响部分是通过亲社会情绪实现的。

3. 地域认知

　　地域认知（geographical perception）并不是地理概念，而是承载了无数边界的心理空间。空间是隔离人、群体、组织的最后一道防线，也是认知生活于特定地域人的起始点。友好体现为地域边界的收缩和弹性，敌意表现为边界的宣示，进取是对边界的压缩或挑战。能力塑造地域的边界，但温暖则界定了这种边界的性质。

　　虽然民间对地域认知有丰富的话语，"地域黑"也不时成为网络热点，但学界对地域认知的研究相对较少。可参见杨治良对上海人和外地人的研究、郑希付对香港和内地的社会认知研究、张海钟对城乡文化性格差异的研究等。另有一些旅游心理学研究者探讨地域文化心理时也隐约可见基本维度的框架。这些研究常用地域刻板印象或文化差异来描述人们的能力、道德等的差异，其解释贯穿文化、价值、人格等多个层面。

具体研究方面，李春凯等（2009）发现上海人的刻板印象有三个因子，分别是负面个性、正面个性和生活方式。分析内容可以看到，负面个性（虚伪、小气、自私、刻薄、势利、冷漠、高傲、虚荣、胆小、崇洋媚外、排外）主要是与人际关系、社会生活有关的，可归为社群性，而正面个性（勤奋上进、独立、能干、自信、聪明、认真细致）则全部是与做事有关的，应当是能动性的。生活方式中有与做事有关的（精明、精打细算、开放），但也有两个维度无法涵盖的内容（时尚、精致优雅）。

宋广文、董琛和张芳（2011）通过对山东省在校大学生的研究发现，大学生对山东人的印象是：忠厚老实、热情好客、豪爽、直爽、讲义气；对河南人的印象是：狡诈、欺骗、勤劳、热情好客、淳朴；对黑龙江人的印象是：豪爽、热情好客、幽默、讲义气、直爽；对上海人的印象是：小气、傲慢、精明、开放、排外。张海钟和姜永志（2010）对甘肃人的刻板印象内容研究发现，甘肃人的自我刻板印象是热情、孝顺、爱面子、善良、知足、容忍、保守、乐观、踏实、节俭；内蒙古人对甘肃人的刻板印象是热情、保守、知足、冷漠、迟钝、善良、踏实、节俭、乐观、世故。翟春艳和黄丽萍（2015）在对广东省两地刻板印象的研究中，实验描述潮汕人的词汇为：悠闲、团结、务实、勤劳、热情、好客、大方、友善以及封建、迷信、排外、冲动、急躁、好斗、狡猾、保守；广佛人的词汇为：时尚、独立、开放、包容、精明、勤劳、乐观、幽默以及自私、冷漠、计较、嚣张、排外、势利、高傲、小气。这些描述均可纳入两大基本维度的范畴。

赵卫星和郑希付（2016）发现，内地大学生对香港人积极评价多于消极评价，前 10 个高频词中，热情、乐观归为热情；创新、时尚、富有、自信归为能力；开放、民主、平等、自由，这些和内地提倡的核心价值观有共享性，归为价值观。香港大学生对内地人消极评价多于积极评价，表征的前 10 个高频词中，豪爽、友善、爱国归为热情；勤奋、刻苦、务实、耐劳、富有、努力和积极归为能力。香港大学生对内地人的消极刻板印象为不礼貌、爱面子、低素质、自私等，是以"道德"因素贬损内地人。

雷宇等（2015）研究中国形象感知，其主要内容也可以从国家和个人层面区分为能动性因素与社群性因素。在国家层面，国家能力因素包括在国际事务中起重要作用，经济发达，现代化水平高，生活质量高，技术先进，采取了强有力的环境控制措施；国家关系方面包括与西方国家关系友好，与西方国家政治经济联系紧密。个人层面描述中的热情友好、乐于助人、礼貌、值得信任、诚实都属于社群性因素，勤劳刻苦则属于能动性因素。

4. 应用研究领域

基本维度的应用领域广泛，包括健康、新闻传播、教育、广告、休闲与旅游、人力资源等。例如健康领域的研究发现，低社群性和高能动性与冠状动脉硬化相关（Smith et al.，2008）。组织是现代人主要的存在方式，无论是经济组织、政治组织，还是非营利的社会组织，都以各种形式划定人群边界，或者以物理的或者以符号的方式。人们对组织充满了依赖，又对组织充满了疑惧。组织认知（organization perception）对组织印象管理、品牌塑造、组织人员招聘、绩效评估等都有重要的影响。

组织中存在大量矛盾刻板印象会导致组织中矛盾情绪和不稳定行为，这又会影响组织人员选择、任务分配、角色分配等，并最终影响到组织的成功。有研究发现，企业在招聘员工时存在年龄刻板印象预期，在比较年轻和年长的求职者时，会产生年龄歧视，使年长求职者处于不利地位（Krings et al.，2011）。在组织印象管理中也可以策略化地运用补偿效应。

基本维度在消费领域也是一个很好的框架。例如，庞隽和毕圣（2015）引入刻板印象内容模型，根据品牌形象将广告诉求分为诚意诉求（warmth appeal）和能力诉求（competence appeal），通过实验研究广告诉求和品牌来源国刻板印象之间的匹配度对消费者品牌态度的影响。发现广告品牌形象与消费者品牌来源国的刻板印象匹配程度会影响消费者处理广告信息时的流畅体验。当匹配程度较高时，体验到较高的信息处理流畅性并引发积极情绪，消费者将这种积极情绪归因到品牌，增加对品牌的喜爱。

二、中国人社会认知的基本内容及研究的意义

中国人社会认知中的基本维度是什么？从文化历史的角度来看，"小人"与"君子""仁义礼智信"等范畴作为日常自我评价和认知他人的概念框架，均具有作为基本维度的潜质。君子和小人影响虽广，但主要限于道德领域。仁义礼智信包含了德与才，但仁义礼信皆是对德的细致区分，智描述的是才能的部分。换言之，这些内容皆可归纳为简单易懂的"德"与"才"。本章将以德与才作为传统中国社会认知内容的基本维度，这个框架有悠久的历史传统作为支撑，对于当下幸福社会生活实践也具有现实意义。

（一）"德"与"才"命题的历史脉络

人才培养和选拔是德与才竞争的主要场域，以下主要从人才选拔制度中，描述我国传统文化对于社会认知基本内容的划定、推崇，二者关系的制度化处理。

1. 王命有德：德行与艺八百年的实践

周代之前推行的是禅让制，国家领导人往往是通过长期考察，集美德、智慧于一身。自周代开始，君主为继承制，对于国家管理人才的选拔则推行选士制度，并设太学培养人才。从太学学习和考核的内容，可以窥见周代德与才在人才选拔和培养中的关系。

周代培养学生的内容大致可称为习六艺。《周礼》（崔高维，2000）记述：养国子以道，乃教之六艺：一曰五礼，二曰六乐，三曰五射，四曰五御，五曰六书，六曰九数，即礼、乐、射、御、书、数。其中礼的核心含义是道德以及秩序，射箭、驾驶马车、书法、理数均为行政与战事所需要的技能，乐的表层是技术，深层是礼仪，由此，六艺大致可以分为技能和德性两大类。当然，后世将六艺均泛德性化，比附于个人品性修养和统治之道。

《礼记·学记》（王云五、朱经农，1947）中记载对太学生的考核是隔年一次，按顺序其内容是：一年视离经辨志，三年视敬业乐群，五年视博习亲师，七年视论学取友，谓之小成。九年知类通达，强立而不反，谓之大成。第一年考查离析经文义理和辨别志向所趋的能力；第三年考查是否尊敬师长、能否和学友和睦相处；第五年考查是否广学博览、亲敬师长；第七年

考查在学术上的见解和择友的眼光，称之为"小成"；第九年考查是否能够触类旁通、知识渊博通达，临事不惑、不违背志向，称之为"大成"。无论"小成"还是"大成"，凡是学有所成的内容，均包含了做事的能力和为人处世的道德品性。

2. 从察举到唯才是举

汉代察举制主要有贤良方正和孝廉两科。贤良方正是为中央选拔有才能的上层统治者，一般在国家有重大事件需要研究时，皇帝下诏让公卿郡守推举贤良方正，令他们就皇帝提出的问题给出对策，对策符合皇帝心意的往往立即可以获得显要官职。董仲舒即通过贤良对策而得以重用。孝廉是察举制中最经常的科目，按一定人的比例分配名额，对推举上来的孝廉，起初朝廷一般不再进行考核就委任官职，东汉以后增加了考试程序。

从察举制的主要内容来看，才能（贤良方正）与德行（孝廉）是分开的。从才能与德行本身的属性来看，前者难以作弊，后者却易于作假。在乡里相望的范围内，一个人的德行如何，容易为众人所认知，但在信息不发达的时代，跨越广袤的国土，人们却可巧取美名。例如，东汉初年孝廉许武故意分家，自己分走了肥田广宅，使弟弟在乡里获得美名而被举为孝廉。弟弟被举荐后，许武把三倍的田产还给弟弟，并公布于众，自己又因此名声大振而升官。察举制度实施后期出现了"举孝廉、父别居"这种德行上的操弄情况，完全背离了孝顺亲长、廉能正直的最初要求。

针对察举制无法有效鉴衡、获取人才的现状，曹操在汉末实施了"唯才是举"政策，《举贤勿拘品行令》（夏传才，1986）讲："今天下得无有至德之人放在民间，及果勇不顾，临敌力战，若文俗之吏，高才异质，或堪为将守；负污辱之名，见笑之行，或不仁不孝而有治国用兵之术：其各举所知，勿有所遗。"这种不顾品行的价值取向，完全走向了"能力主义"，对于一时获取特种人才或许有效，但对于社会和谐却是巨大的威胁。

3. 家世与玄学

在唯才是举的思路下，魏文帝曹丕推出了九品中正制，通过大规模调查登记方式探测人才。设立大小中正官发掘"德才充盛者，贤有识鉴者"，根据品（家世）、状（德才）将人才分作上中下三等，每一等又分作上中下三等，计九品。九品中正制的设计能够兼顾德与才，但在执行过程中，中正官的职权逐渐为世家大族所把持，才德逐渐被忽视，家世则越来越重要。以致"崔卢王谢子弟，生发未燥，已拜列侯，身未离襁褓，业被冠戴"。势族以品代状，出现"上品无寒门，下品无世族"的状况（谢青、汤德用，1995）。门阀世族以血缘关系为纽带对地位、权力、财富进行了充分的整合。另外，在玄学无所为思想的影响下，士家大族子弟不愿为国家效力，无论文武均薰衣、剃面、傅粉、施朱，望之若仙。家世——关系主义使社会失去了建设能力、陷入混乱之中。

九品中正制度推行的时代，诞生了我国第一本人才研究专著：刘劭的《人物志》。刘邵（1955）认为"含一元以为质，秉阴阳以立性"。阴阳理论上是人才品状的内在本质，但阴阳运转并非具体的个人，依附于具体鲜活的生命，质性才变为现实。对于服务于国家各个层面的人才而言，刘劭认为有三个基本的认知维度：清节、法家和术家。清节代表德行高妙；法家代表立法垂制、订立规则；术家代表权衡事宜，是做事的具体方式。这三个维度特征，有的人发展充分，有的不太充分，有的只是一个方面比较突出，由此形成了形形色色的人才。显然，刘劭理论中德与才对于各级各类人才具有绝对的重要性。

4. 科举制：德性与才能的隐显博弈

一统天下的隋帝国推出了科举制度，分十科举士（王道成，1988）：诏文武有职事者，以孝悌有闻、德行敦厚、节义可称、操履清洁、强毅正直、执宪不挠、学业优敏、文才秀美、才堪将略和膂力骁壮。到唐代科举制度完善，有秀才、明经、俊石、进士、明法、名酸、明字、一史、三史、开元礼、道举、童子等科目，最重要的是明经（通晓儒家经典）、进士（诗文）以及明法、名书、明算科。

科举制看起来是考查能力，实际上考查的是基本智力和德性。参与科举首先意味着个体认同统治者的价值与制度，其次是需要精熟传统经典。科举的主要内容均指向以处理社会与人际关系的知识体系，算、医、法等科目，从来就不是科举的主流。科举制中影响最大的是进士科，从唐朝设置五经博士，到程朱理学成为明清科举的核心内容，整个科举制的内容重心是偏向于德性的考查（不是德行）。考中进士后通常还需要进翰林院进行具体执政能力与技能的学习培训，这才是才能的具体化。

因此，科举制可以看作是打着考查能力幌子的德性考察。这种品德先行的考查对于维护制度和文化具有积极意义，但道德至上主义也无形中将能力置于末位，技术则更是"奇技淫巧"，完全没有地位。当东西方文化在近代交锋的时候，科举制体系辖社会所导致的创新和建设能力丧失弊端显露无遗。从"洋务运动"到"五四运动"近半个世纪的探索和挫折，国人才充分认识到科举制度畸形的人才选拔模式对于社会发展的局限，于是将其彻底废弃，转向了以西学和学校制度来培养、选拔人才。

废弃科举后还有一种影响巨大的人才培养和品评模式，这就是"又红又专"。"又红又专"是社会生活简化时代诞生的人才鉴衡模型，这个模型用现实告诉人们，最简单的社会生活也会有两个认知人的维度，其一是才能(专)，其二是社会性(红)。这个模型通常留给人们的印象是"红"要比"专"重要，其实，这个顺序并没有特殊之处，古今中外两个维度的优先顺序都是如此。只不过在群际关系紧张的时代，群体界限必然会将此模型的实践推向刚性、推向极致，意图因素对于人才的意义更为突出罢了。

（二）当前国内主要的研究者

国内采用社会认知内容基本维度框架的研究者（组）主要有佐斌（华中师范大学）、王美芳（山东师范大学）、管健（南开大学）、汪新建（南开大学）、刘力（北京师范大学）、郭永玉（南京师范大学）、陶云（云南师范大学）、高明华（哈尔滨商业大学）、赵玉芳（西南大学）等。这些研究者（组）至少使用社会认知基本维度内容框架发表过 1 篇研究报告或者理论文章。有关文章发表信息见参考文献部分。

这里先介绍围绕刻板印象内容模型进行的几个研究。高明华（2010）首先对 SCM 四个假设进行了检验性研究。

（1）针对 SCM 框架中的第一个假设，研究发现人们对社会群体的感知和评价围绕才能、道德两个维度展开。高明华认为这与刻板印象内容模型中的"才能—社会性"双维度不同，也与"道德—才能—社会性"的三维度模式（Leach et al.，2007）有差异。研究还发现，相对于才能，道德居于更主导的地位。

（2）关于刻板印象大部分是混合型假设。典型例子是权势群体（富人和官员）、知识群体（大学教师、知识分子）都有较高的社会地位，属成功群体，人们对他们道德的评价显著低于对其才能的评价，权势群体表现得尤其明显。这种补偿性刻板印象与公平世界信念和补偿性公正的预期相符合。

（3）关于社会结构变量具有预测性假设。研究发现竞争性与道德维度负相关。新发现社会地位对道德具有预测性，教育和职业声望与道德呈显著正相关；而经济成功要么不能预测道德要么是反向预测道德，也就是人们可能认为金钱与品德无关，也可能推论富有群体的德行通常不够高尚，至少与其经济位置不一致。教育和经济成功对能力具有相似的预测力。

（4）关于内群偏好和榜样群体偏好假设。研究发现知识群体属于社会榜样群体。人们并不是对每个维度上都存在内群偏好，对于被污名的内群，其成员也倾向于给自身以较低的评价。

大约与高明华同期，北京大学苑春永（2009）硕士学位论文（导师：张智勇）也以大学生为研究对象对刻板印象内容模型进行了修订与验证。研究调查了大学生对18个群体的热情和能力特质知觉，考察这两类特质同社会结构、情绪和行为之间的关系。研究结果如下。

（1）知觉到的热情和能力构成并能区分对不同群体的刻板印象。

（2）对大多数群体的刻板印象都是矛盾的刻板印象，即在某一维度上给予积极评价，则另一维度给予消极评价，很多群体被评价为能力冷漠群体（富人、商人）或热情低能群体（老人、儿童）。

（3）知觉到的群体地位可以预测知觉到的能力。

（4）热情和能力诱发不同情绪，冷漠无能群体（乞丐）诱发轻蔑情绪，能力冷漠群体（富人）诱发妒忌情绪，热情无能群体（老人）诱发可怜情绪。

（5）不同情绪诱发不同行为模式，可怜群体（老人）诱发消极伤害，嫉妒群体（富人）诱发积极伤害和消极助长，轻蔑群体（乞丐）诱发积极和消极伤害。这个研究检验了SCM的前三个假设以及刻板印象有关的情绪，与高明华以及菲斯科等人的研究结果相同。

在苑春永的第二个研究中，通过情境问卷操纵热情和能力两个变量检验其对行为倾向的影响，结果发现：热情影响积极行为但是不影响消极行为；相对于低热情组来说，高热情组诱发更多的积极助长；能力影响消极行为但是不影响积极行为；相对于低能力组来说，高能力组诱发更多的消极助长；相对于高能力组来说，低能力组诱发更多的消极伤害。

管健和程婕婷（2011）以刻板印象特质（能力：有能力的和有才能的，热情：待人热情的和友好亲和；道德：诚实正直和值得信赖）、情绪唤醒（轻视、反感、赞赏、敬佩、可怜、同情、嫉妒、妒忌），以及行为反应（保护、帮助、攻击、欺负、密切交往、合作、排斥、贬低）和群体特征测量（经济收入、社会声望、资源占有、权力占有、竞争性）为变量，系统检验了刻板印象的内容模型。

研究发现32个群体可以聚类为四个群体类别，两个维度较好反映和区分了群体刻板印象内容。总体上热情评价均明显高于能力评价，大多数群体能力和热情评价差异显著，刻板印象是混合的，唯一没有差异性的是低热情—低能力群体。这与菲斯科等的研究结果基本保持一致，也显现个别性与本土化特征，如中国女性群体在能力表征上有所增加，蓝领划分成为高温暖—高能力的代表，也反映了中国情境中对这一群体的积极评价。无业游民、乞丐群体的热情显著高于能力，罪犯的能力显著高于热情。

表 1-3　两大维度对 32 个群体的聚类结果

能力	热情	群体
高	高	大学生、北方人、教师、常驻外国人、蓝领、女人、个体工商业者
高	低	男人、商人、海归、私营企业主、公务员、白领、领导、干部、城市人、富人、知识分子、科学家、企业家、南方人、演艺明星、体育明星
低	高	农民、穷人、农民工、低保人员、残障人员、下岗人员、老人
低	低	罪犯、无业游民、乞丐

资料来源：管健、程婕婷，2011。

社会地位和竞争性对能力及热情的预测作用。社会地位对群体能力评价有显著预测作用，而竞争性对群体的热情评价存在显著预测作用。社会地位与能力评价均存在显著正相关；但竞争性与能力的显著正相关、竞争性与热情仅在群体水平显著负相关、在个体水平显著正相关则与 SCM 预测假设不符。也就是说，研究结果未能完全支持竞争性对热情的显著预测作用，却发现竞争性可以预测能力。

不同群体唤起的情绪和行为反应不同。研究发现，高温暖—低能力群体所唤醒被试的同情显著高于其他三种情绪——歧视、钦佩、嫉妒；高温暖—高能力群体则更多唤醒钦佩情绪；低热情—低能力群体主要唤醒歧视情绪；低热情—高能力群体所唤起的是钦佩情绪和嫉妒情绪，明显高于其他两种情绪。同种唤醒情绪差异比较显示，每类型群体所唤醒最强的典型情绪，高温暖—低能力群体所唤醒的同情最高，高温暖高能力群体所唤醒的钦佩情绪最高；低热情—低能力群体所唤醒的歧视最高；嫉妒则是低热情—高能力群体最高。

对外群体的情绪唤醒出现了二元化，人们对待低热情—高能力群体是赞赏敬佩又嫉妒。低热情—高能力群体的典型情绪唤醒是赞赏与嫉妒，对于高温暖—高能力群体并没有嫉妒情绪，原因是该群体能力整体上略低于低热情—高能力群体，还不足以唤醒嫉妒情绪。

行为反应方面则与 BIAS Map 模型有较大差异。对高温暖—低能力群体所表现的主动助长行为和被动伤害行为，高温暖—高能力群体主要引起助长行为。对低热情—低能力群体的行为反应主要是被动伤害，这与 BIAS Map 中描述的截然不同；只有低热情—高能力群体被动助长行为反应显著高于其他行为与 BIAS Map 模型一致。被动行为不受热情维度的影响，对能力低的群体是排斥、贬低，对能力高的群体是交往、密切合作；主动助长行为只受热情维度的影响，表现为对待热情高的群体；主动伤害行为没有成为任何类型群体的典型行为反应。

心理卷入程度影响对农民工群体的刻板印象、情绪唤醒和行为反应。刻板印象内容中的道德、能力评价不受影响，而热情评价在心理卷入后明显低于心理卷入前；心理卷入后的主动伤害行为显著降低，被动助长行为显著加强；四种情绪唤醒中除了嫉妒情绪无显著差异外，同情、钦佩、歧视的唤醒程度均出现了不同水平的降低。心理卷入程度对情绪唤醒的影响主要体现在同情方面；心理卷入前，歧视和同情的情绪唤醒显著高于钦佩和嫉妒；心理卷入后同情的情绪唤醒程度降低。行为反应中主动伤害行为受心理卷入程度影响最大。可见，SCM 和 BIAS Map 不是静止的，会因客观环境的变化而改变。

郑鸽和赵玉芳（2016）以成人为研究对象，通过调查和实验的方式对SCM 的核心假设进行了检验。研究首先通过频次分析得到了 11 个社会阶层代表性高频群体，分别是工人、农民、个体户、白领、私企业主、服务员、大中型企业经理、党政领导、专家教授、医生和公务员；接着对大众熟知群体进行分析，去掉与社会阶层代表性群体重复的群体，保留 8 个大众熟知高频群体，分别是农民工、留守儿童、老人、同性恋者、大学生、残疾人、富二代、蚁族。两种分析获得社会阶层代表性群体和大众熟知群体 19 个。表达性特质词包括友好、善良、可靠、热情、和蔼、真诚，能动性特质词包括有能力、自信、上进、效率高、聪明、努力。以表达性和能动性特质作为预测变量，害怕情绪和现实威胁感作为因变量分别建立两个模型，以个体和群体为单位分别进行分析发现，外群体的表达性和能动性特质均对害怕情绪和现实威胁感有预测作用，表达性负向预测现实威胁感，能动性正向预测现实威胁感，即表达性特质越高，现实威胁感越弱；能动性特质越高，现实威胁感越强。研究进一步在实验室通过最简群体范式操纵外群体的基本维度认识，发现二者对现实威胁感、威胁情绪均具有显著的影响，对高表达性外群体的现实威胁感显著更低，对高能动性外群体的现实威胁感显著更高。

综合高明华、苑春永、管健、郑鸽和赵玉芳的研究可以发现，SCM 的核心假设在我国文化和学生以及非学生群体中都得到了支持，但也有特异的发现。

（三）国内对西方理论的主要评价和发展

1. 刻板印象内容模型的验证和发展

佐斌等（2016）对刻板印象内容模型给出了很高的评价，认为该理论的两个基本维度和四个主要假设简洁、清晰，其测量工具也有利于应用相同结构和体系框架进行文化间比较，且跨文化证据支持模型的主要原则。从理论构建到实证研究，SCM 为刻板印象研究奠定了很好的基础，也为深入了解人们的社会性偏向提供了新思路和研究课题。

对于以 SCM 为框架的研究，国内学者认为有若干方面可以推进。

（1）基本维度的内容和命名问题。例如管健（2009）、汪新建和程婕婷（2015）认为需要纳入道德这个维度。佐斌等（2016）研究发现国民刻板印象存在着七个维度：道德、财富、做事态度、理智、情趣、肤色、艺术。刻板印象的内容和结构可能不仅是两个维度，SCM 模型有普适性、两维度划分代表性和命名准确性问题（佐斌等，2015）。温暖、社群、亲和等命名及其涵盖的内容是否契合中国人用语习惯是一个基础性问题。

（2）在研究对象上需要扩展，这也是影响基本维度内容界定的重要因素。管健（2009）建议纳入内地普遍意义的群体，如"农民工"。佐斌等（2016）、汪新建和程婕婷（2015）也都建议考虑群体多样性、个人身份多样性以及身份重叠的影响。刻板印象内容受到群际边界（成员身份）、群体接触历史、群际关系等因素的影响。多样化的群体研究也有助于发现或确认基于维度划分人群的内容亚群。

（3）两维度的内部关系问题。佐斌等（2015）建议探索维度间相互影响的内部机制，明确其关系走向的边界条件，整合各类影响因素的关系，构建出两维度的关系模型。

（4）检验结论的泛文化普遍性。人们已经发现东西方对于"道德""公平""思维"等的理解是有文化差异的（佐斌等，2016）。文化是社会认知发生的浸入因素，无所不包的文化是社会认知基本维度建构的基础。检验泛文化普遍性时，不仅仅区别东西方这些大类的差别，还应检验族群、组织、地域等亚文化，这些文化与普通人的生活联系更紧密。

（5）社会结构因素同维度间的关联性。汪新建和程婕婷（2015）强调检验经济收入、受教育程度、享有声望与社会地位的关系，也要考虑先赋因素的影响。先赋因素，如财产、家庭教养等传承因素，可能是社会结构与基本维度关系的掺杂因素，既可能是特定社会认知内容模式的反映，也可能是社会认知内容模式的原因。

（6）应用或干预问题。管健（2009）认为需要通过实验判断内容模型对于偏见态度与行为消减的效果，并用于社会偏见与歧视问题的干预性实践。

（7）两维度的测量问题。除了词汇学方法，还应该纳入更多样的方法。

最近，白锋撰写长文指出美德在建构社会地位中的作用（Bai，2017）。

这个论述挑战了社会认知基本维度中由能力和才干来塑造地位的理论主张，在 SCM 中道德属于温暖性特质的一部分，但对于某些文化或阶层群体，这一点是可疑的。虽然白锋主张的适用性范围还需要更多实证数据来说明，但埃伯利等人的研究（Abele et al.，2016）已经能提供部分支持。埃伯利等人在德国、法国、澳大利亚、波兰、中国、美国的多样本研究中，确认了基本维度可区分为四个构面，分别是能力信心（agency assertiveness，包括：完全不自信—非常自信，抗压力弱—抗压力强，很容易放弃—从不轻易放弃，没有领导能力—有领导能力，感觉低人一等—有优越感）、能力（agency compentence，包括：没有效率—非常有效率，非常机智—非常不机智，考虑不周全—考虑非常周全，没有智慧—非常有智慧，很不聪明—非常聪明）、社群性道德（communion morality，包括：不正直—正直，不公正—非常公正，一点都不善解人意—非常善解人意，不值得信赖—非常值得信赖，非常不可靠—非常可靠）和社群性温暖（communion warmth，包括：完全不关心—非常关心，人际关系冷漠—人际关系良好，完全没有同情心—非常有同情心，没有感情的—非常有感情的，一点也不友善—非常友善）。这个研究给基本维度内容划分提供了一个非常重要的参照。

关于道德或与精神生活有关的内容在社会认知中的地位，其维度的独立性，还是要回归中国人"用心"去"做人"和"做事"的传统。佐斌等（2015）认为国人对人的最高评价是"圣贤"，至圣则"博施于民而能济众"，至贤则"足法于天下"。这实际上是在强调道德和才能两个方面卓异秀出。中国人夸人"德高望重"，选拔人才时强调"德才兼备"，自谦时说"何德何能"，骂人则是"缺德、无耻、无能"，反映的也是道德和才能两大维度。谢天等在一个会议中提醒，中国人在评价他人时并不特别关注诸如热情和能力这样的个人特质信息，而是更关注诸如道德、礼等关系特征信息，君子与小人隐喻有可能作为人知觉原生维度（程爱丽、谢天，2013）。郑剑虹在生命故事研究中提出了三大主题，分别是事功、人伦和修身（郑剑虹等，2016），其中的事功和人伦对于认识自己和他人也具有很好的框架。

2. 对双视角模型的评价

王凯和陶云等（2016）对于 DPM 的发展提出了建议，包括：①对情绪和行为的预测，提高该理论模型的整合性；②内容维度细分研究，一方面是内容本身的细分，另一方面是内容随视角在社会认知中地位或作用的细分；③对社会记忆等更广泛的社会认知领域进行研究，DPM 目前在社会认知的某些方面的研究相对缺乏；④开展更多实验研究。

3. 对各种效应的评价

代涛涛、佐斌和温芳芳（2014）认为补偿效应对社会认知领域的研究，日常生活的印象形成和管理，都提供了独特视角。但许多相关的问题如普遍性、生理机制和心理机制等没有得到完全证实。主要的研究问题有：①补偿效应的普遍性，补偿效应的存在是有条件的，需要确定补偿效应存在的边界；②加强补偿效应的具身研究；③补偿效应的心理机制；④梳理影响补偿效应的因素；⑤补偿效应的跨文化检验；⑥加强应用研究。

（四）基本维度研究的理论和实践价值

研究社会认知基本维度具有重要的理论和实践价值。埃伯利和沃乔斯基对基本维度研究给出了本体论和功能性解释（Abele and Wojciszke，2014）。本体论的核心观点是：两维度的二元性反映了人类存在和行为分类的两种不同状态，如班肯（Bakan，1966）所说的"一是有机体作为单个个体的存在，二是作为其所在的更大的有机体一员的存在"。社会认知内容是基于现实世界的，而具有广泛意义的两维度能准确地反映社会现实。功能性解释的核心观点是：两维度划分不仅是为了反映社会现实，还是为了有效服务于知觉者的个体目的，具有一定的功能性。当然，进化心理学关于"两维度是为了适应生存和繁衍而发展起来的"观点可看作是一种特殊的功能性解释（佐斌等，2015）。

虽然社会认知内容两个基本维度多种不同的名称，会在一定程度上阻碍学术交流。但两大维度涵盖了人际知觉、群际知觉、刻板印象和自我认知等社会认知领域，可广泛地运用于多个心理学研究领域，为心理学不同领域之间的沟通和融合提供了可能。

从发展角度来看，个人和群体乃至于文化，都要处理好三个基本领域性问题：①精神世界议题，其核心是自我如何处理好精神世界、信仰系统的关系；②事务议题，其核心是个体如何处理好与物质世界的关系，以能力获取资源而生存下去；③对人的议题，其核心是如何在生活中处理与他人的关系，与人和谐共处。社会认知基本维度的内容直接描述这三大领域的两个，并通过为人处世反映人们的精神生活。描述社会认知内容及其相互作用方式框架简单，显然对于理解个人、社会生活等都具有积极意义。

虽然社会认知内容框架最先由西方心理学界提出的，但很大程度上也适用于探究更广泛文化群体的社会认知及相关主题。我国文化传统非常注重德性和德行，传统中国人有自己的认识自己和他人的框架和模式，但随着社会制度、生活方式和学术话语的转变，社会正在走向能力本位，正在努力赶超西方文明，原有的社会认知理论框架已经凋零，积累的观念、思路、方法和成就，都需要将与能动性关联的进取和与社群性关联的和谐主题统一起来，实现新的整合。社会认知具有浓厚的转型特征，不但塑造了认知自己和他人模式，也对生活产生了现实的影响，这种影响也随着全球化进程扩展到其他文化群体中去。

将能力作为社会认知内容的一个基本维度应该是东西方相通的。所不能确定的是人与人关系领域的互动信念、模式及内容是否为独立维度，以及将其独立所具有的理论和现实解释力。从理论建构的横向目标来看，统一的社会认知内容框架有利于国际化交往、消除误解，有利于促进不同文化之间的交流。在纵向传承和创新方面，以基本维度为框架的研究，也可以在"德"与"才"主题上承继本国丰富的历史文化，有助于构筑民众的文化归属感、有利于国民心理健康和社会和谐的推进。

具体到每一个人，认识和处理好两大基本维度指向内容的关系是幸福生活的需要。转型社会的道德失范还广泛存在，造假、不尊重知识产权、"扶不起"等现象所折射的就是对社会生活规则无法达成共识的无所依随，诚信出现危机，道德焦虑主义盛行。当能力主义、物质主义侵占了精神生活的核心，冷冰冰的社会现象就不会鲜见；相反，则可能陷入乡愿之中，美好的生活失去依托而不能化为现实。突出社群性是和谐发展、成就幸福生活的内在需求。但另一方面，从幼儿园到高校，人们对能力目标的追求也是不遗余力的，"不能输在起跑线上"，要上最好的小学、选择最好的中学、考入最好的大学。然而，高考主义埋没了学生对能力发展的内在兴趣，唯分数主义也极大挤压了对品行的追求，架空了品行教育。虽然能力在社会公平正义的界定中赋予了不变的阶层价值，但人们会怀疑向上流动的通道是否已经封闭？提醒分数（努力和能力的共同成果）面前可能并不是人人平等。对于那些曝光的"萝卜招聘"、关系招聘，无一例外均予以批评和唾弃。这种社会舆论的倾向和力量，正是两大基本维度内容在现实生活中相互博弈的鲜活展示。

这里引用杨莉萍（2017）对当前部分国人心态的一段描写：

> 普遍存在的心理问题，一是心态不够积极，二是追求功利主义。一方面，各行各业的人，无论从事什么工作，大多缺乏由衷的热情，萎靡不振，因此缺少创新。在学校里，学生学习不是出于兴趣，教师教学也不是因为喜欢这个职业，大部分行政管理和后勤人员满足于维持现状。在组织中，同样很少有人把工作当成实现自我价值的手段。多数时候，人们缺乏幸福感，体验不到生活的乐趣和生命的意义。另一方面，对于很多人而言，生活中最重要的目标是追求个人名利，尤其是经济利益。当每个人都在为一己私利去拼、去抢、去战斗的时候，整个社会表现出来的便是人与人之间界限分明、缺少温情、善意、信任与友爱。家庭不稳定，医患关系紧张，经济和商业领域充斥着大量欺诈，老百姓热衷于将落马官员当成茶余饭后的谈资与消遣，等等。

在这段描述中可以看到，人们对于整体社会生活，对他人、社会及文化的褒贬，是从道德温暖的内容，经能力后又返回了理想的道德和公共生活。虽然这段文字原本是用来引出社会建构论的，但在我看来，文本中所叙述的内容超越了特定主题，是当今时代一种带有结构性、普遍性的社会认知内容及其关联的实践问题。这是一个人，不管是专家还是普通人，以幸福生活为关照所必然面对、处理的基础性问题。所不同的是，对于不同的时代、人群，在将此问题回归到生活的本体时，如何安置其权重、次序才会获得最基本、最满意的社会功能。压抑能动性，生活会陷入困苦，压抑社群性，生活则坠入痛苦，唯有在个体、群体、组织乃至文化之间建立起协调共生的机制，才可能建立幸福生活的双螺旋式保障，这符合社会建构的宏旨，也是社会认知内容研究的价值所在。

第二章　社会认知内容基本维度测量

社会认知内容丰富多样，包括人格特质、个性特征、价值追求等。可根据目的选择特定的测量工具，例如性别角色量表，也可根据需要去专门开发工具以及引进国外的工具。本章主要介绍我主持开发的基本维度形容词表、分析人格因素的高阶"大二"以及其他代表性的概念与工具。

一、基本维度形容词表开发

研究者常用形容词表测量社会认知基本维度，如性别角色问卷、形容词检核表等均采用此方式。埃伯利（Abele et al., 2008b）建立的词库广泛用于在美国、德国、比利时、意大利和波兰的研究。我们对这个人格特质形容词删减进行评估，发现48个词的中文版也具有标准化特征。但48词表在数量上不敷有关研究的需要，脑电和脑成像研究需要更大量的同质性刺激。为此，我主持开发了160词的形容词表[①]。本节即介绍开发的过程和结果，词表及其属性数据见附录。

（一）对象与方法

1. 研究对象

全日制大学生和研究生49名，其中男生17名、女生32名，平均年龄23.87±1.13岁。

2. 研究材料

备选词来自黄希庭和张蜀林（1992）收集的562个形容词、《解读中国人的人格》一书中列举的形容词（王登峰、崔红，2005）以及王一牛、周

---

①　本小节主要内容以论文形式发表，具体参见：韩梦霏、Oscar Ybarra、毕重增："社会认知基本维度中文形容词词库的建立"，《西南大学学报（自然科学版）》，2015年第8期。

立明和罗跃嘉等人（2008）建立的情绪形容词词库。首先根据三个词库中原有的褒贬度、熟悉度等信息选择具有明显褒贬含义以及较高熟悉度的词语；其次，根据基本维度的定义评定每个词所代表的含义，选择其中具有较高意义度的作为备选词。初步选取 300 个词作为研究评定材料，两大类词语各 150 个。

3. 程序

数据采集时，首先讲解指导语，使研究对象能够明白并能正确区分两大维度的含义，而后再进行正式评定。评定时要求研究对象分别在熟悉度、褒贬度、能动性和社群性四个维度上对词语进行 7 点评分（-3～3）。其中，熟悉度指对词汇的熟悉程度，越陌生评分越接近"-3"，越熟悉评分越接近"3"；褒贬度指词汇的褒贬程度，-3 到 3 代表由消极到积极；社群性指与他人交往过程中表现出来的特质或是与道德行为判断相关的特质，既包括对他人有益的特征，如体贴、友好，也包括对他人造成伤害的特征，如奸诈、狠心。其中，数字（0，1，2，3）表示该词汇具有的社群性含义的程度，"+""-"表示该词汇是积极的或是消极的。"-3"代表"具有完全社群性含义，且为消极"；"0"代表"无社群性含义"；"+3"代表"具有完全社群性含义，且为积极"。能动性为个人取向，是在个体追求自身成就过程中表现出来的特征或是与展现自身能力相关的特征，包括促进目标实现的特质，如上进、勤奋，也包括阻碍目标实现的特质，如迂腐、懒惰，以及展现自我的特质如支配、嚣张。"-3"代表"具有完全能动性含义，且为消极"；"0"代表"无能动性含义"；"+3"代表"具有完全能动性含义，且为积极"。

（二）结果

1. 词语选择

首先，选择社群性得分高于能动性的词语作为社群性词语，能动性得分高于社群性的词语作为能动性词语；而后根据褒贬度进行平衡，最终确定两大类词汇各 80 个，共 160 个人格形容词。

2. 评分的一致性

研究对象对 160 个人格形容词的评定结果具有满意的内部一致性，褒贬度的 α 系数为 0.88，熟悉度的 α 系数为 0.99，社群性的 α 系数为 0.99，

能动性的 α 系数为 0.98。

3. 词汇的维度特征

词汇的笔画、频级（现代汉语常用词表课题组，2008）、褒贬度、熟悉度、社群性、能动性六个维度上的得分情况见表 2-1。社群性和能动性词汇在笔画、频级、褒贬度以及熟悉度上差异均不显著；能动性词汇的能动性含义要高于社群性词汇所包含的能动性含义，社群性词汇的社群性含义要高于能动性词汇所包含的能动性含义，两类词义具有很好的区分性。

表 2-1　能动性和社群性词汇在各特征维度上的得分差异

	笔画	频级	褒贬度		熟悉度	社群性	能动性
			积极	消极			
社群性	17.54±0.32	12 894.81±8 212.95	2.49±0.22	−2.04±0.32	2.50±0.27	2.18±0.32	1.68±0.31
能动性	18.54±4.96	13 279.78±8 364.18	2.46±0.21	−1.90±0.37	2.47±0.24	1.75±0.27	2.20±0.37
t	−1.22	−0.29	0.56	1.88	0.90	9.28***	−9.76***

注：***，$p < 0.001$。

根据意义度和褒贬度划成四类词语的维度特征得分情况见表 2-2。单因素方差分析结果表明，四类词的频级、熟悉度、褒贬度、能动性和社群性主效应均显著（$p<0.001$）。进一步检验表明，积极社群性词汇与积极能动性词汇，消极社群性词汇与消极能动性词汇的笔画、频级、熟悉度和褒贬度差异均不显著，表明社群性和能动性积极词汇，社群性和能动性消极词汇在笔画数、频级、熟悉度和褒贬度上匹配较好；积极和消极两类社群性词汇的社群性上均高于两类能动性词汇，而在能动性上则相反；此外，在褒贬度上，积极词汇褒贬度均显著大于消极性词汇，表明四类词语具有很好的区分能力。

表 2-2　四类词在各维度上得分的平均数与标准差

维度	积极社群性	消极社群性	积极能动性	消极能动性
笔画	17.00±5.27	18.08±5.51	17.70±4.46	19.38±5.34
频级	8 315.13±4 985.01	17 474.50±8 292.26	9 985.73±7 862.41	16 573.83±7 591.94
熟悉度	2.67±0.17	2.34±0.25	2.60±0.20	2.34±0.20
褒贬度	2.49±0.22	−2.04±0.32	2.46±0.22	−1.90±0.37
能动性	1.88±0.23	−1.49±0.25	2.49±0.18	−1.91±0.25
社群性	2.38±0.20	−1.98±0.27	1.94±0.16	−1.56±0.23

4. 各维度的相关分析

具有强烈情感含义的词语往往具有较高的能动性或社群性含义。分析发现，熟悉度与词语的能动性（$r=0.31$）以及词语的社群性（$r=0.43$）都显著正相关，$ps<0.001$。词语的能动性和社群性含义相关不显著，$r=0.12$，$p=0.12$。褒贬度和熟悉度总体上呈正相关，$r=0.60$，$p<0.001$，其中积极词部分为正相关，$r=0.44$，$p<0.001$，消极词部分二者相关不显著（$r=-0.22$，$p=0.85$）。当词语为消极词时，褒贬度与能动性和社群性的相关系数分别为 0.35 和 0.71，$ps<0.001$；当词语为积极词时，褒贬度与能动性和社群性的相关系数分别为 0.25 和 0.42，$ps<0.001$。表明词语的意义度与效价具有一致性。

（三）讨论与结论

本研究旨在建立标准化和本土化的词库，并希望该词库对于各类研究具有较高的适用性。通过采用标准化程序编制了一个包含 160 个词语的社会认知基本维度词库，确定了每一个词语所包含能动性和社群性含义的程度，其中积极社群性词汇、积极能动性词汇、消极社群性词汇、消极能动性词汇各 40 个，这四类词在效价、词频、熟悉度、笔画上匹配良好。

先前研究发现，低频词会明显激活与语义加工相关的神经机制如左侧额下回、后颞上回等（Graves et al.，2007）；消极词会产生比中性词和褒义词更大的 N400 波幅（Fritsch and Kuchinke，2013）；笔画数则明显影响阅读速度和正确率（祝莲等，2008）。为避免这类变量对材料标准化要求较高的实验（包括行为、ERP 和 fMRI）产生干扰，本研究同时考虑了词频、笔画、熟悉度和褒贬度，使所选定词汇的能动性和社群性在这四个维度上无显著差异，从而保障了词库的可靠性和适用性。

词库中社会认知两个维度特征的独立性，为在中文语境中检验已有研究提供了素材。能动性和社群性含义在某些国家（比利时、德国、意大利）存在负相关，而在另一些国家（波兰、美国）则相关不显著（Abele et al.，2008b）。还有研究发现对个体特质进行判断时能动性和社群性特质呈正相关，判断群体特质时两者相关为负（Judd et al.，2005）。无论是能动性和社群性的文化还是群体差异，均需要两个维度变量内容的独立性作为基础。

本研究筛选出 160 个双字词组成的社会认知基本维度词表，标准化工作有效、可靠，为检验和拓展相关研究提供了标准化材料，词表可以更广泛地应用到与人格和社会心理学相关的研究中去。

二、人格结构的高阶"大二"维度

人格结构是人格心理学描述个体差异的最基本方式，是认识个体的重要框架。在近百年研究中，人格基本结构有众多理论模型，从 20 世纪 60 年代逐步达成的共识是人格有 5～7 个基本维度。近些年的数据和理论分析浮现出两大基本维度（Digman，1997），称为 α、β 因素。总的来看，这些结果主要基于西方的测量工具和数据。本节将分析本土数据，以自尊、自信等概念为参照，对人格高阶"大二"的组成和特点进行描述。

（一）概念框架与研究假设

人格两个高阶因素中的 α 因素或社会自我调节维度（Saucier et al.，2014）主要包括尽责性、宜人性和神经质，与亲和、温暖及道德等因素关系密切；β 因素表达开放性和外向性。这两个高阶因素是人格的"大二"，在认识自我和他人中应该遵循社会认知内容的相同作用模式。

为了解人格高阶因素，这里将采用两种研究策略：其一是因素分析，力图直接从数据中得到二因素的结果；其二是在与有关变量的关系中辨析人格的高阶因素。对于后一种策略，选用我熟悉的自尊、自信概念。国外已有研究探讨自尊与人格"大二"的关系（例如 Meier et al.，2011；Robins et al.，2001；Zeigler-Hill et al.，2015），但国内尚未见有关研究，如果在探讨自信与人格结构关系时将自尊包含在内，就有利于说明出他们之间的共性和差异性。从人格结构角度来看，自信与一些人格结构因素是有关系的，人格特质会影响自信，自信也会影响人格发展，例如社交自信与外向性之间就可能是互相促进的。以五因素人格结构为框架，自信与人格因素之间可能呈现合理的关系。另外，自信研究不仅仅涉及水平（level）特点，也包含稳定性、清晰度和复杂性（Campbell，1996；Linville，1987；Showers and Zeigler-Hill，2003）等特征，在本研究中引入自信清晰度特性，有助于从不同侧面说明自信与人格结构"大二"的关系。

他评（rating）构成了社会过程的一个重要环节，是个体认识自我的一个重要信息来源，人们总是通过他人给予的反馈调整自己的认知和行为。他评作为人格研究的一种方法（张登浩等，2014），通过对一个熟悉对象的评价，研究者可以获得评价者所使用的概念体系。他评法可以克服一些自评法的局限，如较少受社会赞许性动机和自我呈现的影响；但他评法需要评价者熟悉评价对象，这其中也可能有维护评价对象的动机在里面；他评的心理特征也需要有足够的外显性或者通过交往能够了解；他评的第三种可能局限是各种评价者偏差，例如光环效应（例如一好百好）、评价者逻辑效应（将本身无联系的事项主观联系在一起）。但如果将关注的重点放到他评的框架，而不是个案性的研究，那么，这种方法就有助于了解心理变量的性质，如是否受自省的影响、外显行为可观察的程度等。

综上所述，本研究自评和他评两种方式探讨人格结构中的"大二"，并以其与自信、自尊（包括自尊和集体自尊）、自信清晰度作为有效性的检验。

（二）方法

1. 研究对象

自评研究的对象为西安三所大学学生 203 人，平均年龄为 20.8 岁（标准差=1.3），男性 94 名，女性 109 名。

他评研究的对象为 206 名大学生，其中，男 92 人，女 113 人，1 人未报告性别，平均年龄 21.5 岁，SD=1.50。他们评价的对象中，男 61，女 134，未明确 11 人，平均年龄 22.4 岁，SD=5.44；评价者和评价对象的性别不随机，男生评价对象的性别基本持平，女生评价对象中女性更多，χ^2=5.65，df=1，p=0.017。

2. 研究工具

（1）自评研究工具

①短式大五人格问卷（John et al.，1991；周洁，2010），全称为 Big Five Inventory，简称 BFI，用于测量人格结构的五个基本因素。BFI 为 5 点 Likert 式量表，从"1= 非常不符合"到"5= 非常符合"，共 42 题。在本研究中各个因素的内部一致性克龙巴赫 α 系数分别为开放性（O: Openness）0.60，尽责性（C: Conscientiousness）0.72，外倾性（E: Extraversion）0.75，宜人性（A: Agreeableness）0.65，神经质（N: Neuroticism）0.62。

②罗森伯格自尊问卷（季益富、于欣，1999），用于测量总体的自尊水平。采用 5 点式 Likert 量表，从"1= 非常不符合"到"5= 非常符合"，共 10 题。在本研究中该问卷的内部一致性 α 系数为 0.78。

③集体自尊问卷。该问卷改编自罗森伯格问卷，是将原问卷中的评价对象由"我"变为"中国人"，用于测量集体水平的自尊（毕重增，2017），采用 5 点 Likert 式量表，从"1= 非常不符合"到"5= 非常符合"，共 10 题。本研究中该问卷的 α 系数为 0.89，单因子解释率为 51.1%。

④总体自信问卷（毕重增、黄希庭，2006）。该问卷用于测量自我评价的自信程度，采用 5 点 Likert 式量表，从"1= 非常不符合"到"5= 非常符合"，共 12 题。本研究中该问卷的 α 系数为 0.88。

⑤自信清晰度问卷（毕重增，2009；毕重增、黄希庭，2006），用于测量自信概念的清晰程度以及稳定性感受，共 12 题，采用 5 点 Likert 式量表，从"1= 非常不符合"到"5= 非常符合"。本研究中该问卷 α 系数为 0.87。

（2）他评研究工具

①他评版总体自信问卷、自信清晰度问卷。该工具是将总体自信问卷和自信清晰度问卷的评价对象由自己改为一个自己熟悉的人。本研究中，他评自信的 α 系数为 0.84，他评自信清晰度的 α 系数是 0.89。

②简式大五人格他评量表（NEO Five-Factor Inventory，NEO-FFI）在姚若松和梁乐瑶（2010）中文版的基础上使用，由研究对象根据对一个自己熟悉的人的了解，从"1= 非常不同意"到"5= 非常同意"，采用五点评分，评价 60 个句子所描述内容与评价对象相符的程度。本研究中开放性因子的内部一致性 α 系数很低，仅为 0.34（若筛选出最优的 6 个题目，可达到 0.57；由于本研究不是检查该工具他评时的品质，且删除题目虽然会提高内部一致性，但会损失特质密度信息，所以最终保留该因素的所有题目），严谨性的 α 系数为 0.82、外倾性的 α 系数为 0.64、宜人性的 α 系数为 0.66，神经质的 α 系数为 0.77，都有满意的内部一致性。

③评价者跟评价对象的熟悉度。在 1～10 分的熟悉度量表上打分。平均熟悉度为 7.96，$SD=1.42$，男生对评价对象的熟悉度（$M=7.73$，$SD=1.48$）略微低于女生对评价对象的熟悉度（$M=8.15$，$SD=1.35$），$F=4.26$，$p<0.05$。

（三）结果与分析

1. 自评研究的结果与分析

（1）人格自评数据的"大二"高阶因素分析。以人格五因素的得分为指标进行因素分析，BFI 的五个因素只能提取大于 1 的一个超级因子，解释率为 43.3%。如果设定抽取两个因子，解释率为 59.5%，开放性、神经质和尽责性聚成一个因子，宜人性和外向性聚成一个因子；前一个因子与能力、才干及个人的稳定性有关，后者则更多倾向于表达与人交往的特征。总的来看，虽然能勉强说得通，但这个结果与西方发现的两个高阶因子并不相同。

（2）自信、自尊与大五人格因素的相关分析。由于预期的"大二"结构没有成功提取，仅能提取一个超级因子，对自信、自尊与大五人格相互关系的分析就直接在五因素水平进行分析。分析结果表明，自信与自尊之间具有中低程度的显著相关，自信清晰度与自信和自尊相关，相关系数均在 0.3 左右；自信清晰度与集体自尊无关。自信、自尊与大五人格各因素之间的相关模式近似；集体自尊和自信清晰度与人格的相关明显不同，自信清晰度主要与神经质有关；集体自尊只与外倾性和宜人性有弱相关。与高阶二因素相呼应，自信清晰度和集体自尊的相关有分组倾向，外倾性与宜人性一组，尽责性、开放性和神经质一组，与按照理论强制抽取大五因素得到的两个高阶因子模式相同（表 2-3）。集体自信和自信清晰度与人格因素的相关模式，看起来是将对人和对事的区分，外倾和宜人都有与人交往的内容，这种基于内容相似性的归并和区分不同于西方结果中基于功能性的区分。西方结果中将开放和外向归为一类，是基于开放性面向经验敞开，外向性是对他人敞开，是一种功能的类似。本研究的对象将外倾性和宜人性归为一类，这两个因素的内容都是指向他人的，所以不太会与反映内在体验的自信清晰度相关，而与外在于自我的集体自尊相关。

表 2-3　自评人格因子在高阶因素上的负荷

人格特质因子	第 I 高阶因子	第 II 高阶因子
开放性	0.83	
神经质	−0.65	
尽责性	0.60	0.32
宜人性		0.91
外倾性	0.39	0.58

（3）人格因素对自信、自尊解释的相对重要性分析。简单多重回归分析表明，开放性、尽责性、外倾性和神经质能预测自信；能预测自信清晰度的只有神经质；能预测自尊的是开放性和宜人性；能预测集体自尊的只有宜人性。宜人性能预测自尊而不能预测自信，尽责性、外倾性和神经质能预测自信而不能预测自尊；宜人性能预测自尊和集体自尊。相对重要性分析表明，人格诸因素对于自信、自尊的解释存在显著模式差异，自信的主要解释变量是**外倾性、开放性和神经质**，自信清晰度的主要解释变量是**神经质**，自尊的主要解释变量是**开放性和宜人性**，集体自尊的主要解释变量是**宜人性和外倾性**。

综合以上分析结果可以发现，在与大五人格因素的关系上，自信与自尊既相似又有充分的区别，自信与自信的清晰度以及集体自尊的区别性更为明显。自信与人格的 α 维度和 β 维度均相关，这不同于齐格勒－希尔等发现的自尊仅与人格 α 维度相关（Zeigler-Hill et al., 2015）。自信与自尊同样是个体对于自己的积极评价，这其中包含了积极情感，也包含了与人交往因素，这是二者都与 α 维度有关的共同部分。与自尊有所不同的是，自信还包含了更多动机、信念乃至于创造性有关的内涵，这些都是与能动性有关的特质，显然应该与开放性有关。自信清晰度主要在情绪稳定性方面与神经质有关，而自尊稳定性还与尽责性、宜人性有关。

2. 他评研究的结果与分析

（1）他评人格数据的"大二"高阶因素分析。以他评人格五因素的得分为指标进行因素分析，五个因素可提取大于 1 的超级因子 2 个，解释率为 54.0%。外向性、神经质和尽责性聚成一个因子，宜人性和开放性聚成一个因子；前一个因子与能力、才干及个人稳定性有关，后者则更多涉及对人、对事、对观念的开放性。总的来看，这个结果（CEN+OA）与西方发现两个高阶因子（CAN+OE）不同，与前述自评法得到的结果（CON+AE）也不同。

表 2-4　他评人格因子在高阶因素上的负荷

人格特质因子	第 I 高阶因子	第 II 高阶因子
开放性		0.81
尽责性	0.66	0.39
外向性	0.53	
宜人性	0.34	0.66
神经质	−0.77	

（2）自信与大五人格因素的相关分析。从描述统计结果来看，旁观者给出的自信评分与自我评价一样存在提升效应，即平均数高于理论中值（3分），评分者认为其所评价的人是较为自信。自信清晰度打分则相对略低，高于理论均值约半个标准差；但相较自信有更大的标准差，表明认识上的一致性更低。从简单相关数据可以发现，自信与熟悉度、宜人性、神经质以及评价对象的年龄有一定程度的相关。评价者的性别和评价对象的宜人性正相关，女生更认为评价对象和善。评价者的年龄与评定的人格特征之间没有关系，跟评价对象的年龄和熟悉度有关，评价者更倾向于评价女性、比自己年龄大者。从评价者的角度来看，评价对象的自信与严谨性、外向性、宜人性以及神经质相关，也就是越自信、给人的印象就越外向、负责任、和善以及情绪稳定。

（3）人格因素对自信解释的相对重要性分析。在以自信为因变量时，全部控制变量（人口学变量和评分者与评价对象的熟悉度）的解释力为4.5%，$F=2.77$，$p=0.02$；人格五因素增加31.2%解释率，$\Delta F=18.80$，$p<0.001$。经相对优势分析得知，严谨、外向和情绪稳定三个因素对自信解释的贡献比分别为31.8%、27.0%和36.3%；开放性、宜人性的贡献率分别为0.3%和4.6%。在自信的预测因素中，其组合与因素分析的结果相同（CEN+OA），以西方框架来看，既有组成人格 α 因子（C 和 N），也有组成 β 因子的因素（E）。在以自信清晰度为因变量时，全部控制变量的解释率为8.3%，$F=3.29$，$p=0.007$；人格五因素增加的解释率为41.5%，$\Delta F=18.80$，$p<0.001$，有统计意义的因素为神经质。经相对优势分析得知，神经质对解释自信清晰度的贡献为86.0%，开放性、严谨性、外向性、宜人性的贡献分别为0.2%、

10.8%、0.6% 和 2.5%。这些结果表明，评分者看到的自信清晰度主要来自情绪稳定性。从旁观者视角、以他评方式所得数据的分析发现：人格因素中的严谨性、外向性和神经质能够解释观察自信约三分之一变异，神经质能够解释约 40% 自信的清晰度。除开放性与自信无关外，其他变量之间的关系与自评法得到的结果一致。

本研究中开放性表现出的特异性，最可能原因是这个因素对方法敏感：旁观者（哪怕是自认为非常熟悉的人）对于他人开放性（诸如想象、审美、情感丰富、求异、创造等）评价的稳定性、一致性差，对应的数据内部一致性较低。齐格勒－希尔等报告他评开放性（使用 Ten-Item Personality Inventory，TIPI）有满意的信度（Zeigler-Hill et al.，2015），可能是因为他们在研究中使用的是词汇、短语评价，而不是 NEO-FFI 的句子描述；前者更抽象、更易达成一致。由此，本研究中开放性（NEO-FFI）在他评时的内部一致性低，推测可能有工具特异性问题，也有可能东西方文化对于开放性的界定不同，如有研究者认为中国文化中没有与西方意义一致的开放性独立维度（王登峰、崔红，2006）：西方的开放性包括宽容与尝试、情感与审美、享受幻想、理性与思辨以及求新与思变等，与中国人人格结构中的外向性、行事风格、才干和情绪性四个维度存在相关，与善良、人际关系和处世态度三个维度没有相关，并且存在独立于中国人人格结构的成分，开放性维度的有关内容大多以消极人格特点出现在不同人格维度之中。以他评方式对开放性与自我关系的解读，仍待新的研究证据。

（四）讨论

虽然西方对人格"大二"的研究已经有 20 年并取得了相对一致的数据结果，并将两因素归结到能动性和社群性这两个高阶元概念（Blackburn et al.，2004）。然而，当前研究没有复现西方的"大二"结构（β：开放性 + 外倾性；α：尽责性 + 宜人性 + 情绪稳定性），并且两个测量工具（BFI、NEO-FFI）和两种测量方法（自评、他评）所得到的结果也不一致。从结果来看，自评按照内容领域进行反应的，将宜人和外倾按面向他人而归到了一起，尽责、情绪稳定和开放性则侧重做事及内在经验；他评数据中将宜人和开放归为一类，尽责、外倾和情绪稳定归为一类，二者的内涵暂不好化约解释，但均跟可观察性有关。从五因素与自尊、自信的关系来看，如结果部分所述，也没有呈现出西方式的模式，自信与 α、β 的组成因子都有相关或回归解释关系，区别于西方研究发现的主要与 α 因素有关。此发现表达了自信与诸多行为领域的联系，而其动机特性、与开放性的关系，则将其内涵指向了麦克亚当斯和奥尔森（McAdams and Olson，2010）所描述的主动行为者（motivated agent）和自我叙述者（autobiographical author）的差异。作为一个区别性变量，展示了人格结构中"大二"因素说的合理性。

未能提取西方研究发现的人格"大二"因素以及人格五因素与自尊自信模式的差异，对于人格结构"大二"的广泛适用性提出了质疑，"大二"可能是更符合社会性生存的存在，其中的文化差异不能忽视。未来的工作可考虑本研究可能的局限，例如研究对象不仅仅限于大学生（本研究中他评的对象从年龄来看，有一部分确实不是大学生），适当扩大样本的数量以及样本年龄、职业等的代表性，使用本土开发的人格测量工具并不局限于"大五"框架，尝试多重测量工具和测量方式的联合等。

三、基于"大二"框架的其他概念

社会认知内容体现在社会认知的其他领域中，包括性别角色（gender role）、价值观（values）、人格特质（personality trait）等。测查这些内容主要是问卷法、心理动力学的投射法、认知心理学的内隐测验等手段。

（一）性别角色中的"大二"

性别角色问卷采用的都是"大二"框架，如最广为流传的是男性度和女性度（masculinity and femininity），以及两者组合形成的四种典型性别角色类型：男性化、女性化、双性化和未分化。在文献中，这些术语中的"度"能很好地描述性别内容（content）分化的方向，性别角色类型描述中的"化"表达出了其后天社会文化的结果，本书偏好用维度来描述性别角色的内容。虽然男性度和女性度对传统生理性别定义有超越，但这对概念一开始并没有完全涵盖性别角色的含义，作为人格与社会意义的性别角色定义，是引入了基本维度框架之后的事。

在 1936 年，推孟和米尔斯设计了第一个测量性别差异的人格测验，用来说明男性度和女性度的根本区别（Bem，1993；Lippa，2001）。在这个测验中，男性度和女性度被概念化为人格特质，具有先天遗传的基础，对应着男性和女性的健康，女性度测查的内容包括喜欢小孩、看护、关注人的装束、喜欢被领导以及害怕黑暗，男性度测查的内容包括喜欢武装、狩猎、行为像儿童般不服从以及能够控制疼痛（Bem，1993）。女性主义对这个理论提出了强烈批评，认为这二者是单维双极结构，男性度和女性度各在一端，一个人就不可能在高男性度的同时高女性度，这实际上是极端区分男性和女性。还有批评者认为这个工具测量的不是人格层面的男性度和女性度，而是那个时代性别文化赋予男性和女性的差别。在 20 世纪 70 年代，性别角色定义与生理性别脱离，内容随之区分为了两个独立的维度。也就是在此时，贝姆设计了性别角色量表（Bem Sex Role Inventory，BSRI）来评估性别角色，男性度测量工具性或能动性，如强壮的、独立的、分析的、竞争的、进取的，女性度测量表达或社群的特质，如慈爱的、对他人需要敏感的、同情的、温顺的、温暖的（Bem，1974）。此时主流的理论认为单一维度性别特征可能是不适应的，适应不管对男性还是女性，都应当是两个维度都突出，即双性化（androgyny）。这个理解与近期我国流行的"女汉子""暖男"等流行语具有类似诉求，即颠覆传统基于生理的性别角色，个人自立的性别角色特征是既可以获取资源（能动），也可以与人和谐共处（社群）。其背后所反映的是一种与时代变革相呼应的个体层面的理想。

后来的研究表明，生理性别和男性度、女性度几乎没有关系，BSRI 类量表可能没有真正测度两个维度的全域，从而提出用帕森斯等（Parsons and Bales，1955）的表达性和工具性术语来取代之。参见第一章的回顾，表达性是人际取向，工具性是一种自我取向。这种扩展使概念中包含了纯粹的能动性和社群性（Spence and Helmreich，1980）。纯粹能动性（unmitigated agency）指极端自我中心而不掺杂表达或社群特征，如支配、只关心自己的收益、自我抬升；纯粹社群性（unmitigated communion）指极端关注他人而不掺杂工具性或能动性，例如牺牲自我而避免群体冲突（Helgeson，1994）。根据定义，这两种极端特性都是不受欢迎的，二者应当是负相关，但各自与能动性或社群性正相关，有关数据支持这些理论预期（Bozionelos and

Bozionelos，2003；Saragovi et al.，1997）。扩展定义促使人们用这对新概念来阐释性别差异，例如内部化问题（如抑郁、完美主义）和外部化问题（撒谎、偷窃）（Hoffman et al.，2004）。不管其生理性别是什么，高工具性和低表达性的组合会产生更多外部化问题，低工具性、低社会吸引力加低自我价值感会产生更多内部化问题。工具性和表达性不但能够解释心理症状的性别差异，而且表达性还可以中介性别情绪沟通目标上的差异（Burleson and Gilstrap，2002），高表达性个体更偏向运用沟通策略，直面而不是回避他人的情感。至此，表达性与能动性，或社群性与能动性完全解释了传统意义上的性别差异。

国内常用的测量工具有贝姆性别角色量表的中文版（卢勤、苏彦捷，2003），钱铭怡等（2000）开发的大学生性别角色量表，刘电芝等（2011）开发的大学生性别角色量表，王登峰和崔红（2007）设计的中国人性别角色量表，王美芳主持修订的儿童性别角色量表（彭修平等，2016）。

性别角色是一种社会建构。王道阳、张更立和姚本先（2005）通过对大学生性别角色观的核心内容进行探讨，发现男性角色的主要正价特质依次为：勇敢、坚强、稳重、真诚、负责、宽容、自信、刚毅、善良、幽默；女性角色的主要正价特质依次为：善良、真诚、可爱、温柔、宽容、热情、自信、体谅、聪明、文静与漂亮。女性角色的主要负价特质是势利、自私、虚伪、刻薄、饶舌，男性角色的主要负价特质是势利、自负、自私、粗鲁，男女共有的主要负价特质是虚伪、势利。男生比女生更希望女性文静、漂亮，女生比男生更希望女性坚强、自信。这个研究发现，大学生性别角色两项最核心的内容是勇敢和善良，勇敢是个人寻求生存、追求发展的必备特征，代表着男性化特征核心；中国传统文化中对善的要求不分性别，但对男性"善"的要求重在"治国、平天下"，而对女性"善"的要求重在"相夫教子"和"与人为善"。

虽然贝姆性别角色量表并不包含极端内容，但鉴于日常生活中这两个维度的四个极端特征部分或全部显著的人并不多见，故而有关概念和测量工具仍然有重要的理论与实践价值。本书附录中特别给出了研究青少年健康时所使用的性别角色测评表（Helgeson，2012），该工具包含极端因子，可

视为性别角色领域对基本维度内容框架完整反映的一个参考。

（二）自恋的第二维度

自恋是一种综合性人格结构，既包括能力维度特质，如自我钦羡、自我中心、高权力需要、持续被关注需要，又包括社群维度特质，如较少亲密需要、缺乏同情心、无法与同伴维持长久关系（Goncalo et al.，2010；Konrath et al.，2009）。目前最广泛使用的工具——自恋人格调查表（NPI）——主要测量能力维度的特质（Campbell et al.，2002），无法测量人际支持、积极他人关注等社群维度特质（Pincus et al.，2009）。基于此，有研究者将自恋区分为能力自恋和社群自恋（Gebauer et al.，2012），并编制了具有较好信效度的社群型自恋问卷（Communal Narcissistic Inventory，CNI），测量对与他关系的夸大认识。

我的课题组在征得 CNI 原作者同意后对其进行了中文版修订工作[①]。在修订中选用了四种效标来检验中文版的实证效度：健康的自恋对心理健康水平有帮助，自恋者可能拥有高的自信、自我效能感（张旭，2011），自恋者的自控能力差，更具冲动性（Vazire and Funder，2006）。

研究对象为两所中学 566 人。其中普通高中 258 人，包括男生 80 人、女生 170 人，还有 8 人未填写性别；年龄在 14～19 岁，平均年龄为 16.6 岁。职业高中 308 人，其中男生 92 人，女生 210 人，6 人未填写性别；年龄在 14～23 岁，平均年龄为 16.7 岁。

工具为：①社群型自恋问卷 CNI，包含 16 个项目，采用 Likert 式 7 点计分，从"1= 极不同意"到"7= 极同意"，本研究中普高样本的内部一致性 α 系数为 0.89，职高群体的 α 系数为 0.88；②简版自恋人格调查表，包含 16 个迫选题项（Ames et al.，2006），用于测量能力型自恋，本研究中普高和职高样本的 α 系数分别为 0.64 和 0.61；③一般健康问卷，包含 12 个项目，采用 4 点计分，用于测量最近几周内的健康状况（张杨等，2008），本研究中问卷总分越高表示身心健康状况越好，普高和职高样本 α 系数分别为 0.72

① 本小节主要内容以论文形式发表，具体参见：丁书英、毕重增、刘凯歌："公共型自恋与心理健康的关系"，《保健医学研究与实践》，2017 年第 4 期。

和 0.65；④总体自信问卷，含 12 个项目，采用 5 点计分，用于评估个体在处理日常生活问题中的信心程度，得分越高自信程度越高（毕重增、黄希庭，2006），本研究中普高和职高样本 α 系数分别为 0.84 和 0.83；⑤自我控制问卷，包含 13 个项目，采用 5 点计分，用于评估日常生活学习中个体对自己的控制能力，得分越高自控能力越好（Unger et al., 2016），本研究中普高和职高样本 α 系数分别为 0.77 和 0.74。

对社群型自恋的条目进行因素分析。探索性因素分析设定模型抽取一个因子，单因子在普高学生样本上解释总变异的 38.5%，在职高样本上解释总变异的 35.8%。各项目在抽取出的因子上有较高负荷值，表明各项目在翻译成中文后，具有良好的项目特征（表 2-5）。

表 2-5　社群型自恋问卷项目

项目	普通高中		职业高中	
	共同度	因子负荷	共同度	因子负荷
1. 在我所认识的人中，我是最乐于助人的人	0.25	0.50	0.20	0.44
2. 我将给世界带来和平和正义	0.48	0.69	0.32	0.57
3. 我是人们可以交到的最好的朋友	0.41	0.64	0.33	0.58
4. 我将会因为自己的好行为而闻名	0.50	0.70	0.32	0.57
5. 我是（或将是）世界上最好的父/母	0.27	0.52	0.20	0.45
6. 在我的生活圈中，我是最富同情心的人	0.27	0.52	0.31	0.56
7. 未来我会因解决了全球性问题而闻名	0.35	0.59	0.45	0.67
8. 我极大地丰富了他人的生活	0.30	0.55	0.45	0.67
9. 我将会给人们带来自由	0.48	0.69	0.51	0.72
10. 我是出色的倾听者	0.17	0.41	0.15	0.38
11. 我将有能力去解决世界贫困问题	0.41	0.64	0.36	0.60
12. 我对他人有非常积极的影响	0.41	0.64	0.32	0.56
13. 我总体上是最善解人意的人	0.43	0.65	0.39	0.63
14. 我将使世界变得更加美好	0.61	0.78	0.50	0.71
15. 我是个绝对值得信赖的人	0.23	0.48	0.36	0.60
16. 我将会因增进人们的幸福而闻名	0.58	0.76	0.56	0.75

社群型自恋和自信、能力型自恋人格之间都存在中等程度的正相关，与健康之间存在低度正相关，这些相关符合文献对自恋与效标关系的描述。

但与文献描述自恋者自控能力差、更具冲动性（Vazire and Funder，2006）不同，CNI与自控正相关。这可能是CNI涉及表现出更多人际友好行为，展现这些行为要求个体抑制自己，从而表现出更好的自控也可能是中国传统注重伦理道德的一种特征。

综合以上证据，可以认为修订后的CNI具有满意的测量学特征，可以用于有关的研究。

表2-6　两个样本中社群型自恋与校标变量的相关系数

样本	一般健康	自控	自恋人格	自信
普高	0.25**	0.35**	0.31**	0.57**
职高	0.13*	0.24**	0.41**	0.41**

注：*，$p < 0.05$；**，$p < 0.01$。

（三）价值观的两大维度

特拉普内尔和保卢斯设计的价值观问卷明确以两大基本维度为理论框架（Trapnell and Paulhus，2012）。该问卷在设计前重新分析了欧美几种重要的生活目标和价值观研究数据，具有理论和实证根基。问卷要求回答者在浏览熟悉所有价值观条目之后，评定每种价值在"指导我的生活原则"中的重要性，赋予1～9分，并强调回答有区别性，尽可能表达价值观的差异，而不是选取相同或相近的分数。因素分析支持两个维度的结构，解释率在40%以上，内部一致性α系数在0.80以上，与舒瓦茨价值观问卷结果有中等程度的相关，具有满意的信效度。

问卷的24种价值观及其简单说明如下，其中社群性价值观包括仁慈、诚信、谦虚、助人、忠诚、礼貌、和谐、诚实、友善、修养、平等、传统（3，5，7，9，11，12，14，16，17，19，21，23），能动性价值观包括财富、快乐、影响力、能干、成就、雄心、权力、刺激、地位、自主、声望、卓越（1，2，4，6，8，10，13，15，18，20，22，24）。

（1）财富（经济上成功、富有）

（2）快乐（生活充满乐趣和快乐）

（3）仁慈（宽容、怜悯、富有同情心）

（4）影响力（有影响，影响人和事）

（5）诚信（信守自己所说，为他人信任）

（6）能干（显示出能力、效率和掌控力）

（7）谦虚（欣赏别人，谦虚）

（8）成就（达到崇高的目标）

（9）助人（帮助有需要的人）

（10）雄心（志存高远，抓住机遇）

（11）忠诚（忠于朋友、家人和团队）

（12）礼貌（礼节，有礼貌）

（13）权力（控制别人，主导）

（14）和谐（关系良好，平衡、协调）

（15）刺激（寻求冒险、令人兴奋的生活方式）

（16）诚实（正直，真诚）

（17）友善（关爱他人，友好）

（18）地位（高地位，广受尊重）

（19）修养（体贴，尊重他人）

（20）自主（独立，不受他人控制）

（21）平等（人权和人人享有平等机会）

（22）声望（成就名声，或令人钦佩）

（23）传统（尊重家庭价值和文化价值）

（24）卓越（在竞争中击败对手，站在顶端）

对我们搜集的 5 299 名大学生数据进行因素分析，发现两因子结构可以解释全部变异的 56.0%，因子结构得到支持，但原工具中能动类价值观"快乐"和"自主"归入社群类价值观，"影响力""能干""成就""雄心"和"财富"五种价值观虽然归类为能动性价值观，但在社群价值观上也有很高的负载；能动性价值观的内部一致性 α 系数为 0.89，社群性价值观的内部一致性 α 系数为 0.92。

对于由 12 个项目组成的简版而言，两因子解释率为 63.4%，第一个因子（3，9，11，16，17，19）都很好地负载在社群性价值观上，内部一致性 α 系数为 0.88；其余的项目（6，8，13，18，22，24）负载在能动性价值观上，内部一致性 α 系数为 0.86，但"能干"在社群价值观上也有很高的负载。整体上看，简版结构几乎完美地复制了西方同类研究的结果，但完整版似乎还需要进一步考察其内容结构。

（四）其他测查方式和工具

还可使用内隐方法来测量社群性和能动性，如句子完成、词干补笔。在词汇完成任务中，要求研究对象先想象一个人，而后完成一系列不完整的词语，分析填补后单词评价其社群性或能动性（Bartz and Lydon，2004）。Hagemeyer 等人设计的伴侣相关社群性和能动性测试（Partner-Related Agency and Communion Test）是一种投射图片故事法，用来测量情侣关系中内隐的社群性和能动性需要。使用时呈现一些图片，研究对象看完图片后编造一段关于情侣的故事，将这些故事进行系统编码，分类为能动性和社群性动机，以此来测量情侣的两类需求（Hagemeyer and Neyer，2012）。相比其他方法，投射测验的有效性受到很多质疑。

第三章　基本维度对自我评价的影响

　　自我是人格与社会心理学的交叉地带，也是近 30 年研究的热点领域。探讨基本维度在认识自我和他人中的特点与规律，绕不过自我这个主题。自我评价是幸福的枢纽，环境影响和内在状态均需要通过自我这个"过滤器""加工器"，才能形成或显示对主体的价值，得到合理的解释，获得良好的体验和评价。在本章，首先采用多重概念化自我的工具探讨基本维度对于自我评价的影响，然后从个人和群体两个角度探讨两种重要威胁情景中，基本维度对于自我的保护作用。

一、性别角色对自我价值感的影响①

　　性别角色是基本维度研究的一个传统领域，但对于什么样的性别角色最有利于自我评价，国内研究没有统一的结论。本研究一方面探究双性化是否优于男性化，前者据信是现代的适应性的性别角色类型，后者是传统的理想的性别角色类型；另一方面探讨性别特质对于自我价值感的相对贡献，不局限于类型研究。

（一）概念框架与研究假设

　　性别角色是现代人格和社会心理学关注的一个重要课题。什么样的性别角色具有最好的心理社会适应？个体所拥有的男性化特质和女性化特质程度即能动性和社群性在影响自我价值感体验时是否同等重要？这些问题对于理解当前中性化的流行（林晓珊，2009；王超群，2011），回应当前"阳刚教育"的诉求（李华等，2012；马骅，2010），定位青少年性别角色发展

---

　　① 本小节主要内容以论文形式发表，具体参见：毕重增等："性别角色对大学生自我价值感的影响"，《西南师范大学学报（自然科学版）》，2013 年第 4 期。

的引领目标等均具有现实意义。

西方心理学中关于理想的性别角色类型主要存在三种观点：一致性模型、双性化模型、男性化模型。一致性模型认为与生理性别相一致的性别角色最为理想；双性化模型认为能动性和社群性特质均高的个体社会适应性最强、心理最健康；而男性化模型则认为工具性特质才是决定心理健康和社会适应的主要因素。双性化模型虽然作为理想的性别角色模型被提出来（Bem，1997），但国外大量的实证研究和系列元分析却表明男性化模型更理想。国内研究中双性化模型得到的支持最多，如发现双性化的个体主观幸福感、安全感、心理健康度最高（蔡华俭等，2008；张萍、毕重增，2010），但也有研究支持男性化与女性化模型，如闻军明（2008）发现双性化者自尊虽最高，但与男性化者并无统计差异，而王登峰和崔红（2007）的研究则表明女性化个体心理社会适应（行为抑制、身心症状等）最好，双性化个体心理社会适应水平最低。

性别角色作为一种社会建构，受时代精神和主流价值的引导和影响。当前，成功和成就已成为一种普遍认可的价值。从教育环境来看，学校是高度成就取向的，不论男女学生在学习和求职中都面临着激烈的挑战，他们都认同和渴望拥有与成就相关的特质。无论将自尊定义为一种自我正向体验，还是定义为抱负与成功的关系（黄希庭、尹天子，2012），自我价值感均应该与成就关联紧密，更多来自工具性特质。就发展属性而言，能力可以在学校得到系统的累积与提升，不断给人带来成就；而社群性却难有此系统性改变，人们在生命早期对自己就形成了坚信不疑的好人认定，在交往中，人们也倾向于用个性来解释彼此的差异，而不是道德来评价个人的价值或重要性。另外，领导力特质虽然属于人际关系范畴，但在性别角色界定中却属于工具性。虽然温暖类特质对建立和谐的人际关系很重要，但却很难做到特别引人注目、引以为豪，其对自我的重要性明显要低于工具性成就与能力特质。因此，对学生而言，无论是外在社会、学习环境，还是内在自我价值评价，能动性特质较高的双性化或者男性化均应是理想的性别角色类型。

本研究将使用多层次多维度自我价值感作为指标，从概括到具体、从个人取向和社会取向这两个层面，系统考察性别角色内容对大学生自我价值感的影响，并通过相对重要性分析来定量描述两大内容维度对大学生自我价值感的相对重要性。

（二）方法

1. **对象**

来自六所大学的大学生 812 名，平均年龄 21.5±1.38 岁，其中男性 333 名，女性 476 名，3 人未报告性别。按照个体在能动性分量表得分和社群性分量表得分的中位数常模（由工具设计者刘电芝教授提供），将个体划分到不同的性别角色类型中。其中，男性化 138 名，女性化 136 名，双性化 253 名，未分化 285 名。

2. **工具**

刘电芝等(2011)编制的性别角色量表。能动性分量表含领导力、男子气、理性、大度四个因子（16 个题），社群性分量表含同理心、女子气、勤俭心细三个因子（16 个题）。工具采用 Likert 式 7 点量表，从"完全不符合"到"完全符合"分别记 1～7 分，该量表信效度较高。在本研究中，两个分量表的内部一致性克龙巴赫 α 系数分别为 0.89 和 0.86。

黄希庭等（1998）编制的自我价值感量表。量表共 56 个题，包括总体自我价值感、一般自我价值感和特殊自我价值感三个量表。工具采用 Likert 式 5 点自评量表，从"完全不符合"至"完全符合"分别评定为 1～5 分。量表有较好的信效度（黄希庭等，2003；黄希庭、余华，2002），在本研究中，总量表的 α 系数为 0.93，各分量表 α 系数均值为 0.63（0.40～0.79）。

（三）结果

1. **自我价值感的性别角色类型差异分析**

对四种不同性别角色在自我价值感上的得分进行方差分析，结果发现（表 3-1），所有自我价值感维度上均存在显著的性别角色类型差异。多重比较表明：总体，社会取向的一般、人际、生理、家庭，个人取向的人际、生理、家庭共 8 个自我价值感因子上，双性化得分略高于男性化，但无显著差异；社会取向的心理、道德，个人取向的一般、心理、道德共 5 个自我价值感因子上，双性化显著高于男性化；未分化组在所有自我价值感因子得分上均最低，但在社会取向的人际、心理、生理，个人取向的人际共 4 个自我价值感因子上，女性化和未分化组无显著差异。整体上，女性化组和未分化组自我价值感因子得分显著低于男性化和双性化组。

表 3-1　自我价值感的性别角色类型差异分析

价值感	总体	社会取向						个人取向					
		一般	人际	心理	道德	生理	家庭	一般	人际	心理	道德	生理	家庭
男性化	4.22	3.72	3.45	3.72	4.05	3.46	4.28	4.02	3.49	4.01	3.56	3.85	3.95
女性化	3.95	3.53	2.79	3.42	4.05	3.00	4.19	3.73	3.11	3.72	3.45	3.57	3.90
双性化	4.36	3.86	3.55	3.90	4.34	3.62	4.35	4.18	3.60	4.21	3.66	3.97	4.09
未分化	3.69	3.33	2.95	3.27	3.67	2.94	3.95	3.53	3.11	3.43	3.36	3.32	3.68
组间差异 (p<0.05)	AM> F>U	AM> F>U	AM> FU	A> M>FU	A> MF>U	AM> FU	AMF> U	A>M> F>U	AM> FU	A>M> F>U	A> MF>U	AM> F>U	AM> F>U

注：M 为男性化，F 为女性化，A 为双性化，U 为未分化。

2. 能动性和社群性对自我价值感的回归分析

上述方差分析考察了性别角色类型对自我价值感的影响，但不能考察性别角色的两个基本维度即能动性和社群性对自我价值感的影响。因此，进一步采用多重回归和优势分析探讨能动性和社群性对自我价值感影响的相对重要性，结果见表 3-2。

表 3-2　能动性和社群性对自我价值感的回归分析

价值感		总体	社会取向						个人取向					
			一般	人际	心理	道德	生理	家庭	一般	人际	心理	道德	生理	家庭
进入顺序		M,F	M,F	M,F	M,F	M,F	M,—	M,F	M,F	M,—	M,F	M,F	M,F	M,F
首变量 R^2		0.26	0.22	0.30	0.26	0.26	0.26	0.09	0.31	0.23	0.44	0.07	0.21	0.06
解释增量 ΔR^2		0.02	0.02	0.01	0.01	0.08	—	0.02	0.02	—	0.03	0.01	0.01	0.02
能动性的重要性(%)	总	74.0	73.7	94.6	77.9	45.6	88.4	57.9	75.2	91.6	74.3	70.3	79.8	52.5
	女	70.2	69.9	93.3	77.0	46.0	86.0	56.2	74.3	90.9	69.0	73.5	75.6	50.7
	男	81.6	87.5	91.7	77.5	61.9	84.4	78.8	81.5	90.9	75.4	60.1	87.6	86.3

注：M 为能动性，即男性度；F 为社群性，即女性度。

由于 R^2 增量反映了后续进入方程因子的独特贡献（Cohen et al.，2003），因此首先采用多重回归法进行变量筛选分析。结果表明，能动性均首先进入回归方程，且在社会取向的生理、个人取向的人际两个自我价值感因子上，社群性无法进入回归方程。总体上说明在预测自我价值感时，能动性优于社群性。进一步采用相对重要性分析（Johnson，2000），探讨能动性和社群性对自我价值感的平均影响。结果表明，仅在社会取向道德自我价值感因子上，社群性的贡献要高于能动性，在其余因子上均为能动性大于社群性。将数据划分为男、女两个群体进行分析，结果表明，在男性群体中，能动性对所有的自我价值感因子的贡献均高于社群性；女性群体中，仅社会取向道德价值感因子上，社群性的贡献高于能动性，在个人取向的家庭价值感因子上，社群性和能动性的贡献极为接近，而在其余因子上均为能动性的贡献率高于社群性。整体而言，能动性对自我价值感的预测具有主导性，解释率高于社群性。

（四）讨论与结论

从性别角色的两个维度来看，本研究发现能动性较社群性对大学生自我价值感更重要。回归分析和相对重要性分析表明：能动性仅在社会取向的道德因子上对自我价值感的贡献度低于社群性，在其他因子上能动性对自我价值感的贡献要高于社群性；在男生群体中，能动性在所有因子上对自我价值感的贡献均最大；在女生群体中，也仅在社会取向的道德、个人取向的家庭，能动性对自我价值感的贡献不高于社群性。但能动性的相对重要性并没有抹杀社群性的贡献，社群性在能动性进入回归方程后在绝大多数的自我价值感因子有增量贡献。在道德和家庭这两个价值感维度上，社群性的贡献有优于能动性的趋势，体现了社群性在特定领域的优势。但这种领域优势并没有改变性别角色内容维度影响自我价值感的优先排序，回归分析时，男性度总是最先进入回归方程的变量。

从性别角色类型来看，双性化者自我价值感最高，并在若干因子上与男性化的差异达到了统计显著水平，表明双性化是最有利于大学生自我价值感的性别角色模型。这不但体现在社会或他人认可对个人自我价值感有影响的领域，也体现在自身潜能发挥和完善对个人自我价值感有影响的领域。这与已有的若干研究结论相近（张莘，1998），这些研究从不同的角度表明，双性化性别角色类型的大学生在人格特征、自信心、情绪方面均高于其他性别角色的大学生，具有较高心理健康水平（王中会，2009），相较于其他性别角色来说更加适应当今多元的中国环境，是一种理想的性别角色模型。而与王登峰等（2007）女性化适应最佳的结论相异。这些研究结果差异可能源于因变量指标、研究对象的群体差异。例如，在余小芳等（2004）的研究中，焦虑和抑郁均与男性化或女性化呈负相关，而王登峰等的研究中同样考察了抑郁和焦虑两因素，但发现双性化个体心理适应水平最低、女性化的心理社会适应最好。使用同类指标得到相反的结果，差异最可能源于研究对象的群体差异。国内性别角色的研究对象多为大学生，而王登峰等的研究对象是工农、行政管理和科教文卫等非学生群体。这些群体较大学生更可能"即使个体有很强的个人欲求水平也不能直接表达，而需要通过与他人的合作，以共赢或迂回的方式去实现"。迂回地达到自己的目标，恰好是传统文化对女性的要求。因此，"在中国文化中，凡是涉及比较明显的男性化特点的行为模式……都是不适应的。"然而，大学生的主要活动是学业，其成就较少依赖与他人的合作。即便对于日常需要合作才能共赢的目标，也并不需要特别压抑个体欲求，对自我价值不会产生太大的影响。

因此，总体上论证何种性别角色最优，可能很难达成一致结论。性别角色深受社会、文化、亚文化广泛影响，从而存在亚群体理想模型。这种亚类别的适应性，可能就有助于理解"阳刚教育""中性化"的流行，以及性别角色定位与自我价值感、社会适应以及心理健康之间的关系。虽然中国传统文化强调男尊女卑，但总体上，我国当前是一个发展中的能力本位社会（韩庆祥，2002）。对自我的关注、对个性的渴望、对个人幸福的追求等观念在当代青年中非常盛行（毕重增，2010）。1949 年以后女性的独立和男女平等政策的深入推行（顾秀莲，2005），也使得性别角色整体上由传统社会的一致性模型向男性化和双向化模型发展。但我国经济社会发展不平衡，不但前现代、现代和后现代生活方式并存，而且各个社会阶层职业群体的生活环境也存在巨大差异。这些亚群体中应存在着有区别的理想性别角色类型，例如，在护士、心理咨询、社会工作等助人行业中，专业能力与社群性特质的结合应是最佳的配搭。总的来看，性别角色的两个维度对大学生自我价值感的重要性程度不同，能动性比社群性对自我价值感的贡献更大。

二、能动性对自我评估的支配作用

最近关于自我判断的研究表明，人们更多地基于能动性相关特质，而非社群性特质进行自我认知。本章第一部分的研究结果也支持能动性对自我价值感的贡献更大。本小节进一步验证能动性相关特质在自我评价中占支配地位的假设，不但将性别角色概念扩展到一般性基本维度，而且将文化背景作为调节因素纳入考察[①]。

（一）概念框架与研究假设

能动性与社群性是组成社会认知内容的两个基本维度。一些研究发现，社群性在认知他人时占据支配地位。在对他人形成印象时，社群性在收集他人情报时处于优先和支配地位（Brambilla et al.，2011；Wojciszke et al.，1998）。另外，关于社群性的语义类别要比有关能动性的语义类别更加容易理解（Ybarra et al.，2001）。在解释他人行为时，更多从社群性方面，而非能动性方面（Abele and Wojciszke，2007），当他人某一行为涉及社群性时，人们的情绪反应相较于涉及能动性时更加强烈。

与社群性是评价他人的关键这一发现相反，近来关于自我判断的研究表明，人们在评价自我和自我价值时，更趋向基于能动性相关特质而非社群性相关特质。沃乔斯基等发现，就自恋倾向或姓名首字母效应（即人们对包含自己姓名首字母的词加工得更快、更好，反映了自我偏爱）来讲，无论将自我价值定义为特质或状态，还是自我喜欢，能动性对自我价值的预测作用要比社群性更有效（Wojciszke et al.，2011）。

这些发现与社会标尺理论（sociometer theory）是契合的。利里提出不断进化的自我价值帮助人们监控个体被社会接受的程度（Leary，1999）。自我价值体验高低是一种信号，指示人们在与他人建立社会连接所能达到的程度，或遭遇社会贬值、社会拒绝风险的程度（Anthony et al.，2007；Leary，2003）。从这方面来看，人际关系和社会接受程度这些社会生活社群性方面，

[①] 本小节主要内容以论文形式发表，具体参见：Bi, C., Ybarra, O. and Zhao, Y. 2013. Accentuating your masculine side: Agentic traits generally dominate self-evaluation, even in China. *Social Psychology*, Vol. 44, No. 2, pp.103-108.

对人们关于自我的总体看法、总体幸福感会有深远的影响。从社会标尺理论来看，自我价值与社会交互作用的人际性特质有关，也就是自我价值感和社群性特质之间存在联系。

沃乔斯基等人认为，他们的发现与社会关系测量标尺理论之间的差异要比实际上更加明显。第一，自我评估中，能动性重于社群性并不意味着社群性与自我价值没有关系，而是假设自我价值更多地受到能动性的驱动。第二，不能将一般社会排斥等同于基于社群性缺陷造成的排斥，而且，在社会标尺理论中社会排斥的基础是什么并不清楚。

考虑到前人研究已经很好地表明了能动性特质比社群性特质能更好地预测自我价值（Wojciszke et al.，2011），埃伯利和沃乔斯基（Abele and Wojciszke，2007）发现，典型的女性特质表现为社群性特质，而男性特质表现在能动性相关特质上。像一些哲学家提出的那样，在性别定义与基本维度之间存在对应的关系（Bakan，1966）。本研究将基本维度的范围扩大到性别研究中与能动性、社群性相关的典型特质，并使用不同的自我价值感概念：总体自我价值感、个体自我价值以及基于他人如何看待自己形成的社会自我价值感。如果能动性相关特质与自我价值感之间的关系和角度有关（例如，我如何看待自己和我认为他人如何看待自己），则能动性与总体自我价值或个体自我价值之间的关系要比能动性与社会自我价值之间的关系更紧密。

本研究也关注研究对象文化背景与西方的不同。比起西欧和北美，东亚被认为是以社群性为导向的，人们很重视人际关系领域以及社会和谐，这与注重能动性相关属性的文化（Wojciszke et al.，2011）有所不同。这个因素可能使能动性主导假设受到挑战。此外，由于中国存在南北方地域刻板印象，北方人会认为南方人和自己不一样，反之亦然。北方人常与强壮、传统等男性主导刻板印象联系在一起，而南方人被认为相对更婉约、更注重人际关系。研究采用了一个北方样本和一个南方样本，通过两个不同样本，可能会找到社群性特质相较于能动性特质在预测自我价值感作用中的新论据。

由于自我价值感存在性别差异，男性要比女性具有更高的自我价值感

（Kling et al.，1999），性别认同研究也发现男性特质认同比女性特质认同能更好地预测自我价值（Antill and Cunningham，1979；Puglisi and Jackson，1980）。因此，通过评估性别角色研究中特质与基本维度中的内容，本研究就能将性别角色与基本维度在自我价值判断中的研究联系起来。

（二）方法

1. 研究对象

北方样本为213名来自唐山某大学的73名男生和140名女生，平均年龄21.9岁，SD=1.38。南方样本是厦门某大学的68名女生和71名男生。平均年龄为20.5岁，SD=0.96。均通过大学课程招募，并给予小礼物或者反馈有常模的数据结果以感谢他们的参与。

2. 工具

性别角色量表：性别角色量表由刘电芝等人（2011）设计，反应采取7级评分量表，从"1= 一点都不适合我"到"7= 完全适合我"，高分代表高特质认可。40名大学生和研究生（平均年龄24.2岁，SD=1.18）对性别角色量表中的词或词组进行能动性和社群性评估。从0到6共7个等级，其中，0代表缺少能动性或社群性，6代表具有很高的能动性或社群性。男性度特质词的能动性评定等级（M=3.70，SD=1.09）要大于女性度特质词的评定等级（M=2.19，SD=1.10），t=9.98，p<0.01。相反，男性度特质词的社群性评定等级（M=3.13，SD=1.11）要小于女性度特质词的评定等级（M=4.16，SD=0.90），t=-9.81，p<0.01。北方样本中两个分量表的 α 系数分别为0.88和0.86；对应的南方样本中分别为0.88和0.86。

自我价值感问卷：取自黄希庭等（1998）自我价值感问卷，包括三个因子：总体自我价值（"我对自己很满意"6个项目）；个体自我价值（"我很尊重我自己"5个项目）；社会自我价值（"许多人喜欢我"5个项目）。反应采取5点评分，从"1= 完全不符合我"到"5= 完全符合我"。分量表的组合分数越高，表明自我价值判断越积极。北方样本中总体自我价值分量表、个人自我价值分量表和社会自我价值分量表的 α 系数分别为0.79、0.67和0.54；对应的南方样本分别为0.82、0.72和0.53。

（三）结果

首先分析北方样本。在性别控制条件下，采用多元回归方法评估女性和男性特质认同在自我价值感上的预测效应。结果表明，尽管在社会自我价值感上存在显著的性别效应，但在总体自我价值、个体自我价值上不存在显著的性别效应（表3-3）。这三种类型的自我价值感均出现了能动性特质主导效应，与自我价值感能动性主导的认知一致。

表 3-3　性别和性别角色对自我价值感的回归分析（北方样本）

自我价值感	预测因子	β	t	*Sig.of t*	R^2	F	*Sig.of F*
总体	性别	-0.07	-1.21	0.226	0.30	3.41	
	能动性	0.54	8.69	<0.001			<0.001
	社群性	0.04	0.63	0.529			
社会取向	性别	-0.20	-3.12	0.002	0.24	23.29	
	能动性	0.48	7.51	<0.001			<0.001
	社群性	0.01	0.18	0.861			
个人取向	性别	-0.02	-0.34	0.738	0.33	35.39	
	能动性	0.58	9.51	<0.001			<0.001
	社群性	0.03	0.42	0.676			

注：女性编码为 0，男性编码为 1。

基于性别角色定义能动性比女性特质所蕴含的社群性能更好地预测自我价值，本研究将有关性别角色的研究与基本维度的研究联系起来。北方样本三类自我价值感的结果均支持此假设，证实了基本维度与性别角色研究在解释自我价值感上的有效性和可化约性。

其次分析南方样本。南方样本在研究变量上确实与北方样本有所不同（表3-4）。多元分析结果发现，在三种类型的自我价值上不存在显著的性别效应；但两类性别特质对三种自我价值感都有贡献，表明在预测不同类型自我价值感时能动性特质的作用以及社群性相关特质的作用（表3-5）。尽管这个效应还需要后续研究确认，但确实支持一个新观点：背景——在本研究中是更重视品行道德、人际和谐的亚文化——可以增加社群性相关特质在自我价值判断中的预测作用。

表 3-4　南方样本和北方样本中性别角色、自我价值感的差异

变量	北方样本	南方样本	t
总体自我价值感	4.07（0.61）	3.79（0.67）	4.02**
社会取向自我价值感	3.60（0.55）	3.46（0.57）	2.19*
个体取向自我价值感	3.84（0.57）	3.62（0.63）	3.45*
能动性	4.67（0.84）	4.71（0.80）	−0.50
社群性	4.91（0.81）	4.68（0.83）	2.57*

注:*, $p<0.05$;**, $p<0.01$。

表 3-5　性别和性别角色对自我价值感的回归分析（南方样本）

自我价值感	预测因子	β	t	Sig.of t	R^2	F	Sig.of F
总体	性别	0.06	0.83	0.410	0.32	22.96	
	能动性	0.28	2.82	0.006			<0.001
	社群性	0.35	3.49	0.001			
社会取向	性别	0.07	0.90	0.369	0.36	27.25	
	能动性	0.34	3.44	0.001			<0.001
	社群性	0.33	3.43	0.001			
个人取向	性别	−0.04	−0.60	0.552	0.36	26.50	
	能动性	0.39	4.01	<0.001			<0.001
	社群性	0.27	2.79	0.006			

注:女性编码为 0，男性编码为 1。

（四）讨论与结论

在两个研究中，性别角色特质都反映了基本维度中的能动性和社群性。本研究也证明了"自我价值感能动性主导"假设的稳健性：研究不但与西方的文化背景不同，自我价值感还在不同抽象概念水平下进行操作（一般和具体),包含了不同的方面（社会取向和个体取向）。因此,该研究结果（特别是北方样本的结果）保持了与沃乔斯基等人（Wojciszke et al.，2011）研究结果的一致性，但又受文化的影响，在不否认能动性预测自我价值感的同时，给社群性特质作用于自我价值感留出了空间（南方样本的结果）。

为什么自我价值感由能动性信息而非社群性信息主导？双视角模型的解释是，社会认知内容的二元性（能动性和社群性）反映了社会交往中的二元视角（作用者和接受者），在考虑他人时主要是社群性占主导，而考虑

自我则是从能动性而非社群性出发。尽管双视角模型描述了自我评价的一般趋势，然而通过把重点放在能动性上，本研究表明自我评估过程中可能不仅如此。社群性规范一般是稳定的、积极的，并且符合社会期许的（Monane，1967；Ybarra，2002），因此，这些规范许多时候会掩饰一个人"真实的"品格特征，因为这些标准要求人们都有高的公共标准。在社群性维度上很难体现一个人是特别优秀的，高社群性也不会特别增加一个人的社会接纳性。当然，违反规则会十分显眼，很少的负面消息就会损害个体的声望名誉（Reeder and Brewer，1979；Skowronski and Carlston，1987；Ybarra，2002；Ybarra et al.，2001；Ybarra and Stephan，1996、1999）。本书引言部分也描写了人们在道德相关议题上的纠结。社群性或者对应的性别角色预期特质对于社会接受可能是必需的，但因为在该维度上将个体与他人进行区分存在困难，所以还不足以主导个体的自我价值感。

相反，当特定能力和技能被周围环境所需要时，个体能动性特质或者男性化身份或角色特质能够促进社会接受。能动性相关特质与力量、支配关系紧密，这二者已经被证明能够预测自我价值感（Cislak and Wojciske，2008）。另外，在心理统计学上，能动性相关特质独立于社会接受度（Leary et al.，2001），而与竞争紧密相关。有关人际互动目标的研究表明，人们在竞争目标下要比合作目标下更关注他人的能动性特质（Ybarra et al.，2001）。人们认为积极的能动性行为更具有特征性且难以伪装（Tausch et al.，2007），从而在能动性特质维度上可以呈现更清晰的差别。所以，与社群性特质的弹性不同，能动性特质能作为自我识别的基础。

社群性特质确实重要，但如果超过某一特定点，社会接纳已经完成，评价重点就应该转向保持这一社会接纳度而非继续增加，此时能动性维度上的社会区分和比较才更有价值，我们用阈限假设来标记这种转换现象。根据这一推理，被社会所接受的人们试图在社群性维度有所成就时，阈限发生改变可能会带来不确定性，这种不确定性会增加人们在自我评估时利用社群性消息的概率（Hastie and Park，1986）。这可以帮助解释南方样本中所得到的结果，更注重社群性维度环境告诉人们主导目标，这种"规范"引导人们看重特定的内容。后续研究可以尝试对不同规范中不确定性进行分类或者在实验室内操纵规范来验证有关想法。

总的来看，社群性和能动性两个基本维度普遍存在于多个研究领域，这表明它们涵盖了社会认知的重要性和稳定性方面，也涵盖了人们表征和评估自己的重要方面。本研究通过基本维度的理论化重组性别认同和性别角色研究中用到的特质，复验有关不同文化背景下自我判断的研究。此外，结果中一些差异的出现，提示人们的自我评估还存在一些其他的心理过程。

三、基本维度与成人自尊的关系

采用非学生样本，引入基本维度的效价属性，进一步探讨基本维度与自我评价的关系。

（一）概念框架与研究假设

对于能动性还是社群性主导自尊，有不同的研究发现和证据。沃乔斯基等（Wojciszke et al.，2011）的研究表明，能动性而不是社群性与自尊有关联，有关的理论解释聚焦于个体知觉自我时的个体能动性信息处于凸显的地位，即双视角模型（参见第一章）。视角模型认为个体知觉自我时能动性信息处于凸显地位，且能动性与独立我相关，而与自尊关联的恰恰是独立我。但也有相当多的理论支持社群性对于自尊的重要性，例如，詹姆士（James，2013）对自我的经典分类中就包含社会自我，黄希庭等（1998）的自我价值感理论也将社会取向作为自尊的一个大类，社会标尺理论更是强调社会关系是自尊的重要来源。在实证研究方面，罗宾斯等（Robins et al.，2001）对大五人格和自尊的关系分析表明，外倾—开放（能动的）和宜人—尽责（社群性）均与自尊相关；德扬（DeYoung，2006）用因素分析的方法则发现，自尊与社群性的关系高过与能动性特质的关系，这些研究都支持社群性对于自我的重要性。

另外，文化重视哪些重要的特质，也会对自尊产生影响。相对而言，集体主义的文化更重视社群性（例如合作、忠诚等），因此在探讨基本维度特征对于解释自尊的重要性时，还应该考虑文化的影响。正是基于这种认识，格鲍尔等（Gebauer et al.，2013）以在线社交网络注册人群为研究对象，对基本维度与自尊的关系进行了探讨，发现两大基本维度与自尊的关系受文化、宗教信仰、年龄和性别的调节。但是该研究存在没有解答的问题：首先，研究突出了文化的重要性，但没有检验当前最重要的集体—个人—荣誉文化框架，缺失典型集体主义文化人群基本维度与自尊关系的分析；其次，研究中发现年长组社群性与自尊的关系强度高于能动性与自尊的关系，这与有关研究发现的晚年期能动性重要性增强（Twenge et al.，2008）、社群性重要性减弱（Gebauer et al.，2013；Twenge et al.，2012）相矛盾。更为重要的是，无论对于能动性还是社群性，其效价因素是不可忽视的，效价本身表达了一种取舍，人们总是趋向积极的特征，回避消极的特征（即日常生活中的发扬优点、改正缺点）。已有研究并未对此进行区别和分析。

本研究将采用成人样本并且区分两个基本维度的效价，探讨亚文化、教育、年龄、性别等人口学变量在两大基本维度与自尊关系中的作用。

（二）方法

1. 研究对象

来自北京、郑州和重庆三市的成年人863人，其中北京130人，郑州460人，重庆273人；男420人，女443人；年龄为21～89岁，40岁以下270人，40～60岁385人，60岁以上204人；本地成长的680人，来自外地的177人；教育水平初中及以下215人，高中327人，专科168人，本科98人，研究生17人；各人口学变量有0～6人未填写。

2. 研究工具

罗森伯格自尊问卷（季益富、于欣，1999），用于测量总体自尊水平。共10个项目，采用4点计分，从"1=非常符合"到"4=非常不符合"。在本研究中，其内部一致性克龙巴赫α系数为0.77。

社会认知基本维度问卷，从160词库中选择48个词组成，采用Likert式7点量表评定，从"1=非常不符合"到"7=非常符合"。包括积极能动性项目12个，如抱负的、聪明的，在本研究中其内部一致性克龙巴赫α系数为0.83；消极能动性项目12个，如被动的、蠢笨的，在本研究中其α系数为0.82，能动性总体为0.86；积极社群性项目12个，如诚实的、友好的，在本研究中其α系数为0.87；消极社群性项目12个，如伪善的、狠心的，在本研究中其α系数为0.78，社群性总体为0.87。

3. 研究程序

采用个别测试和小样本集体测试相结合的方式进行，对于有阅读障碍或文化水平低的研究对象，由主试阅读测试内容。

（三）结果

首先进行简单分析，在所有样本中用基本维度预测自尊。结果发现，能动性和社群性两大维度能够解释自尊变异的31.2%，两个维度均进入回归方程，其中能动性能够解释自尊变异的54.8%，积极能动性为31.2%，消极能动性为23.6%；社群性能解释自尊变异的45.2%，积极社群性为17%，消极社群性为28.2%。在对自尊的解释上呈现能动性优于社群性、积极能动性优于消极能动性、消极社群性重要于积极社群性的趋势。

其次进行分类分析。用地域、学历、性别等对研究对象进行划分，分别探讨各个亚群体中能动性和社群性对自尊的相对重要性，分析结果见表3-6。

表3-6　两大基本维度对成人自尊的相对重要性分析结果（%）

类别	积极能动性	消极能动性	能动性	积极社群性	消极社群性	社群性	绝对解释率
本地人	25.3	24.5	49.8	19.1	31.1	50.2	28.5
外地人	44.3	21.8	66.1	14.2	19.7	31.9	43.5
中小学	17.4	28.4	45.8	15.1	39.1	54.2	21.5
高中	35.4	22.4	57.8	16.7	25.5	42.2	32.7
大专	34.5	24.0	58.5	19.3	22.2	41.5	43.6
大学	46.6	14.7	61.3	27.3	11.4	38.7	38.2
研究生	32.7	15.8	48.5	10.4	41.2	51.5	43.0
郑州	32.2	22.7	54.9	23.1	21.9	45.0	26.8
重庆	27.6	28.6	56.2	10.1	33.8	43.9	27.8
北京	32.3	21.4	53.7	15.9	30.4	46.3	51.7
男性	37.8	24.9	62.7	14.1	23.2	37.3	32.4
女性	24.7	21.9	46.6	20.6	32.7	53.3	31.7
40岁以下	37.1	26.4	63.5	13.3	23.2	36.5	37.9
40~60岁	26.0	20.4	46.4	21.4	32.2	53.6	29.9
60岁以上	32.3	28.8	61.1	15.1	23.8	38.9	26.2

注："研究生"组由于人数较少，相关研究结果仅供参考，不宜做出外推的结论。

数据展示了各个类别群体中两大基本维度对于解释自尊的模式差异。总体上来看，各个子样本的数据符合能动性、积极能动性和消极社群性相对重要的模式，但存在差别。于性别而言，两个因素的相对重要性符合社会性别角色模式，即男性的能动性相对重要，而女性的社群性相对重要；于年龄而言，中年人组的模式有不同，表现为社群性相对重要，老年人组仍然是能动性相对重要；于学历而言，中小学学历组表现为社群性更重要，研究生学历组的模式也类似，只是后者样本小、人数少，不足以做确定的结论；于地域而言，郑州样本的社群性、重庆样本的能动性，其效价作用较为平均，消极特征或积极特征的重要性较为均衡；流动性是现代社会的基本特征，于外地迁来的人而言，其能动性的相对重要性尤为突出，而本地成长未曾流动的人，其能动性和社群性同等重要。

最后，综合分析能动性、社群性及人口学变量对自尊的解释作用。鉴于第二步分析无法区分人口学变量及其与两大基本维度交互作用的相对重要性，故将性别、年龄段、学历等变量及其与两个基本维度的交互作用项纳入分析。结果发现，所有变量对自尊的绝对解释率为38%。基本维度对自尊的解释模式没有改变，积极能动性（15.9%）、消极能动性（10.4%）、积极社群性（9%）、消极社群性（11.5%）呈现高—低—低—高的模式，统共解释自尊变异的46.8%。人口学变量及其与两个基本维度的交互作用解释自尊变异的53.2%；人口学变量直接解释率为6.9%，性别0.3%，受教育水平3.8%，年龄段1.1%，是否外来人口0.9%，地区0.8%；人口学变量与两个基本维度的交互作用的解释率占46.3%，其中性别2.6%，受教育水平17.6%，年龄段8.8%，是否外来人口7.6%，地区9.6%；总的来看，受教育水平的影响相对较大，而生理性别的影响相对较小。

（四）讨论与结论

通过系列分析，本研究发现，基本维度在对自尊的解释上呈现能动性优于社群性、积极能动性优于消极能动性、消极社群性重要于积极社群性的基本模式，性别、学历、地域、年龄等因素对这个模式起修饰作用，使该模式在不同的亚群体中的表现产生差异。总的来看，本研究的结果与西方有关的研究既有相同点，也有重要区别。

1. 在解释自尊上能动性比社群性重要

能动性相对优势的特点几乎跨越了本研究所有子样本。例外的是，分析结果中本地人的能动性和社群性对于自尊的解释基本平衡。但仔细分析发现，集体主义或关系主义文化预测社群性在解释个体自尊的时候应占据优势地位，能动性与社群性的均势说明了能动性在我国现代化的过程中随着人口流动其相对重要性在上升；同时，传统东方社会对于道德、人情与和谐价值的取舍和肯定仍然表现出了强大影响力，使社群性在解释自尊上仍然与能动性不相上下，交互形成了解释自尊的均势特征。

2. 能动性对于解释老年人的自尊可能也是最重要的

社群性并非老年人自尊的最重要因素，这个结果与沃乔斯基、格鲍尔等的研究发现不同，而与有关研究发现晚年期能动性重要性增强、社群性重要性减弱的结果（Konrath et al.，2011；Twenge et al.，2012；Twenge et al.，2008）一致。这可能是因为在沃乔斯基等研究中未包括退休后的群体，而格鲍尔等研究中的老年样本是有偏差的：进入社交网站登记寻友者虽然不能确定其社群性特质更高，但可以确定的是其社群性处于凸显的位置（从反面理解，这些人的社群性特质可能在现实生活中无法正常发挥作用，故需要在线扩展社会交往），这在一定程度上削弱了其研究发现的外推效力。因此，"能动性对于解释老年人自尊更重要"是合乎理论和相关研究证据的。

但是也有一些研究发现不同年龄群体看重的维度不同：青年人追求绩效目标而老年人追求社会情感目标（Charles and Carstensen，2010），能动性占据青年人和中年人自我表象中的重要地位，而社群性占据老年人自我表象中的重要地位（Diehl et al.，2004）。格鲍尔等人提出中心性原则（self-centrality breeds self-enhancement principle，"自我中心引发自我提升"的原则，简称中心性原则）解释：当社群性位于自我中心时，社群性主导个体自尊；当能动性位于自我中心时，能动性主导个体自尊。该理论是从詹姆士（James，2013）自尊定义引申而来——个体自尊来源于对其重要的领域，个体也只在这些领域通过培养和提高相关品质从而实现自我价值。年龄因素能直观地反映能动性和社群性中心性变化的规律。从发展任务（Havighurst，1956）视角来看，从童年到成年再到老年，个体是先建立社会联结进而追求个人成就最后转向关注社会情感。这些发展任务本质上可归纳为社群性和能动性两个维度（Charles and Carstensen，2010）。因此，儿童时期的自尊来源于社群性，成年时期的自尊来源转向能动性，而老年时期的自尊来源再次转向社群性。中心性原则虽然很好地描述了能动性和社群性在不同情境中处于个体自我中心位置的重要性，但并未解释社群性与能动性转换的时间、条件以及机制。研究者也没有检验看中的、给予高评价的生活目标是否等于自我目标，换言之，价值推崇与真实重要在内容上并不完全相同，对个人生活品质的影响也会有差异。这些因素都可能导致相互矛盾的研究结果。关于年龄与基本维度的作用规律，未来的研究还需要考虑更多因素。

3. 社会流动对于基本维度影响自尊的内容有选择作用

外来人群的能动性特征对于解释自尊相对更重要，这在一定程度上可以解释欧美研究的结果。美国本身是移民社会，因为缺少本土的社会交往网络，移居者需要靠能力才能获得生存发展空间，个体能动性特质得到最大可能重视；大学生和职业群体也类似，其角色核心是发展能力或运用能力，能动性更为重要。因此以这些人群为研究对象的研究，理应得出能动性对于自尊具有支配性的结果。需要指出的是，以处理人际关系为重要内容的领导特质归属于能动性而不是社群性（Abele and Wojciszke，2007），因其目的不是关系协调本身，而是通过关系指向任务或达成目标。

4. 基本维度内涵是否覆盖了性别角色定义

性别角色模式与基本维度对自尊的解释模式类似但有差异。能动性和社群性在理论上与男性度和女性度相近，但本研究结果与上一节运用性别角色探讨性度对自我价值感作用的研究结果不完全相同。该研究中，不论男生还是女生，性别角色的能动性总体上对自我价值感的重要性程度高于社群性；而在本研究中，对于男性而言能动性相对更重要，而对于女性则社群性相对更重要，且消极社群性特征的重要性尤为突出。这与格鲍尔等的研究结果一致，能动性对男性自尊的预测作用更大些，而社群性对女性自尊的预测作用更大些，适用于其自我中心引发自我提升的解释。总的来看，社会认知基本维度不但包含了性别角色的定义内涵，还显示了社会生活对性别角色的塑造。

5. 本研究的局限

相对重要性分析是区分有相关关系自变量重要性的方法。如果基本维度是相互独立的，那么回归分析的进入法能够避免顺序的影响。但已有研究中两大基本维度都是相关的，这就使得回归分析中的变量进入顺序会影响其解释率。在使用进入法回归时，如果能动性变异覆盖了社群性的变异空间，就会得出能动性主导自尊。事实上，单独分析这些研究变量时，预测变量和被解释变量都是相关的，回归方程也是显著的。因此，这些貌似矛盾的结果一部分原因来自回归法未能分解自变量共变的部分。

本研究没有操作基本维度，无法获得进一步的因果解释。但基本维度特质是稳定的，不可能在短时间内发生变化。这类因果解释可以通过两种途径获得，其一是发展与追踪研究，通过自然发生的变化，观察基本维度对自尊的影响；其二是暂时性地改变环境特征，通过启动改变个体对自我特质的知觉，从而了解这种变化对于自尊尤其是状态自尊的影响。人们从传统乡土社会向现代陌生人社区迁移，自然地形成了环境与特质及自我关系的重新调整，这也可以用来检验基本维度与自我的关系。此外，从应用性上来讲，职业以及职业培训对于优良品性和自尊的影响也是有意义的研究切入点。

四、基本维度对儿童自尊的预测作用

在中老年组发现了超出理论预期的结果，社群性（特别是消极的一面）对于特定年龄阶段自我评价具有更重要的意义。基本维度对于自尊重要性的年龄组效应转化提出了一个新问题，儿童在社会化过程中是否也会有类似的转型？对于这个问题的回答，也可用于检验社群性优先发展的假设。

（一）研究框架与设想

社会认知内容的基本维度对儿童自尊具有解释预测作用。根据自我中心引发自我提升原则（Gebauer et al.，2013），儿童期发展任务的转换会使社会认知两个维度对于解释自我价值感/自尊的重要性发生转换。前面介绍的研究也发现，消极社群性较积极社群性对成年人自尊的解释效力更高，提示社群性对于自尊解释作用的防御特性，这也提示阈限解释的合理性，本研究继续探讨阈限假设的合理性[①]。

已有数据表明社群性对于自我价值感有解释效力，但相对于能动性要更弱，从而表现出能动性主导特点。但国内外有关研究均为横断研究，没有进行纵向角度考察。如果说存在一个内容转换时段，社群性发展率先达到不能用于区分自我价值的话，这个时段尚没有研究来揭示。同时，共时性差异也不等于历时性差异，需要从发展角度描述社会认知两个维度对于自我价值评判的重要性。

（二）研究方法

1. 研究对象

幼儿园中班至小学六年级学生共 208 人，其中学前组（幼儿园中班、大班）44 人，平均年龄 4.50 岁；低年级组（小学一、二年级）51 人，平均年龄 6.73 岁；中年级组（小学三、四年级）53 人，平均年龄 8.62 岁；高年级组（小学五、六年级）60 人，平均年龄 10.48 岁。男生 107 人，女生 101 人。

255 名小学一至四年级儿童进行为期两年的追踪调查。所有学生进行第一次测查；第二次测查时有 33 人因为转学而流失，222 人参加第二次测查；第三次测查时有 22 人因为转校而未能追踪，200 人参加第三次测查，追踪率为 78.43%。将第一次测查时所处的年级定义为对应的年级组，其中，一、二年级为低年级组，共 68 人，平均年龄 6.99 岁；三、四年级为中年级组，共 132 人，平均年龄 10.16 岁。男生 121 人、女生 79 人。

检验第二年、第三年流失研究对象与保留研究对象之间第一年基本维度和自尊得分的差异。结果表明，第二年流失研究对象与保留研究对象在第一年的自尊、能动性、社群性方面均无显著差异（$p>0.05$）。第三年流失研究对象与保留研究对象在第一年的自尊、能动性、社群性（$p>0.05$）方面也均无显著差异。这些结果表明研究中研究对象的流失都是随机的。

2. 测量工具

罗森博格自尊量表（Rosenberg，1965）由 10 个条目组成，分 4 级评分，

---

① 本小节部分内容以论文形式发表，具体参见：Chen, F., Zhu, S., Bi, C. 2018. The development of self-esteem and the role of agency and communion: A longitudinal study among Chinese. *Journal of Child and Family Studies*, Vol. 27, No. 3, pp. 816-824.

分值越高,自尊水平越高。为了更好地适用于低龄儿童（学前组、低年级组），对项目陈述进行了口语化修改，比如量表项目中"我感到我是一个有价值的人，至少与其他人在同一水平上"修改为"你是一个有用的人，你不比别人差"。研究中该工具第一次测试的内部一致性系数为 0.65；低年级组三次测查中的内部一致性 α 系数分别为 0.65、0.66、0.75；中年级组对应的内部一致性 α 系数分别为 0.57、0.66、0.74。

社会认知内容基本维度从标准化形容词表中选取一些适用于儿童的特质词组成。首先，请幼儿园中班、幼儿园大班、小学二年级教师对这些词进行筛选，而后由两名心理学专业研究生进行适用性评定，最终保留 48 个特质词，能动性词与社群性词各半，积极性词和消极性词各半。横断研究中使用其中的 24 个词（能动性词与社群性词各半，积极性词和消极性词各半），采用六级评分（"1= 非常不符合"，"6= 非常符合"），能动性维度内部一致性 α 系数为 0.66，社群性维度内部一致性 α 系数为 0.68。

追踪研究中,低年级组使用其中的 32 个词（能动性词与社群性词各半），中年级组使用 48 个词的量表，均从 1（非常不符合）到 4（非常符合）点中选出最适合的一项来评定自己。能动性第一年测查低、中年级组的内部一致性 α 系数分别为 0.84、0.77；第二年分别为 0.76、0.76；第三年分别为 0.76、0.83；社群性第一年测查的内部一致性 α 系数分别为 0.80、0.77；第二年分别为 0.78、0.83；第三年分别为 0.73、0.85。

3. 研究程序

测试前对女性心理学研究生主试进行指导语、问卷内容以及施测注意事项的培训。

对学前组和低年级组用个别访谈法收集资料，访谈在学校一个安静房间里进行，主试对儿童不易理解的地方进行解释，使儿童能理解并顺利答题。

中、高年级儿童以班级为单位进行团体测试，每班由两名研究生作为主试，施测中班主任予以协助，所有问卷均当场回收。

访谈法测量分为两步:首先，运用事例训练低龄儿童学会使用 4 点量表，如"你觉得小狗可爱还是不可爱？如果可爱，是'（1）非常可爱'，还是'（2）有点可爱'？如果不可爱,是'（3）有点不可爱'，还是'（4）非常不可爱'？"

然后，主试以询问的方式要求儿童进行自评，比如，主试问，"'你是一个有用的人，你不比别人差'，你觉得你是这样的人吗？"如果儿童回答"是"，那么主试接着问，"那你觉得自己'有点是'这样的人，还是'非常是'这样的人呢？"如果儿童回答"不是"，那么主试接着问，"那你觉得自己'有点不是'这样的人，还是'非常不是'这样的人呢？"对低龄儿童基本维度特质的测量亦遵循此法。

由于学前组和低年级组与中、高年级组儿童采用不同测量方式，为了考察测量方式的影响，对 34 名小学二年级儿童个体施测后一个月再次对他们实施团体测试。配对样本 t 检验结果显示，个体施测与团体施测所得到的自尊、能动性和社群性均无差异（$p>0.05$），由此可排除测量方式可能造成的影响。

2013 年 11 月进行第一次施测，2014 年 11 月、2015 年 11 月采用相同研究工具和施测方式进行第二、三次施测，施测前与每个班的班主任一一核对、登记流失的学生及流失原因。

（三）结果与分析

1.基本维度对儿童自尊的即时预测作用

对第一次测试数据进行分析，儿童的自尊、能动性和社群性的描述统计见表 3-7。各组儿童的能动性、社群性与自尊的相关均显著,性别与社群性、能动性及自尊的相关均不显著。

表 3-7　儿童的自尊、能动性和社群性的描述统计及相关分析

年级组	变量	平均数（标准差）	性别	能动性	社群性
学前组	能动性	5.02（0.52）	−0.11		
	社群性	5.01（0.66）	−0.02	0.62***	
	自尊	3.33（0.31）	−0.10	0.40***	0.41***
低年级组	能动性	4.99（0.59）	0.20		
	社群性	5.14（0.54）	0.02	0.59***	
	自尊	3.26（0.40）	0.18	0.48***	0.52***

年级组	变量	平均数（标准差）	性别	能动性	社群性
中年级组	能动性	4.81（0.58）	0.17		
	社群性	4.83（0.59）	0.15	0.63**	
	自尊	3.08（0.34）	0.08	0.44**	0.25
高年级组	能动性	4.80（0.57）	-0.03		
	社群性	4.95（0.59）	0.01	0.67**	
	自尊	3.16（0.41）	0.14	0.64**	0.57**
总体	能动性	4.90（0.57）	0.06		
	社群性	4.98（0.60）	0.04	0.63**	
	自尊	3.20（0.38）	0.09	0.52**	0.46**

注:**, $p<0.01$;***, $p<0.001$。

采用回归分析探讨基本维度对儿童自尊的预测作用(表 3-8)。结果显示，学前组的能动性和社群性均无法预测儿童自尊；低年级组的社群性显著正向预测儿童自尊，能动性对儿童自尊的预测作用不显著；中年级组的能动性显著正向预测自尊，社群性无法显著预测儿童自尊；高年级组的能动性显著正向预测儿童自尊，社群性无法显著预测自尊。

表 3-8 儿童自尊对社会认知内容基本维度的回归分析

年级组别	预测变量	β	SE	t	p	R^2	F
学前组						0.17	5.31**
	能动性	0.24	0.11	1.33	0.191		
	社群性	0.27	0.08	1.52	0.137		
低年级组						0.28	10.93***
	能动性	0.27	0.10	1.83	0.074		
	社群性	0.36	0.11	2.41	0.020		
中年级组						0.16	5.90***
	能动性	0.47	0.10	2.85	0.006		
	社群性	-0.05	0.09	-0.30	0.765		
高年级组						0.42	22.38***
	能动性	0.47	0.10	3.50	0.001		
	社群性	0.25	0.09	1.88	0.065		

注:**, $p<0.01$;***, $p<0.001$。

2.基本维度对儿童自尊的长时预测作用

儿童的自尊、能动性和社群性的描述统计结果见表3-9。首先，自尊、能动性以及社群性的三次测量之间均存在显著正相关，相关系数0.29~0.48，说明两年中儿童的基本维度特质和自尊均具有一定稳定性。其次，各年能动性与自尊之间均呈现显著正相关，相关系数0.51~0.54；各年社群性与自尊之间均呈现显著正相关，相关系数0.46~0.54；各年能动性与社群性之间均存在显著正相关，相关系数0.71~0.74。再次，基本维度特质与自尊之间跨时间相关方面，第一年的基本维度与第二年自尊之间正相关（0.30~0.36）、与第三年自尊之间正相关（0.30~0.37）；第二年的基本维度与第三年自尊之间正相关（0.35~0.42）。

表3-9 儿童在不同测试时点基本维度与自尊的平均数、标准差及相关系数

	低年级	中年级	1	2	3	4	5	6	7	8	9	10
1.组别	—	—	1									
2.性别	—	—	-0.15*	1								
3.T1自尊	3.43（0.32）	2.89（0.37）	-0.58**	0.11	1							
4.T1能动性	3.29（0.37）	3.02（0.33）	-0.34**	0.07	0.54**	1						
5.T1社群性	3.42（0.35）	3.11（0.34）	-0.39**	0.23**	0.53**	0.72**	1					
6.T2自尊	3.23（0.35）	2.95（0.39）	-0.34**	0.08	0.46**	0.30**	0.36**	1				
7.T2能动性	3.17（0.36）	3.07（0.31）	-0.13	0.10	0.31**	0.38**	0.41**	0.51**	1			
8.T2社群性	3.32（0.34）	3.20（0.34）	-0.16*	0.23**	0.32**	0.38**	0.45**	0.46**	0.71**	1		
9.T3自尊	3.30（0.40）	3.06（0.39）	-0.28**	0.10	0.37**	0.30**	0.37**	0.40**	0.35**	0.42**	1	
10.T3能动性	3.23（0.34）	3.27（0.32）	0.07	0.05	0.15*	0.29**	0.31**	0.21**	0.37**	0.39**	0.54**	1
11.T3社群性	3.37（0.33）	3.34（0.32）	-0.05	0.19**	0.19**	0.24**	0.34**	0.20**	0.34**	0.48**	0.54**	0.74**

注：性别：男为0、女为1。T1：第1年的数据；T2：第2年的数据；T3：第3年的数据。
**，$p<0.01$。

采用层次线性回归分析探讨基本维度对儿童自尊的长时预测效力。模型中进入下一层变量后，上一层变量自动成为控制变量，结果见表3-10和表3-11。由表3-10可知，在控制了第一年自尊后，人口学变量均不能预测第二年自尊。在控制了第一年自尊及人口学变量后，第一年的能动性无法显著预测第二年自尊，而第一年的社群性能预测第二年自尊（$\beta=0.18$，$t=1.84$，$p=0.068$）。

表 3-10　儿童第二年自尊对第一年基本维度的回归分析

预测变量		β	SE	t	p	R^2	F
第一层						0.21	54.34***
	T1 自尊	0.46	0.06	7.37	<0.001		
第二层						0.21	11.79***
	年级组别	-0.01	0.03	-0.16	0.875		
	性别	-0.01	0.05	-0.11	0.916		
	T1 能动性	-0.04	0.10	-0.42	0.672		
	T1 社群性	0.18	0.11	1.84	0.068		

注：***，$p<0.001$。

由表 3-11 可见，在分别控制了第一年和第二年的自尊后，人口学变量均无法预测第三年的自尊。第一年的能动性对第三年自尊的预测不显著，第一年的社群性显著预测第三年的自尊（β=0.20，t=2.00，p=0.047）。

在分别控制了第一年、第二年的自尊及第一年的基本维度后，第二年的能动性不能预测第三年的自尊，第二年的社群性显著预测第三年的自尊（β=0.23，t=2.49，p=0.014）。

表 3-11　儿童第三年自尊对第一年、第二年基本维度的回归分析

预测变量		β	SE	t	p	R^2	F
第一层						0.19	24.42***
	T1 自尊	0.23	0.07	3.22	0.001		
	T2 自尊	0.29	0.07	4.00	<0.001		
第二层						0.21	9.56***
	年级组别	0.04	0.03	0.54	0.590		
	性别	0.03	0.06	0.39	0.695		
	T1 能动性	0.01	0.11	0.07	0.946		
	T1 社群性	0.20	0.11	2.00	0.047		
第三层						0.23	8.61***
	T2 能动性	-0.001	0.12	-0.01	0.990		
	T2 社群性	0.23	0.11	2.49	0.014		

注：***，$p<0.001$。

（四）讨论

本研究发现社会认知内容基本维度对儿童自尊的即时预测作用表现出

从无到有、从社群性预测转变为能动性预测的现象；社群性对儿童自尊具有长期预测效应，而能动性没有表现出这种效应。这一结果既不同于西方国家普遍认同的能动性主导成年人自尊现象（Wojciszke et al.，2011；Wojciszke and Sobiczewska，2013），也不同于以往发现中国大、中学生自尊中能动性的优势（Bi et al.，2013；Li and Bi，2013）。本研究的发现证实了儿童自尊的来源不同于以成就导向的成年人，而可能源于儿童特有的发展任务——建立社会联结（Havighurst，1956）。格鲍尔等（Gebauer et al.，2013）发现，随着个体年龄增长，社群性和能动性在自我中心的位置发生了转换，青年人和成年人自尊主要来源于能动性，而老年人自尊来源于社群性。本研究的发现丰富了中心转换内涵，转换不仅发生在老年期，也存在于童年期，即在个体发展过程中，自尊的来源中心发生了两次转换。第一次转换是从社群性向能动性转换，发生在小学中年级（本研究）；第二次转换是从能动性向社群性转换，发生在老年期（Gebauer et al.，2013）。这种转换仅从双重视角模型是无法解释的。中心性原则虽然指出了年龄在转换中的调节作用，但并未阐述转换的发生机制。本研究认为，发展任务的阈限是转换的核心因素。自尊来源，不论是在儿童时期从社群性转换为能动性，还是在老年期从能动性转换为社群性，转换发生都是以阈限为前提。当个体面临社群性（或能动性）发展任务时，社群性（或能动性）主导个体自尊。当社群性（或能动性）满足个体当前需求，个体只需维持现有的社群性水平（或能动性水平）即可的时候，需将关注点转向能动性（或社群性），并使之成为自尊来源。

从进化心理学角度来看，社会认知中社群性优先对生存具有适应性意义（Abele and Bruckmüller，2011）。在与他人进行交往时，个体需要先后对他人的善恶意图（社群性）及实施意图的能力（能动性）进行判断。与能力相比，个体对他人意图的判断显得更为迫切，因为这关系到人们的安危（张庆、王美芳，2011）。与上述观点一致，霍根、伊巴若等均强调与人相处是人类生存的首要需求。社会联结具有强大的驱动力，它不仅可以为群体成员提供保护和安全，而且还有助于群体成员获得食物、配偶等生存意义（Dunbar and Shultz，2007）。社群性在生存中的这种效应反过来又要求群体成员严格遵守群体准则，与他人合作并参与群体活动，这导致人们更为重视社群性（Ybarra et al.，2012），即社群性优先发展效应。社群性优先发展效应也反映在对儿童的早期教养中。父母总是期望孩子的行为朝社会道德规范所期许的方向发展，当儿童领会到这点时便会更多地模仿行为（Heyman et al.，2003）。儿童会内化童话故事中的"好人有好报，坏人有恶报"，希望自己成为一个"善良的"人（Alexander et al.，2001）。早期家庭养育和儿童所接收到社会信息内容的倾向特点，使儿童能更早地对社会道德领域特质形成概念。进入小学校园,学校教育目标主要是儿童适应环境并取得自身发展。儿童要适应新环境，必须遵守校园日常行为规范，"听"老师的话，积极成为"乖"孩子。社群性在同伴交往中尤为重要，孤僻、不合群等消极特征更容易招致同伴的孤立、嘲笑,这种不良的同伴关系会给儿童自尊带来危害（Liu et al.，2014），成为儿童改变和塑造自己的重要动因。为了适应新环境、取得成人赞美和获得同伴接纳，年幼儿童有意无意地发展自己的社群性特质。

随着儿童社群性发展达到阈限水平，即社群性水平足以支撑起儿童建立良好的社会支持系统，满足儿童社交需要并实现自我价值。此时，儿童只需要维持已建立的"与人相处"的水平即可，并将重心转移到"超越他人"的目标上，关注点由社群性转换到能动性。从家庭、幼儿园进入小学学习，同伴比较的竞争意识和行为愈发突出，成人对儿童的评价标准从"乖"孩子（社群性）向"聪明"孩子（能动性）变化（Cole et al.，2001）。儿童的主要活动也从游戏转换到学习（Harter，1999、2012）。研究表明，9 岁儿童就开始意识到学习成绩的重要性，把取得优异成绩作为主要目标并调整自己，以便在未来取得更好的成绩（Eccles et al.，1984）。儿童对学习的重视还体现在学业成绩是引发儿童负性情绪的主要来源。研究发现，随着年龄增长，儿童焦虑主要来自学习任务，在社交方面的焦虑水平很低（Segool et al.，2013）。余国良和陈诗芳（2001）对小学生压力源的考察发现，小学生最常经历的负性生活压力事件主要来源于考试，且考试带来的压力值在四至六年级随着年级的升高而直线增加。这些研究表明能动性越来越接近儿童的自我中心。

儿童自尊来源从社群性向能动性的转换也与社群性密度大的属性有关。密度指特质之间的相似度。密度越大，相似度越高，各种特质所传达的含义越接近，容易得出一致的结论（Bruckmüller and Abele，2013）。个体的各种积极社群性特征意味着人们可以安全接近他／她，而各种消极社群性特征则意味着人们要远离他／她（Abele and Bruckmüller，2011）。由于社群性的密度大，个体一旦具备了某一条消极社群性特征，就给他人产生不良的印象，且这种不良印象容易泛化，使得人们对此人的总体印象是负面的。此外，消极社群性对个人名誉的破坏是难以修复的（Ybarra et al.，2012）。因此，为了维护自我形象，人们就可能掩盖真实的社群性特质而表现出符合社会要求的社群性行为。当所有人都表现出符合社会标准的时候，社群性就不能很好地进行社会区别，导致个体很难从社群性方面突出个人价值。虽然在某种意义上低调（符合社群性）有助于社会接受，但社会生活似乎很难让个体通过社群性展现出独特的个人特色（Bi et al.，2013）。相反，能动性更具有社会区别（Bi et al.，2013；Ybarra et al.，2012），它对印象管理也不那么重要（Bruckmüller and Abele，2013），而且个体的能动性在环境需要的时候更有利于取得他人认可。研究发现，人们在竞争性情境中更关注他人的能动性（Chan and Ybarra，2002）。总之，当社群性无法成为个体自我价值的来源时，个体就转向能动性维度。

成年期个体的主要目标是追求个人成就（Abele and Wojciszke，2014；Wojciszke and Bialobrzeska，2014），当这些自我利益取向的行为目标达到阈限水平时，即个体基本实现了超越他人或者已经进入难以显著提升的状态时，个体只需要维持当前的成就水平即可，并将关注点转向社会情感等社群性方面，此时个体也逐步迈入老年期（Charles and Carstensen，2010；Diehl et al.，2004）。虽然社群性和能动性相互转换的阈限水平对于每个人不尽相同，但年龄富集了很多共性：儿童关注社会联结、成人追求个人成就、老人关注社会情感（Havighurst，1956），从而出现儿童自尊与成人自尊、成人自尊与老人自尊的区别。这种以阈限为前提的基本维度中心性转变，既受生存需要的驱使，也是社会对个体的要求。

与人相处和超越他人是两种不断交替变化的心理状态（Ybarra et al.，2012），人们既要与他人保持互动，也要不断实现个人进步，这是个体发展的永恒课题，在自我判断中也体现了这种复杂性。当与人相处更为重要时，社群性优于能动性；当超越他人更为迫切时，能动性优于社群性。但即便是在能动性处于优势时段，也只是由于能动性更具有社会区别性，个体只要在适当的情境中表现出急需的特性就能体现自我价值（Bi et al., 2013）。从长远来看，社群性在自我知觉中更具影响力，已有研究证实了这一推论。首先，虽然成年人的自我中能动性权重更大，但到了老年期，社群性的权重更大（Charles and Carstensen, 2010; Diehl et al., 2004; Gebauer et al., 2013）。其次，正如本研究显示社群性对儿童自尊具有长期预测效应，可能说明了集体主义和谐社会文化准则对个体发展的重要影响。与个体主义文化盛行的西方相比，中国无疑属于集体主义文化，和谐关系的、注重集体等有非常重要的价值，这一切无疑都会促进个体对社群性维度的重视（蔡华俭等，2008）。此外，跨文化研究也都支持社群性的优势。在不同文化背景下，价值观"作为保持和提高自尊的概念工具与武器"，人们都更加重视基于社群性的价值观取向（Schwartz and Bardi, 2001），所以社群性对个体自尊的长时作用可能是泛文化的。但鉴于目前西方国家尚无追踪研究，有关社群性长时效力的跨文化假设还需要新的研究进行验证。

总的来看，社会认知内容基本维度特质对儿童自尊的即时预测作用表现出从无到有、从社群性预测转变为能动性预测的现象。社群性对儿童自尊具有长期预测效应，而能动性没有表现出这种效应。这些发现对理论发展和实证研究都提出了新的要求。

五、威胁和支持对自我的领域性影响

如果能动性和社群性对于自我的重要性由前者主导，那么，在自我受到威胁时，两个维度领域对自我的威胁及修复所起的作用不同。本节将从个人角度探讨在自我（消费者自信）受到威胁时，两维度的修复作用机制。

（一）概念框架与研究假设

消费对现代人的生活具有核心意义。物质生活的变异性与生活发展的大趋势相一致，在摆脱短缺经济、物质贫乏之后，当各种产品和服务高度渗入生活的不同领域，需要合理消费以获得身心满足、身份认同，还需考虑在这个复杂、开放的消费环境中保护自我。基本维度所涉及的能力和社会性内涵，是理解消费环境中维护自信、发展自我适应性的切入点。

　　早期研究通常认为消费自我是与消费行为相关的性格倾向（Lastovicka，1987），反映消费者在市场活动中的积极经验，是消费者消费能力评估而形成的相对稳定的自我评价（Blascovich and Tomaka，1991）。有研究认为一般自信是影响消费者对具体产品自信的决定性因素（Locander and Hermann，1979）；也有研究发现一般自信与消费者对商品的了解有紧密关系，它是消费者获得主观商品知识的前提（Park et al.，1994），对搜寻外部信息产生影响（Wells and Prensky，1996）。消费自信也是可变的，如品位遭到同辈批评会降低消费自信（Fein and Spencer，1997；Heatherton and Polivy，1991）；再如，海伦等人发现情绪与消费自信呈正相关，增强正性情绪可以提升个体消费自信，负性情绪相应地会使个体消费自信降低（Hellén and Sääksjärvi，2011）。

　　消费自信通常指个体对自己在市场决策与行为方面所感受到的能力和自信程度（Bearden et al.，2001），反映了消费者拥有令自己满意的消费经验。消费自信由六个因素构成，分别为信息获取和处理、建立组合、个人性成果、社会性成果、说服知识以及市场交流。消费成果自信是消费自信中与决策相关的核心成分，分为指向个人性成果与指向他人的社会性两极。个人性自信表示个体购买决策可以引发自己满足感的自信程度，与消费决策结果密切相关，反映了结果对个体自身产生的心理影响。个人性成果自信与个体购买经验有关，当购买经验正向时，就会有较高的消费自信。社会性成果自信表示个体购物决策可以得到他人积极反应的自信程度，侧重反映在个体心目中社会大众对自己消费决策能力的评价，由个体通过周围的社会关系反馈和自我反思形成；拥有较高社会性成果自信的消费者通常认为自己具有独到的眼光，消费决策能得到包括朋友、家人、邻居等积极的评价反应（Bearden et al.，2001）。

　　人口学变量是否影响消费成果自信是有争议的。如有研究发现，女性的社会性成果自信较男性更高，女性比男性更自信决策会带来好的社会结果（Bearden et al.，2001）；年龄与个人性成果自信相关，年龄越小的个体越怀疑自己的决策能带来积极的结果（Clark et al.，2008）；高收入消费者具有更高的社会性成果自信以及更低的个人性成果自信（Loibl et al.，2009）。

也有研究发现，消费自信与性别年龄、教育背景和收入均不相关（Chelminski and Coulter，2007a、2007b）。此外，在自信的内容类别方面，美国成人的社会性自信低于个人性自信（Bearden et al.，2001）。

社会性因素对消费自信的影响。参照群体已经成为影响消费者行为的关键因素。研究发现，消费自信水平高的个体受到参照群体的影响程度低，消费自信心可以调节参照群体对消费者的影响，自信心会减少其寻求参照群体建议或观察参照群体消费行为的需求，削弱参照群体对消费决策的信息性影响（Bearden and Etzel，1982；Dotson，1984；Witt and Bruce，1972）。个人性成果自信和社会性成果自信与人际影响敏感性负相关（Bearden et al.，2001）。费鸿萍和戚海峰（2012）在研究品牌决策与消费者自信的关系时发现，控制源会对消费者个人性成果自信产生负面影响，对社会性成果自信的影响则不显著；人际影响敏感度可以显著影响消费成果自信，对个人性成果自信有消极影响，对社会性成果自信则有积极影响。

自我受到威胁时，人们会倾向于向他人寻求能给自己带来心理慰藉的温暖性支持或工具性支持。温暖性支持以给予个体温暖、侧重肯定个体价值感为特征，可以帮助个体应对多种紧张性刺激（Cresci，2001；Crocker et al.，2008；Leary and Baumeister，2000；Taylor，2007），在个体面对威胁时可以减少不良情感，但却阻碍个体为克服这种威胁做出努力。工具性、信息性支持比温暖性支持更适合帮助个体克服任务中的困难（Cutrona and Russell，1990）。那么，当个体消费自信受到威胁时，会倾向于寻求温暖性支持还是工具性支持？温暖性支持和工具性支持可平复威胁带来的不良情绪吗？

在一项预备研究中，使用开放式问卷考察了个人消费自信受到威胁时，个体的主观感受和对社会支持的偏好。结果发现，研究对象 147 人中有 110 人发现买的东西不合适、蒙受损失时，不会怀疑自己的购物能力，占总人数的 74.8%；33 人报告会因此质疑自己，占比 22.4%，$\chi^2=41.46$，$df=1$，$p<0.001$，二者差异达到显著水平。对于支持偏好，51.7% 的人倾向于寻求温暖性支持，寻求工具性支持的为 45.6%，温暖性支持所占比例略大，但两类反应百分比无显著差异，$\chi^2=0.57$，$df=1$，$p=0.452$；支持偏好也没有呈现

性别差异，χ^2=2.594，df=1，p=0.107。在涉及他人时，97 人认为买的东西遭到否定，别人觉得东西不好、不值或者不合适，不会怀疑自己的购物能力，占总人数的 66.0%；44 人报告会因此质疑自己，占比 29.9%。χ^2=19.92，df=1，$p<0.001$，二者差异达到显著水平。对于支持偏好，53.1% 的受测者倾向于寻求温暖性支持，寻求工具性支持的为 46.3%，温暖性支持占比例略大，但无显著差异，χ^2=0.69，df=1，p=0.408；支持偏好没有性别差异，χ^2=2.21，df=1，p=0.137。在购物情境中，无论面对个人性还是社会性威胁，个体对于自己消费的感受和对社会支持的偏好是一致的。大多数消费者认为在消费决策使自己蒙受损失或遭受他人质疑情况下，不会质疑自己的购物能力。根据受测者的回答，消费者认为个人性成果自信不受影响的原因主要有三点：外部归因，把失败的决策归因为商家的人品以及虚假宣传，服务不到位或自己运气不好；地板效应，认为自己购物能力本来就低，购物失败经历不足为奇；认为失误在所难免，一次失败不足撼动购物信心。社会性成果自信威胁情境下，消费者认为每个人的眼光和品位不同，自己认为合适就好，不会因此质疑自己。

虽然人们报告失败的购物不会影响到自己，然而这种主观表述有待进一步考证。第一，开放式问卷很难保证研究对象浸入在决策失败中；第二，主观报告自我是否会受到威胁情境影响也很笼统。下面通过两个实验来进一步明确威胁情境对于消费自信的影响，并在社会认知基本维度框架中考察社会支持的作用。根据社会支持内容的性质，预测工具性支持能够修复受损的消费成果自信，温暖性支持则不具备这种修复功能。

（二）方法

1. 研究对象

大学生 132 人，其中 81 名女性，51 名男性；平均年龄为 21.0±1.90 岁。

2. 实验材料

（1）消费自信量表（Bearden et al., 2001）。根据 173 名研究对象数据对中文版消费成果自信量表进行信效度考察，发现其内部一致性 α 系数在 0.80 以上，与总体自信（毕重增，2009）、自尊（Rosenberg，1965）的相关在 0.30～0.40，表明其信效度良好。

（2）情绪量表（Peterson and Sauber，1983）。该量表两道题目测查积极情绪：当我回答这些问题时，我感觉很愉快；现在我的心情很好。两道题目测查消极情绪：现在我感到烦躁不安；由于某些原因，我现在感觉不是很轻松舒适。采用 7 点评分法，1 代表完全不符合，7 代表完全符合。涉及个人成果自信的实验中，情绪两次测量的内部一致性 α 系数分别为 0.88 和 0.86；涉及他人成果自信的实验中，对应的 α 系数分别为 0.76 和 0.83。

（3）成果自信威胁任务。要求研究对象回忆并写下自己的一次失败的购物经历，依实验条件失败指向个人或者社会后果。

（4）社会支持任务。温暖性支持为想象朋友与自己交谈的情景，并在白纸上抄写给出的具有温暖性支持意义的句子。工具性支持为想象并写下朋友会为他提供哪些事实和证据，证明他有能力买到令自己满意的东西。无支持条件为回忆并写下自己最近一周吃的早餐、上的课程。

3. 程序

研究是混合设计，由威胁（社会、个人、无）和支持（温暖、工具、无）形成四种实验条件组合，分别为温暖性支持组、工具性支持组、无支持组和控制组。

第一步，前三组研究对象完成威胁自信任务，控制组做无关回忆任务，之后所有四组研究对象都完成自信量表和情绪量表。

第二步，给予相应的支持任务。

第三步，研究对象再次填写自信量表和情绪量表。对于给予支持的研究对象，要求其采用 7 点评分报告自己感受到的支持度，1 表示很弱，4 表示一般强烈，7 表示极其强烈。

（三）结果与分析

1. 威胁任务对消费成果自信的影响

以前测自信为指标进行重复测量的方差分析，结果发现威胁（$p=0.182$）和自信类型（$p=0.136$）的主效应均不显著，二者的交互作用显著，$F=6.63$，$p=0.002$，$\eta_p^2=0.09$。进一步检验发现，威胁对个人结果自信有显著影响，$F=4.20$，$p=0.017$，$\eta_p^2=0.06$，两种威胁都显著降低了个人性成果自信（$p<0.05$），两种威胁对个人性成果自信的影响无显著差异（$p=0.222$）；威胁对社会性

成果自信的影响边缘显著，$p=0.079$，社会威胁组的自信显著高于无威胁组（$p=0.035$），表明想象社会威胁会使社会性成果自信上升，而不是下降。

2. 两类想象支持信息对消费成果自信的影响

使用前后测自信差异为指标，控制情绪以及知觉支持度，进行重复测量方差分析。结果发现，想象支持的主效应边缘显著，$F=0.062$，$p=0.063$；想象温暖信息几乎没有带来自信改变，改变估计值为 0.03；想象工具性支持带来较大自信改变，提升估计值为 0.35；自信类型与威胁类型的交互作用显著，$F=6.30$，$p=0.017$，$\eta_p^2=0.08$。进一步检验发现，个人性成果自信在个人性威胁条件下的变化显著大于社会威胁条件，$F=7.47$，$p=0.024$，$\eta_p^2=0.07$，威胁对社会性成果自信的变化无显著影响，$p=0.571$，表明两种自信的改变对威胁类型敏感；在另一个方向上，来自个人性威胁的两种自信变化无显著差异，$p=0.430$，两种自信对来自于社会的威胁变化出现差异，$F=7.16$，$p=0.009$，$\eta_p^2=0.09$，社会性成果自信的上升显著大于个人性成果自信，估计均值差异为 0.58。

（四）讨论与结论

1. 威胁情境降低个人性自信，使社会性自信补偿性反弹

通过将研究对象置于威胁情境中，研究发现两种消费自信受威胁情境的影响迥异，个人性成果自信在受到威胁时显著下降，但社会性成果自信却表现为自信分数升高。个人性成果自信在受到威胁时，个人从认知层面能够认同自己的疏忽和失误，个体无可以推卸责任的对象，只能质疑自己。社会性成果自信则指向他人，可以用"萝卜白菜，各有所爱"来解释，自己的消费不能取悦于他人，有自我防御的动机和可能性。

此外，大量研究表明，集体主义文化中的大多数人持有互依型自我构念，看重他人对自己的评价与看法（Gudykunst et al.，1996；Kim et al.，1996；Triandis，1995）。当消费者的消费决策遭到否定嘲讽时，会产生焦虑感，为减缓这种焦虑，消费者会使用自我提升策略。关于自我的研究表明，当自我价值和自我意义受到威胁时，自尊会扮演"缓冲器"的角色。如所罗门等人（Solomon et al.，1991）提出的自尊恐惧管理理论认为，当个体在遭遇外部环境引起的威胁和冲击时，为使自己重新获得意义感和价值感，自尊会如同保护触发器一般，触发个体的防御机制以及各种社会行为去补救和防御，缓解、减少焦虑和维护自我概念。很多研究曾经证实了威胁情境下自尊的逆转。如鲍迈斯特研究发现，当男性研究对象不喜欢别人给自己的人格评价时，高自尊者的自我描述和行为会膨胀，以使得自己的表现和评价不一致（Baumeister，1982）。个体的社会性成果自信受到威胁时，发生了与自尊逆转类似的情形，提升自己的社会性成果自信来降低焦虑，保持原有的自我概念。实验结果显示，社会性成果自信受到威胁而上升的同时，个人性成果自信有下降的趋势，p=0.068，已接近显著水平。这说明威胁情境已经使他们质疑自己可以做出让自己满意的消费决策，但同时又矛盾地报告自己的消费决策可以得到他人的称赞和好评。因此，这种提升反应的仍然是威胁带来的损害。

2. 温暖与工具性支持对消费自信的影响

本研究的结果表明，工具性支持可以提升消费自信。爱泼斯坦指出当个体的自我概念或自我评价受到威胁时，直接的处理方式是显示自己的掌控力、所有权，即为自己提供支持性证据（Epstein，1973）。除此之外，亲密他人对于个体的信念或过去记忆也可以提供信息性支持（Slotter and Gardner，2014）。与展示自己的能力一样，他人支持性信息可以稳定个体受损的自我。社会支持为个体提供精神上的支持与鼓励，温暖性支持主要给予个体温暖与共鸣，工具性支持则给予个体理性、基于任务与情境的证据，二者分别具有情感功能和任务导向功能（Cohen and McKay，1984；Harlow and Cantor，1995；Taylor，2007）。

来自亲密他人的支持可以为个体提供精神上的安抚，但却会阻碍个体为克服损害而做出努力（Cutrona and Russell，1990）。自信受认知驱动，理性证据比感性共情更有利于其恢复，工具性支持可以抵御个体受的威胁，而温暖性支持则不能。当然，温暖性支持可以帮助个体应对多种紧张性刺激（Cresci，2001；Crocker et al.，2008；Leary and Baumeister，2000；Taylor，2007），这解释了为何在威胁个人性成果自信情境中，温暖性支持组的个体感受到的支持度最强。

总的来看，消费自信会受到威胁情境的影响。其中，个人结果消费自信受到的影响是向下的，社会结果消费自信受到的影响是向上的。消费自信受威胁后，个体对温暖性支持和工具性支持的偏好没有差异，两种社会支持在消费者的心目中具有类似的作用和地位。仅想象工具性社会支持就可以修复威胁情境下的消费成果自信。

六、群际威胁中基本维度对自我的保护作用[①]

如果能动性和社群性对于自我的重要性由前者主导，那么，在自我受到威胁的时候，两个维度领域的自我修复起的作用是不同的。本节将从群体角度探讨当自我受到威胁时，两大维度修复作用的机制。

（一）概念框架与研究假设

群际威胁指感受到另一个群体可能对个体所属群体产生伤害（Stephan et al.，2009）。群际威胁不但会使人们对外群体产生消极认知和消极行为，改变对外群体行为的归因（Costarelli，2005），也会减少对外群体的帮助行为（Li and Zhao，2012）等。威胁感还会对个体本身产生消极影响，如增加害怕、焦虑、生气等负面情绪（Stephan et al.，2008）；影响认知能力的发挥，在测验中成绩更差（Croizet and Claire，1998）。

感受到威胁会驱使人们降低／消除消极影响，自我肯定是其中的有效策略（Sherman and Cohen，2006）。自我肯定是肯定个体重要价值，使自我系统在遭受威胁时能恢复平衡，维护自我的整合。低自尊者面临人际关系威胁会疏远其同伴，通过对重要价值观的肯定可以减少其对同伴的疏远意向（Jaremka et al.，2011）。肯定个体最重要的特征也可以有效缓解女性数学刻板印象威胁的消极作用，提高数学成绩（吴镝等，2012）。当健康信息威胁到自我形象时，通过对价值观排序和肯定重要价值观，可以使研究对象更好地接受信息并改变与疾病相关的行为（Sherman et al.，2000）。

无论是对重要价值观还是重要自我特征进行肯定，都是对自身资源中的积极内容进行肯定性评估。社群性和能动性两个维度反映了人类自古以来面临的两个核心挑战，一个是关于社会接纳与社会联系，它对于生存至

[①]　本小节主要内容以论文形式发表，具体参见：郑鸽、毕重增、赵玉芳："群际威胁与社会认知基本维度自我肯定对自我评价的影响"，《心理科学》，2015 年第 4 期。

关重要；另一个是表现出自己的技能和竞争力，获得机会。人们根据这两个维度进行自我认知判断，积极社群性和能动性特征与自我肯定理论中自我整合标准相符合，体现智慧、理性，能够维持良好的人际关系，成为群体的良好成员（Sherman and Cohen，2006）。从压力角度，对社群性中的人际特征、能动性的能力特征进行自我肯定是应对资源评估与整合过程，是应对中不可缺少的环节和内容。

虽然有研究探讨了自我肯定对于受损后自我概念修复的作用（Schimel et al.，2004），但既缺少一个整体框架涵盖各类自我肯定的内容，也未有研究直接确认自我肯定对于修复群际威胁所带来的自我概念损害的作用。以下叙述以社会认知两个基本维度为框架，通过两个实验分别考察以社群性和能动性特点为资源进行自我肯定是否可以缓解群际威胁对自我评价的负面影响。

（二）群际威胁情境中社群性自我肯定的支撑作用（实验 1）

1. **方法**

共招募 74 名研究对象，均为非"985"学校学生，其中 7 人未完成问卷或填错问卷，有效研究对象 67 人，男生 15 名，女生 52 名，平均年龄为 21.70 ± 1.55 岁。

实验设计采用双因素研究对象间设计。自变量为群际威胁（有威胁 / 无威胁）和自我肯定（社群性自我肯定 / 无自我肯定），有威胁组给予或不给予社群性自我肯定，无威胁组无自我肯定操作。因变量为自我评价。

实验材料包含四种材料，具体如下。

（1）威胁操纵材料：两份制作的网页。威胁材料网页描述了"985 院校毕业生由于身份的优势获得更多的机会"。阅读完毕后，研究对象完成三道题目检测是否认真阅读了材料内容。控制材料网页的内容为"各国电视台在愚人节发布的趣闻"。经过评定，控制材料与"985"大学等的威胁内容完全无关。为了增加网页的可信度，材料均采用新华网的网页改编而成。

（2）威胁操纵检验材料：使用威胁相关情绪词威胁、担心、焦虑、害怕、愤怒、生气进行操作检查，5 点量表评分，分数越高表示情绪强度越高。

（3）自我肯定材料与施密尔等（Schimel et al.，2004）的研究一致，要求研究对象对自己的人际关系相关特点进行肯定。三个题目为：列出自己的三个社群性特点并按重要程度排序；举例说明最重要的那个特点如何帮助自己维持良好的人际关系；说明为什么最重要的那个特点对于维持良好人际关系很重要。无肯定条件要求研究对象回忆 24 小时内进食的食物名称和时间等。

（4）自我评价测量。为个人评价问卷的中文修订版（张萍、毕重增，2012），本研究中量表的分半信度为 0.80，分数越高表示自我评价越好。

实验进行时把研究对象随机分配到三个组中，在单独隔间中进行实验。告知研究对象实验分四个步骤，依次为接受群际威胁操纵、完成威胁操纵检验、阅读自我肯定材料，最后完成个人评价问卷。实验完成后解释实验目的，说明材料的虚假性以消除威胁感，并酬谢。

2. 结果与分析

威胁操纵检验。生气是群际威胁典型情绪（Cottrell and Neuberg，2005），对生气进行独立样本 t 检验，发现群际威胁组（$M=2.02$，$SD=1.12$）的生气程度显著大于无威胁组（$M=1.35$，$SD=0.59$），$t=2.53$，$p<0.05$，$d=0.69$，威胁操纵有效。

自我评价差异检验。自我评价结果中，在无自我肯定条件下，无群际威胁组的自我评价（$n=20$，$M=2.69$，$SD=0.21$）显著高于威胁组（$n=21$，$M=2.52$，$SD=0.18$），$t=2.86$，$p<0.05$，$d=0.89$；群际威胁情境下，社群性自我肯定组（$n=24$，$M=2.77$，$SD=0.38$）的自我评价显著高于无自我肯定组，$t=2.84$，$p<0.05$，$d=0.84$。自我评价无显著性别差异，$t=0.21$，$p=0.83$。群际威胁自我肯定组和无威胁无自我肯定组的自我评价无显著差异，$t=0.86$，$p=0.39$。实验结果表明，外群体的威胁会降低个体自我评价，社群性特征的自我肯定缓解了这种影响。虽然社群性进行自我肯定无法消除群际威胁效应，但是显著改善了群际威胁对自我评价带来的消极影响。

（三）群际威胁情境中能动性自我肯定的支撑作用（实验 2）

1. 方法

共招募 78 名研究对象，均为非"985"学校学生，有 3 人未完成问卷，5 人填错问卷，有效研究对象 70 人，男生 12 名，女生 58 名，平均年龄为

21.89±1.69 岁。研究对象均身体健康，视力或矫正视力正常，没有参加过相关研究。

采用双因素研究对象间设计。自变量为群际威胁（有威胁 / 无威胁）和自我肯定（能动性自我肯定 / 无自我肯定），实验操作与实验 1 相同。因变量为自我评价。

群际威胁操纵及其检查材料、自我评价测量材料都与实验 1 相同。自我肯定三个题目为：列出自己三个能动性特点并按重要程度排序；举例说明最重要的特点是如何帮助自己在某件事 / 某个领域取得成功；简要说明为什么最重要的那个特点对于成功很重要。无肯定条件求回忆 24 小时内进食的食物名称和时间等。

实验程序与社群性自我肯定对群际威胁情境下自我评价的影响实验相同。

2. 结果与分析

威胁操纵检验。独立样本 t 检验发现，群际威胁组（$M=2.08$，$SD=1.14$）的生气程度显著大于无威胁组（$M=1.45$，$SD=0.60$），$t=2.34$，$p<0.05$，$d=0.63$，说明威胁操纵有效。

自我评价差异检验。自我评价结果中，在无自我肯定条件下，无群际威胁组的自我评价（$n=20$，$M=2.71$，$SD=0.20$）显著高于威胁条件组（$n=23$，$M=2.53$，$SD=0.20$），$t=2.87$，$p<0.05$，$d=0.92$；在群际威胁情境下，能动性自我肯定组的自我评价显著高于无自我肯定组（$n=27$，$M=2.69$，$SD=0.28$），$t=2.17$，$p<0.05$，$d=0.66$。自我评价无显著性别差异，$t=-1.21$，$p=0.23$。群际威胁自我肯定组和无威胁无自我肯定组的自我评价得分无显著差异，$t=0.31$，$p=0.76$。这表明群际威胁会降低个体的自我评价，能动性自我肯定降低了群际威胁对自我评价的影响。

（四）讨论与结论

用两个实验探索在群际威胁后基本维度内容自我肯定对自我评价的影响，结果表明，群际威胁会降低自我评价，社群性和能动性自我肯定均可有效缓解威胁的负面影响。

自我包括群体和个体两个层面，群体自我通过归属纽带并通过将内群体与其他群体进行比较、认同而形成，理论上受群际威胁的直接影响。但本研究发现群际威胁感降低了个体自我的评价，这说明群际威胁影响的是自我概念系统，而非仅仅影响群体自我成分。社会认同理论也认为自我概念部分来自个体所属社会群体和类别，特纳等人（Turner et al.，1994）认为个体自我和群体自我来自于相同的过程，是认知系统作为一个整体的功能特征。因此，当内群体受到威胁时，自我评价也相应降低。学习与学校是大学生自我概念系统中的突出成分，学业有关威胁与自我概念中最重要的成分联系在一起，从而会影响整体自我概念。

自我肯定缓解群际威胁的消极影响可能有多重机制。其一，自我肯定对自我概念有澄清作用。感受到群际威胁后个体会产生与生气、愤怒等消极情绪一致的自我判断。通过社群性和能动性特征的确认，自我评价就建立在积极自我认知基础上，因而保护了自我评价。其二，自我肯定在威胁压力下为个体提供了有效应对资源。根据应对理论，自我肯定就是评估自身的应对资源，使个体能够更好地应对威胁压力，保护自我概念。其三，自我肯定产生的积极内隐情绪（Koole et al.，1999）缓解了威胁的消极作用。积极情绪能促进更广范围的思维（Fredrickson，1998），有利于个体对自身积极资源进行搜索，从而支持积极的自我评价。

虽然社群性和能动性自我肯定都是有效的，但二者的作用机制可能有差异。社群性自我肯定主要通过积极情绪尤其是温暖情感起作用。积极人际关系通过传达温暖感和接纳感提高对消极信息的接纳程度（Kumashiro and Sedikides，2005），从而起到一定的防御作用。能动性对自我评价的作用机制更复杂，除了提供应对资源、积极情绪等作用，还可能激活一系列自我保护机制，如自尊。根据沃乔斯基的双重视角模型，能动性可以支配自尊，而自尊作为中介变量在自我肯定中起重要作用。

总的来看，群际威胁对个体的自我评价产生消极影响，而社群性自我肯定和能动性自我肯定都能有效降低威胁的消极影响，支撑个体的自我评价。

第四章　基本维度与幸福

幸福有客观的一面，也有主观的一面。幸福的人有丰富的幸福感受、满意的人际关系以及良好的社会适应。本章以狭义主观幸福感、亲密关系满意度和社会自信三个指标，从个体——他人——社会三个层次，探讨社会认知基本维度内容与幸福的关系。

一、基本维度与幸福感的关系

幸福是人类永恒的主题，幸福感是现代人追求的一种积极状态和感受。"幸福的人总是相似的，不幸的人各有各的不幸。"这句话告诉人们不幸各种各样，而幸福似乎是相同的。然而，不但幸福的定义因人而异，影响幸福的因素也多种多样。无论理解幸福还是营造幸福，自我都是其中的关节点。本节将从基本维度内容层面探讨自我判断或自我特质对幸福感的解释和预测作用。

（一）概念框架与研究假设

幸福感受是内容、影响因素和测查方式共同作用的结果。哲学家很早就区分了享乐主义（hedonic）和理性主义（eudemonic），两种幸福观所界定的幸福性质不同，前者指向情绪感受，主要用积极情感和消极情感的对比来评估，后者指向认知评价，通常用满意度来评估。在作为社会指标进行调查时，工具一般会区分和包括生活满意度与情感体验两个侧面。

幸福感受多重社会心理历程的影响，但社会认知基本维度在各种过程中的作用方式不同。社会比较和自我比较均会产生交互影响。在社会比较动机驱动下，有人喜欢建构不幸的个案或情景，通过对比效应让自己感觉更好；也有人喜欢建构幸福个案或情景，通过认同而让自己感觉到幸福。一般认为，

"比上不足比下有余"式社会比较会产生满意感。其中，人们通常认为自己的道德是优越的，不管是对社会优势群体还是污名群体，因而即便是向上的社会比较，也不一定会产生自卑、不足等感受；相反，由于能动性具有客观性，向上和向下的比较很容易产生明确的优劣感，无疑会对幸福产生威胁。因而，当社会比较内容进行区分时，这种心理历程对幸福的影响是不同的。

进行历时性的自我比较也会产生类似的效果，所不同的是，人们可以从主观层面认同自我修养对人际关系的改进，由此获得正面的感受。另外，能动性相关成就和才干，其进步具有阶段性，适当的时间框架或有良好的心理收益。如中年人回望青少年时期的无知会感受到成长，短期学习和工作的进步也容易转化为成就感。但短时间段也可能难以产生有区别的差异或进步，因而，短时间框架的时间比较会产生何种心理收益也具有很大的不确定性。

总的来看，比较中的同化和对比过程，无论参照自我还是他人，能力和成就特征是相对稳定的，因而更能够给个人幸福感以坚实的基础。由此推断，幸福感特别是生活满意度，是由能动性主导或预测的，而社群性对于幸福感没有普遍意义。

在塑造幸福感受和评价的诸因素中，探究能动性和社群性的作用模式，也有利于理解个人特质与幸福的关系。一方面，物质和成就是幸福感的基础，所有幸福感受和判断均以物质成就为前提，仓廪实而知礼节；另一方面，温暖和社群是幸福感的出发点与归宿，这是由人的社会性决定的。这二者的关系模式无疑可以为塑造幸福的自我提供内容指证。

（二）方法

1. 研究对象

居住工作在 17 个省 / 市 / 自治区（覆盖了中东西部、南方和北方）的 1 414 人。每省区市约 80 人，籍贯覆盖 31 省区市，平均年龄为 33.7 岁，男性占总人数的 49.9%。由问卷星网站平台搜集数据。以全部完成、无可观测的乱答以及 IP 来源唯一等指标控制问卷回答的质量。所有未完成或有规律回答的研究对象均未进入有效样本。

2. 工具

（1）基本内容维度测查表。从标准化社会认知内容词表中选择各种特征匹配的词 20 个组成，采用 1～7 点评分。其中，积极能动性包括自信、能干、负责、坚强、乐观，其内部一致性 α 系数为 0.80，消极能动性包括落后、自卑、愚昧、虚荣、自私，α 系数为 0.85；能动性的 α 系数为 0.87。积极社群性包括大方、正直、诚实、善良、热情，α 系数为 0.79，消极社群性包括粗鲁、嫉妒、势利、狡猾、吝啬，α 系数为 0.85；社群性的 α 系数为 0.87。

（2）生活满意度量表。该量表由迪纳等人（Diener et al.，1985）编制，是广泛应用于幸福感研究的测量工具，具有很好的信效度。采用 7 点 Likert 式量表，从"1= 强烈反对"到"7= 极力赞成"。本研究中 α 系数为 0.89。

（3）积极情感消极情感量表。该工具由华生等编制，中文版由邱林、郑雪、王雁飞（2008）修订，包含积极情感和消极情感两个因子，通常在幸福感研究中配合生活满意度使用，具有很好的信效度。在本研究中采用 5 点 Likert 式量表，从"1= 非常轻微"到"5= 非常强烈"，其 α 系数分别为 0.92 和 0.90。

（4）幸福稳健性问卷。按照坎贝尔等人（Campbell et al.，1996）自我清晰度的框架设计，测验含 8 条目，主要内容反映幸福信息的内部一致性（如关于我自己是否幸福的信息经常彼此矛盾）和幸福随时空波动（我对自己是否幸福的判断经常发生改变）内容。题目采用 5 点 Likert 式量表，从"1= 非常不符合"到"5= 非常符合"，均反向计分，以总分作为幸福感稳健性指标，得分越高表示幸福的体验和评价越稳健。正式使用前在大学生 200 人中试用，因素分析中单一因子解释率为 48.5%，内部一致性为 0.85，与主观幸福感（Lyubomirsky and Lepper，1999；毕重增、黄希庭，2009）有符合理论预期的中等程度相关（r=0.49）。本研究中 α 系数为 0.88。

（三）结果与分析

1. 描述性统计结果

从表 4-1 可以看到，能动性和社群性跟幸福感的各个因素之间均显著相关，相关矩阵中没有因为变量成分不同而呈现明确的模式分化。

表 4-1　幸福感的平均数、标准差及其与社会认知基本维度的相关

变量	积极情感	消极情感	生活满意度	幸福稳健性
积极能动性	0.50***	−0.33***	0.41***	0.39***
消极能动性	−0.30***	0.56***	−0.26***	−0.49***
能动性	0.44***	−0.53***	0.37***	0.51***
积极社群性	0.36***	−0.32***	0.26***	0.30***
消极社群性	−0.19***	0.56***	−0.13***	−0.42***
社群性	0.29***	−0.52***	0.21***	0.42***
最小值	1	1	1	1.13
最大值	5	4.89	7	5
平均数	3.16	1.94	4.15	3.16
标准差	0.79	0.78	1.18	0.82

注：***，$p < 0.001$。

2. 基本维度对幸福感的回归分析

首先，以两大基本维度对四种幸福感指标进行回归，结果发现除幸福稳健性不能由社群性预测外，其余幸福感指标皆可以由两大维度来预测。其中，社群性对积极情感和生活满意度的回归系数为负值，与理论预期不符。需要进一步分析以确定其原因和性质。

其次，将基本维度按照效价拆分，对幸福感进行回归，形成分解特质模型。从分析结果可以看到，能动性按效价拆分后形成的两个变量对幸福感的预测作用符合理论，积极能动性正向预测积极情感、生活满意度和幸福稳健性，消极能动性的预测方向正好相反。对于拆分后的社群性而言，其中的积极社群性不能够预测传统的幸福感三指标（积极、消极情感和生活满意度），但是能预测幸福的清晰度；跟全模型中的结果类似，消极社群性对积极情感和生活满意度有正向预测作用。社群性越高，积极情感和生活满意度越低，消极社群性越高，积极情感和生活满意度越高，这两种结果都不符合一般的理论预期。

表 4-2　基本维度对幸福感的回归分析：全特质模型

认知内容	积极情感				消极情感				生活满意度				幸福稳健性			
	β	t	p	R^2	β	t	p	R^2	β	t	p	R^2	β	t	p	R^2
能动性	0.66	15.13	<0.001	0.21	−0.31	−7.59	<0.001	0.30	0.64	14.33	<0.001	0.17	0.52	12.38	<0.001	0.26
社群性	−0.25	−5.88	<0.001		−0.26	−6.32	<0.001		−0.33	−7.32	<0.001		−0.02	−0.44	0.660	

表4-3　基本维度对幸福感的回归分析：分解特质模型

认知内容	积极情感				消极情感				生活满意度				幸福稳健性			
	β	t	p	R^2	β	t	p	R^2	β	t	p	R^2	β	t	p	R^2
积极能动性	0.49	13.45	<0.001	0.27	−0.08	−2.35	0.019	0.34	0.43	11.33	<0.001	0.19	0.26	7.09	<0.001	0.26
消极能动性	−0.23	−5.30	<0.001		0.29	7.09	<0.001		−0.28	−6.07	<0.001		−0.34	−7.84	<0.001	
积极社群性	0.00	−0.13	0.899		0.06	1.63	0.103		−0.07	−1.87	0.062		−0.11	−3.09	0.002	
消极社群性	0.22	5.24	<0.001		0.31	7.63	<0.001		0.25	5.68	<0.001		−0.08	−1.89	0.059	

　　最后，分别以社群性、消极社群性以及积极能动和社群性对幸福感进行回归，以从各种模型的对比中了解社群性与理论预期不符的回归结果。从分析结果来看，社群性和消极社群性对幸福感的预测作用的方向跟理论预期相符。但在积极模型中，积极社群性的预测方向与理论预期不符，表现为积极社群特质得分越高，会有更多消极情感和更少生活满意度。

表4-4　社群性和消极社群性对幸福感的回归分析

认知内容	积极情感				消极情感				生活满意度				幸福稳健性			
	β	t	P	R^2	β	t	p	R^2	β	t	p	R^2	β	t	p	R^2
社群性	0.29	11.58	<0.001	0.09	−0.52	−22.82	<0.001	0.27	0.21	8.07	<0.001	0.04	0.42	17.33	<0.001	0.18
消极社群性	−0.19	−7.14	<0.001	0.04	0.56	25.18	<0.001	0.31	−0.13	−5.01	<0.001	0.02	−0.42	−17.37	<0.001	0.18

表4-5　基本维度对幸福感的回归分析：积极特质模型

认知内容	积极情感				消极情感				生活满意度				幸福稳健性			
	β	t	p	R^2	β	t	p	R^2	β	t	p	R^2	β	t	p	R^2
积极能动性	0.54	15.39	<0.001	0.25	−0.21	−5.54	<0.001	0.13	0.49	13.40	<0.001	0.17	0.38	10.14	<0.001	0.15
积极社群性	−0.04	−1.25	0.212		−0.17	−4.47	<0.001		−0.11	−3.06	0.002		0.02	0.54	0.592	

（四）讨论与结论

　　是激动人心的物质和成就使人幸福，还是令人温暖的人情使人更幸福？通过本研究的系统分析发现，社会认知的两种内容对幸福感均有预测或解释作用，能动性总体上较社群性有更大的解释力，这可以从显著性水平及标准化回归系数上显示出来。但在解释方向上，社群性比理论预期的模式更复杂。

　　社群性对主观幸福感的预测总体是负向的，进一步分析后发现，消极社群性的预测方向是合理的，越消极幸福感越低，但积极社群性在幸福感的情绪和认知成分上的解释作用均是负向的，即社群性越高，幸福感有越低的倾向，且对积极情感和幸福稳健性无解释作用。这些回归分析结果表明，正面社群性自我评价虽然与幸福感正相关，但其边际效用（也就是在整体中考察时）是负面的。这可能反映了自我判断中社群性的本质，即人们的评价或自我认定中，社群性具有难以证实或证伪的开放性特征，加之自我提升、社会赞许效应，会使社群性的自我评价超越实际（虽然这种实际本身也是模糊的）而无法得到反馈和矫正，反而在自我防御心态作用下，使正面的社群性自我评价产生对幸福感的负效应。

积极社群性的边际负面解释效应，具有很强的理论价值和实践启发性。在理论解释方面，以往的研究多未涉及负面社群性特质，已有研究中均显示能动性或社群性与自我评价的正面关系，但这些研究均未考察负面特质的作用。本研究在分析中专门纳入负面自我判断后，发现社群性不仅会失去解释效应，还会产生负面作用。这是双视角理论无法解释的现象，对理论解释提出了新要求。在实践方面，提示人们在道德或为人领域自视甚高事实上会产生负面作用。合理的评价当来自社会互动过程，并辅以适当的谦逊特质。按照社会标尺理论，自我是回应社会反馈的机制，在社会互动中以体验实现对自我批判的合理化，是有利于幸福感建设的。

二、社会认知基本维度与亲密关系满意度

亲密关系是个体社会支持系统的核心，亲密关系反映了个体或群体社会适应的品质。坊间所流传有择偶者"宁在宝马车里哭，也不在自行车后座上笑"。宝马车和自行车隐喻金钱、地位和成就的差异，从基本维度的框架来看，主要来自能动性。由此引出了一个问题，能动性和社群性哪一种或者如何配搭才会获得幸福满意的关系？①

（一）概念框架与研究假设

人际关系领域的大多数研究认为，喜欢主要取决于个体的社群性特征（Wojciszke et al., 2009），高社群性个体更受人喜欢。对生活目标的研究发现，

---

① 行文至此，感觉温暖性这个词也非常好，比社群性更生活化，对应着"暖男"这个流行形象。社会认知基本维度的描述不应执着于某一个术语标签。

大学生社群性与关系浪漫重要性正相关（Mosher and Danoff-Burg，2007），但也有研究表明，社群性特征和能动性均能预测喜欢（Wortman and Wood，2011）。还有研究发现，在女性群体中，能动性与当前性关系以及浪漫关系正相关（Mosher and Danoff-Burg，2005）。研究者认为，虽然能动性和社群性都与社会适应相联系，但是能动性与整体适应的关系要强于具体适应，而婚姻是一种相对具体的互动适应（Saragovi et al.，1997、2002），因而可推测能动性与婚姻幸福关系更密切。

婚恋是一种长期的关系，并且是有性别角色社会分工，因而性别也是婚恋幸福的重要调节因素。大量研究表明择偶标准中的性别差异具有跨文化一致性，主要表现为男性更看重未来对象的生理方面特征（身体吸引力和较年轻），而女性则比男性更加强调未来对象拥有的经济能力、雄心和勤奋等品质（Buss，1989；李春秋等，2007；乐国安等，2005）。在择偶过程中人格偏好也存在性别差异，表现为男性偏好善良、善解人意、孝顺和拥有较好看护能力的女性，而女性则偏好具有勤奋和进取心等人格特征的男性（唐利平、黄希庭，2005）。

对婚恋观和择偶标准变迁的研究发现，人们对择偶对象的内在品质重视不断上升。择偶标准变迁研究发现，50年来对经济取向没有出现弱化倾向，但最关心的是健康、老实可靠以及人品（徐安琪，2000）。对1986～2010年杂志征婚广告的分析发现：青年最看重的是品德因素，且随着时代演进关注度越来越高（董金权、姚成，2011），女性将品行当成择偶的第一标准或最先考虑因素（殷雷，2004；周晓燕、周军，2009）。对《非诚勿扰》相亲节目的研究发现，女嘉宾提及最多的依次为性格脾气、双方的相容互补、外貌、思想品德、身材等；男嘉宾提及最多的前五个短语依次为温柔体贴、孝顺、善良、活泼开朗以及可爱（王芳、荣岩，2011）。

本研究探索浪漫关系中基本维度认知、基本维度与关系质量间的关系，基于双视角模型和有关择偶理论假设浪漫关系中个体基本维度特征存在性别差异；旁观者视角女性更看重能动性、男性更看重社群性，社群性预测浪漫关系质量更为重要；而自我视角下能动性对预测浪漫关系质量更为重要。

（二）方法

1. 研究对象

（1）以词汇学为方法探讨浪漫关系中个体特征的研究对象为大学生 250 名（男生 100 人），平均年龄 20.93 岁（$SD=1.46$）。其中有 161 人有恋爱经历（男生 64 人），67 人无恋爱经历（男生 33 人），还有 3 人未报告是否有恋爱经历。

（2）以他人视角探讨基本维度与浪漫关系的研究对象为大学生 237 名（男生 92 人），平均年龄 21.46 岁（$SD=2.03$）。

（3）以自我视角探讨基本维度与浪漫关系的研究对象为 184 名正在谈恋爱的大学生，其中男生 72 人，女生 103 人，9 人未报告性别，平均年龄为 21.62 岁（$SD=2.00$）。

2. 研究材料

自编恋爱关系中个体特征问卷。问卷包括四个问题，分别为：请用词语写出你认为在理想或完美的恋爱关系中，女性拥有什么特点；请用词语写出你认为在理想或完美的恋爱关系中，男性拥有什么特点；请用词语写出你认为在糟糕或失败的恋爱关系中，女性拥有什么特点；请用词语写出你认为在糟糕或失败的恋爱关系中，男性拥有什么特点。该工具用于浪漫关系质量中个体特征的词汇学研究。

探讨在他人视角下社会认知基本维度与浪漫关系质量的关系时，采用了社会认知基本维度量表、关系质量指标问卷以及与评价对象的熟悉度量表。①社会认知基本维度量表由 48 个词构成，其中 24 个词代表能动性，24 个词代表社群性，积极词汇与消极词汇各半。研究对象使用 0～6 对情侣中男性和女性分别进行评分，研究中评价男女能动性的内部一致性 α 系数分别为 0.92 和 0.89；评价男女社群性的 α 系数分别为 0.92 和 0.92。②关系质量指标问卷（Quality of Relationship Index，QRI）是由帕特里克等人（Patrick et al.，2007）编制，问卷包括 6 个题项，采用 1～5 进行他评评分，测量个体对他人关系质量的评价，如现在他们的关系是稳定的。研究中的 α 系数为 0.87。③对目标个体能动性的评价受到个体与感知个体关系的影响（Abele and Wojciszke，2007），为了控制此关系带来的影响，要求研究对象采用 1～5 报告"你对这对情侣的熟悉程度"。

探讨在自我视角下基本维度与浪漫关系质量的关系时，工具为社会认知基本维度量表、关系满意度问卷。①社会认知基本维度量表自评社群性和能动性的 α 系数分别为 0.91 和 0.89，评价伴侣的社群性和能动性的 α 系数分别为 0.90 和 0.89。②关系满意度问卷采用的是 O'Leary 编制的积极情感问卷（Positive Feelings Questionnaire）（O'Leary et al.，1983），共有 17 道题目,本研究删除了与做爱有关的一个题目,剩余 16 个题项的 α 系数为 0.91。分数越高代表对伴侣的情感与交流积极性越高。

3. 程序

词汇学研究通过在自习教室发放问卷搜集数据。研究对象对处于浪漫关系中的个体特征进行枚举。通过简化合并原则对特征词进行整理和归纳，而后对高频特征词进行分类。两位独立评分者根据社群性和能动性的定义，在学习一些反映社群性和能动性的词汇后，将高频特征词划分为社群性、能动性、不确定这三个类别。特征词简化合并原则为：①意义完全相同的合并，如和蔼可亲与和蔼;②意义相同或相似但表述不同，遵循权重原则合并，如爱干净和讲卫生；③表述相近但意义有明显边界的分别归类，如大方和大度；④词中含有两种独立意义时分别进行归类，如勤劳勇敢。两个独立评分者对高频特征词划分一致性为 87.5%，对不一致的分类进行讨论，直到达成共识。

旁观者视角的研究中，要求研究对象使用社会认知基本维度量表评价一对情侣中男女双方的特征，然后完成三种关系质量量表和测量熟悉度的问题，并填写个人基本信息。

自我视角的研究中，要求研究对象使用社会认知基本维度量表评价自己与伴侣的特征，然后完成关系满意度问卷，并填写个人基本信息。

（三）结果与分析

1. 浪漫关系中的男性与女性特征

整理和归纳后获得描述男性与女性的特征词或短语分别有 419 个、394个、415 个、448 个。分别提取前 20 个高频特征词，其累积百分比分别为44.7%、51.8%、38.4%、38.6%。枚举特征词的数量越多，表明该特征词越能代表处于浪漫关系中个体的特征。同时，选取累积百分比作为语义特征连续体的区分点，可以反映出更多的不同浪漫关系中个体的特征。良好 / 不良浪漫关系中前 20 高频特征词的频数、频率和类别如表 4-6、表 4-7。

表 4-6　良好浪漫关系中高频个体特征词的频数、频率和类别

序号	男性	频数	频率(%)	类别	序号	女性	频数	频率(%)	类别
1	体贴	100	6.25	C	1	温柔	103	6.51	C
2	责任	91	5.68	A	2	体贴	83	5.25	C
3	大方	52	3.25	C	3	善良	82	5.18	C
4	上进	50	3.12	A	4	善解人意	70	4.42	C
5	幽默	43	2.69	C	5	大方	61	3.86	C
6	大度	34	2.12	C	6	漂亮	54	3.41	N
7	包容	32	2.00	C	7	独立	41	2.59	A
8	宽容	32	2.00	C	8	贤惠	40	2.53	C
9	细心	31	1.94	C	9	宽容	38	2.40	C
10	温柔	30	1.87	C	10	可爱	34	2.15	N
11	浪漫	26	1.62	C	11	理解	30	1.90	C
12	专一	25	1.56	C	12	孝顺	29	1.83	C
13	孝顺	24	1.50	C	13	细心	25	1.58	C
14	善良	23	1.44	C	14	自信	23	1.45	A
15	帅气	22	1.37	N	15	乐观	22	1.39	C
16	信任	22	1.37	C	16	信任	20	1.26	C
17	理解	21	1.31	C	17	大度	18	1.14	C
18	阳光	20	1.25	C	18	活泼	17	1.07	C
19	敢于担当	19	1.19	A	19	开朗	15	0.95	C
20	勇敢	19	1.19	A	20	包容	14	0.88	C

注：C 为社群性类别；A 为能动性类别；N 为不确定类别。

表 4-7　不良浪漫关系中高频个体特征词的频数、频率和类别

序号	男性	频数	频率(%)	类别	序号	女性	频数	频率(%)	类别
1	花心	60	5.34	C	1	小气	45	4.25	C
2	自私	43	3.83	C	2	自私	45	4.25	C
3	小气	41	3.65	C	3	任性	40	3.78	C
4	大男子主义	39	3.47	A	4	依赖	35	3.30	A
5	无责任	39	3.47	A	5	无理取闹	30	2.83	C

序号	男性	频数	频率(%)	类别	序号	女性	频数	频率(%)	类别
6	自我	21	1.87	C	6	多疑	25	2.36	C
7	暴躁	20	1.78	C	7	斤斤计较	23	2.17	C
8	不上进	20	1.78	A	8	虚荣	19	1.80	C
9	多疑	18	1.60	C	9	暴躁	17	1.61	C
10	懦弱	15	1.33	A	10	小心眼	15	1.41	C
11	懒惰	14	1.25	A	11	猜忌	14	1.32	C
12	脾气坏	13	1.16	C	12	嫉妒	14	1.32	A
13	小心眼	13	1.16	C	13	爱吃醋	13	1.23	C
14	自以为是	12	1.07	A	14	拜金	11	1.04	A
15	不体贴	11	0.98	C	15	不体贴	11	1.04	C
16	粗心	11	0.98	C	16	懒惰	11	1.04	C
17	斤斤计较	11	0.98	C	17	自我	11	1.04	C
18	自大	11	0.98	A	18	霸道	10	0.95	C
19	不专一	10	0.89	C	19	花心	10	0.95	C
20	霸道	9	0.80	A	20	敏感	10	0.95	C

注：C 为社群性类别；A 为能动性类别；N 为不确定类别。

高频特征词中与身体吸引力有关的词有 2 个，即男性帅气和女性漂亮，频率分别为 1.4% 和 3.4%。

浪漫关系质量良好的个体特征主要是社群性内容。前 20 个词中，描述男生社群性的有 15 个，能动性 4 个，不确定 1 个；女性对应的是 16 个、2 个和 2 个。与不良浪漫关系连在一起的主要也是社群性，但能动性占比上升，前 20 个词中，描述男生社群性的有 12 个，能动性 8 个；女生对应的是 16 个和 4 个。总的来看，对于浪漫关系中个体特征的描述均以社群性为主，男性能动性特征较女性多。

从具体内容来看，高频特征词大多数描述个体的性格特征和内在品质，这与董金权和姚成（2011）对 25 年来择偶标准变迁研究中发现的生理特征比例逐渐下降一致，也与先前研究中发现的择偶过程中更加注重内在品质等（董金权、姚成，2011；徐安琪，2000）研究相一致。

从属性来看，绝大多数特征词都能归入社群性和能动性两大类，表明社会认知内容基本维度框架可以用于浪漫关系的描述。男性能动性要多于女性，并且不良浪漫关系中男性能动性特质占比更高的模式也与性别刻板印象、性别角色分工理论相一致。刻板印象认为男性具有更多能动性特征（Helgeson，1994），勇敢、坚强、富有冒险精神以及领导能力（徐大真，2003）。择偶中，女性要求并不局限于良好的资源和经济基础，也要良好沟通能力和人品，如承诺。然而，能动性对于浪漫关系而言更像是一种隐含的前提，在此前提下，无论男女，对社群性特征的推崇几乎走向了极端，良好浪漫关系中几乎看不到能动性的影子。不过，当浪漫不足或者浪漫失败时，能动性就凸显出来了。这种凸显出来的能动性，可能反映了资源规范，也可能是浪漫失败的归因。

那么，社群性是不是亲密关系的主导因素，换言之，对于浪漫关系来讲，是能动性更重要还是社群性更重要呢？以下将从观察者和自我报告两个角度量化分析这个问题。

2. 观察恋爱中男女的社群性与能动性特征

首先，分析恋爱中男女基本维度特征，配对样本 t 检验（表 4-8）发现：社群性得分不论男女都显著高于能动性得分；男性的能动性要显著高于女性的能动性；女性社群性与男性社群性不存在显著差异。社群性评分更高的结果支持社群性优先效应。由于能动性评价要根据具体工作情景和环境来进行，更不容易进行评价（Ybarra et al.，2008），本研究采用旁观者视角，因而这个结果符合已有理论预期，而不是由于评价对象是恋爱中人群而出现的特异性结果。

表 4-8　观察到的恋爱者社群性与能动性的平均数和标准差

基本维度	男性	女性	t
社群性	103.16±21.79	102.85±20.79	−0.30
能动性	101.28±21.87	97.32±19.34	3.44**
t	2.53*	6.22***	

注:*，$p<0.05$；**，$p<0.01$；***，$p<0.001$。

性别刻板印象或者男高女低婚配模式中，男性被认为是勇敢、坚强、富于冒险精神、统治欲强、领导者的角色，男性能动性显著高于女性能动性，女性常被认为体贴、顺服、井井有条、可爱和情绪化，具有较高的社群性（Helgeson，1994；Mosher and Danoff-Burg，2005；徐大真，2003），这与当前研究中男性能动性更高相一致，但社群性没有性别差异则不符合这些传统的模式。在恋爱关系中，是男性为了讨好女性变得更加好沟通、更加为人着想而出现的温暖特征的任务性、状态性提升？还是女性处于恋爱选择性决策的主导方，温暖特征出现"野蛮女友"式阶段性、临时性下降？这都有可能使性别刻板印象脱离日常，造成男女社群性不存在差异。其他研究证据也指向男性在亲密关系中可能会更多表达出社群性特征，在亲密需要驱使下追求社群性目标（Sheldon and Cooper，2008），比女性更可能为了浪漫关系而牺牲一些成就目标（Mosher and Danoff-Burg，2007）。

接下来分析关系质量及基本维度各变量之间的关系，相关分析发现（表4-9），恋爱中两性的能动性和社群性与关系质量均有显著正相关。

表4-9　观察者视角下基本维度和亲密度变量的相关矩阵

变量	关系质量	男性社群性	女性社群性	男性能动性	女性能动性
关系质量	1				
男性社群性	0.46***	1			
女性社群性	0.43***	0.71***	1		
男性能动性	0.40***	0.86***	0.63***	1	
女性能动性	0.39***	0.64***	0.77***	0.64***	1

注：***，$p < 0.001$。

进一步以男女双方的社群性与能动性作为自变量，在控制无关变量熟悉度的条件下，对关系质量进行逐步多元回归分析，结果发现预测关系质量的是社群性，既有男性的社群性，也有女性的社群性（表4-10）。表明在旁观者看来，浪漫关系是双方温暖和谐特质所营造的，与能力无关。

表4-10　基本维度对关系质量的回归分析

自变量	β	t	R^2	F
熟悉度	0.29	4.94***	0.30	33.98***
男性社群性	0.24	2.96***		
女性社群性	0.17	2.23*		

注：*，$p<0.05$；***，$p < 0.001$。

最后，为了解观察者性别的影响，分观察者性别进行回归分析。如表4-11所示，预测情侣关系质量的主要是社群性，但是指向不同，男性观察者认为是女性的社群性，女性观察者则认为是男性的社群性。这从择偶标准的角度支持社群性对恋爱关系的重要性。当代青年择偶时最关注品德因素（董金权、姚成，2011），将诚实可靠、热心善良、健康作为最优考虑的内容（李春秋等，2007）。换言之，在他人看来，浪漫关系质量主要取决于社群性，也就是说"好人"的爱情要比"能人"的爱情更为甜蜜。

这种预测情侣关系质量主要由社群性主导的发现支持双重视角模型（Wojciszke et al.，2011）。根据双重视角模型，在感知他人时社群性起主导作用，更容易用社群性特征去描述他人以及行为，社群性是与建立人际关系相关的属性，对于亲密关系来说更为重要。男性或女性均认为异性的社群性决定关系质量，反映了择偶标准和视角的交互作用。视角指向社群性影响关系质量，而择偶标准则指向男性认为女性的社群性重要、女性认为男性对于质量负有更大的责任。

表 4-11　观察者感知到个体的基本维度与关系质量的回归分析

观察者性别	自变量	β	t	R^2	F
男性	熟悉度	0.43	4.93***	0.42	31.93***
	女性社群性	0.36	4.10***		
女性	熟悉度	0.27	3.38***	0.30	25.68***
	男性社群性	0.41	5.21***		

注：***，$p<0.001$。

本研究发现，他人视角下社群性预测关系满意度，这与从自我视角研究得到的结果不同。从自我视角出发，能动性具有主导性或变得更为重要，更容易用能动性来描述自己以及行为。性别角色的有关研究发现，双性化个体关系质量最佳（何艳等，2008；杨炯等，2008），也就是同时拥有女性特质与男性特质，具有产生亲密感的敏感性、理解力、关怀，能更好表达自己的感情，又果断、自信，因此具有最佳亲密关系。为了进一步考察视角的作用，下面将分析自我视角下基本维度特征与关系质量的特征。

3. 自己和伴侣的社群性、能动性与关系质量

首先，分析恋爱中自己、伴侣的特征。配对样本 t 检验（表 4-12）可以看出，男生认为自己与伴侣的社群性、能动性都没有差异，而女生则认为自己的社群性和能动性都显著低于伴侣。

表 4-12 对伴侣基本维度评价的平均数与标准差

评价对象	社群性	能动性	评价对象	社群性	能动性
男性自己	109.76±19.73	99.46±19.58	女性自己	112.03±19.85	99.41±21.50
男性的伴侣	106.56±20.08	92.27±19.22	女性的伴侣	117.32±17.20	110.46±18.56
t	1.71	1.05		-6.23***	-3.11**

注:**, $p<0.01$;***, $p<0.001$。

男生评价自己与交往对象不存在差异的原因很可能与小学、中学乃至大学,广泛出现女生表现更为优秀、"阴盛阳衰"有关,也可能是个体层面"情人眼里出西施"而做出的提升性评价。但女性认为男性在两个维度上都高于自己,很可能混杂了就业难、就业性别偏好大背景下,择偶向文化期望模式的回归。学得好（成就）不如嫁得好,选择高能力、高地位是理性最优,不但能动性上"男高女低",社群性上男生也要比自己温暖。女性在各个方面对伴侣的评价高过自己,符合成就上"男高女低"的传统模式,加上社会认知的光环效应（Judd et al.,2005）和期待,关系亲密人的社群性评价自然也高,最终呈现双高评价。这种抬高伴侣社群性和能动性,既符合交换理论（李煜、徐安琪,2004;阔杨,2008）和投资理论（Trivers,1972）长远投资的观点,也有助于维护浪漫温暖关系的温情。

接下来,探讨恋爱双方特征与关系满意度的关系。如表 4-13 所示,相关分析发现各变量之间存在显著正相关。将自己以及伴侣的基本维度作为自变量,关系满意度为因变量进行回归分析。从表 4-14 可知,感知到自己社群性、伴侣能动性和自己能动性预测关系满意度。

表 4-13 自我视角下基本维度与关系满意度的相关矩阵

变量	自己社群性	自己能动性	伴侣社群性	伴侣能动性
自己能动性	0.81***			
伴侣社群性	0.62***	0.53***		
伴侣能动性	0.60***	0.55***	0.81***	
关系满意度	0.54***	0.54***	0.51***	0.51***

注:***, $p<0.001$。

表 4-14　感知自己与伴侣的基本维度对关系满意度的回归分析

模型	因素	β	t	R^2	F
模型 1	自己社群性	0.54	8.75***	0.30	76.56***
模型 2	自己社群性	0.37	4.94***	0.35	49.11***
	伴侣能动性	0.29	3.94***		
模型 3	自己社群性	0.19	1.82	0.37	35.19***
	伴侣能动性	0.27	3.65***		
	自己能动性	0.23	2.26***		

注：***，$p<0.001$。

最后，分性别进行回归分析，探讨性别对感知自己和伴侣基本维度与关系满意度的影响。从表 4-15 可知，男生感知到伴侣的社群性进入回归方程，女生感知到自己和伴侣的能动性进入回归方程。男生认为伴侣的社群性对于关系满意度更重要，这符合传统性别角色和择偶标准，男性喜欢温柔、贤惠的"贤妻良母"型女性。然而，女性更看重能动性，尤其是自己能动性的结果，可能反映了更复杂的择偶决策。如果说对男生的双高评价反映了刻板印象、"男高女低"和晕轮效应，那么，这种评价并不能预测自己关系的满意度，相反，是双视角模型中所描述的自我能动性能预测关系满意度（Mosher and Danoff-Burg，2005）。对比女性在大学表现比男性优秀的趋势，加上女生追求经济独立，就容易理解为什么女性难以将关系满意建立在男性能动性上，先求诸自己而后是男性的才干，对于女生来说可能是更理性的选择。这表现为在回归分析中，男性能动性第二步进入回归方程，这回应了男性能力的传统性别角色和择偶模式，更反映了女性是在自己能动性的基础上，追求男性能动性，是一种做加法的思路。当然，数据分析中呈现的男性能动性较小的贡献率，还可能是因为晕轮或期望效应所导致的数据天花板效应：女性相信自己对男性潜力的选择，出现广泛性高评价，从而使其预测效力下降。

表 4-15　感知自己和伴侣的基本维度对关系满意度的回归分析

群体	模型	因素	β	t	R^2	F
男性	模型 1	伴侣社群性	0.52	5.03***	0.27	25.32***
女性	模型 1	自己能动性	0.64	8.81***	0.41	71.34***
	模型 2	自己能动性	0.43	4.81***	0.49	48.61***
		伴侣能动性	0.35	3.95***		

注：***，$p<0.001$。

对比男生与女生关系满意度模式可以发现，男生有伴侣的温暖就会满意，是纯粹的男性主义视角；而女生不是在自己社群性的基础上追求男性的能动性，或者直接由男性的能动性预测关系满意度，而是建立在自己能力的基础上再去追求伴侣的才干，这与传统模式的假设以及解释均不同。

（四）讨论与结论

1. 社群性和能动性的差异

本节的研究发现，枚举出的描写浪漫关系者的特征属性词，大多数可划入社群性类别，研究对象对于社群性的评分要高于能动性的评分。这些结果支持了先前研究发现的社群性优先效应（Wojciszke and Abele，2008）。社群性线索比能动性线索能更快被人们所识别（Ybarra et al.，2001）以及在跨文化中社群性具有更好的相似性和共识（Ybarra et al.，2008），对浪漫关系中个体的认知也符合这些规律。

感知社群性和能动性特征存在性别差异。在浪漫关系的营造中，虽然社群性主导，但男生的能动性尤其是在缺乏浪漫的时候所占的比例更大。在旁观者视角下，情侣中男女双方社群性特征不存在差异，男性的能动性要显著高于女性。在自我视角下，男生的自评与伴侣不存在差异，而女生感知到自己的社群性和能动性都显著低于伴侣。总的来说，情侣对基本维度的评价中随视角的不同会出现男女差异。

2. 性别和视角的影响

根据双重视角理论，在感知自我以及重要他人时会出现能动性优先，感知一般他人时会出现社群性优先（Wojciszke et al.，2011），本研究结果部分支持了双重视角理论。在感知他人关系质量时，社群性预测关系质量，旁观者从社群性评价关系质量符合双视角模型。在看待自己的关系质量时，首要预测变量是社群性，其次才是能动性，则不符合双视角理论。按照该理论，这个顺序应该恰好相反。这个发现或许有助于对当前择偶的理解。旁观者和当事人的关注点、对于关系质量的理解确实是不一致的。

在基本维度框架中，亲密关系的质量对社会认知内容的选择还受性别的影响。在枚举特征研究中，不论关系质量良好与否，男性特征不仅有社群性，还拥有能动性，而女性特征主要是社群性。对于自己关系质量的评价中，基本维度内容的预测也出现性别差异，预测男性关系质量的是女性伴侣的社群性，而能预测女性关系质量的则是其自身和伴侣的能动性；虽然在旁观者视角研究中起解释预测作用的都是社群性，但指向完全不同：女性认为是男性的社群性，男性则认同是女性的社群性。总的来看，性别差异与视角的作用有一定程度的重合，如旁观者（视角）和男性（性别）关心的都是社群性，当事人自我评价研究中的女性（视角＋女性）关注的是能动性；但视角并没有取代性别差异，男性对女性社群性的偏好（旁观者、自我评价），女性对能动性的偏好（自我评价研究中包含了恋爱对象的能动性，虽然不是第一步进入回归方程），以及枚举研究中男性有更多能动性特征的结果。

总的来看，性别和视角在浪漫关系质量中对基本维度内容选择不同。不论观察者的性别，预测情侣关系好坏的主要是社群性特征，反映了大学中浪漫关系的本质在于关系营建，但男性关系满意度止步于对象的社群性，而女性虽然作为旁观者时重视男性的社群性，但对于自己而言，自身和伴侣的能动性结合起来才是关系满意度。如果这个是真实落差的话，那么，在婚恋选择过程中处于被动地位的可能是男性，止步于"暖男"的自我认知对大学生来说更可能是幻象，女性虽向往温暖，但更自立，也更期待男性的才干。

3. 小结

浪漫关系是幸福的重要内容和载体，无论是旁观者还是当事人，社群性是非常重要的特质，但能动性特征对于不良关系的质量也很重要。从旁观者角度看浪漫关系的质量，男女双方起重要作用的特质符合性别刻板印象模型，预测关系质量也是视角与性别混合体，预测男性满意度的是女性的社群性，预测女性满意度的是男性的社群性。而在自我评价的时候，看起来是社群性解释关系质量，但性别差异明显，男性关心伴侣的社群性，而能解释女性关系满意度则是自己和对象的能动性。将来研究可以考虑在浪漫关系中有一定影响力的家长因素，从而更准确地反映两大维度因素作用于婚恋幸福的途径和方式。

三、社会认知基本维度与社会信心

信任是社会的资本，是良好社会功能的基石。个人特征可以预测社会信心吗？这个问题指向社会信心的性质是对自己的信心、还是对社会的信心。社会信心一方面连着自我，是个体的认知评价；另一方面评价对象又是社会，是个体自我建构的环境基础，也是社会幸福感的重要组成部分。

（一）概念框架与研究假设

制度信任的核心是信任。个人可以对他人或社会存在投去信心，在人际交往中是指向自我部分的社交自信，是自我概念的延伸；对社会一端的信心则构成社会性信任，也是自我的特征。社交自信和社会信任二者虽然在逻辑上相关，但是不同的概念。对社会制度的信心构成社会信心，描述的是个人对社会制度的信任（Keller et al., 2011），是相信社会能够运转良好、能解决所遇到挑战的信心。

社会运转良好是社会的能动性，社会有能力完成其角色使命。虽然良好的社会功能有助于个体达成目标，能够更有效率地工作，感受到更多的希望，但社会信心与个体是否相信自己可能没有直接的关系。反过来，个体能动性可能会弱化对社会的依赖，也可能构筑在社会功能之上，个体的自信（包括性质相同的能动性）与社会信心的关系受其他条件的制约。

从社会认知内容维度的理论（Durante et al., 2010）来看，自信属于能动性维度，能够预测地位，反过来，地位也能够预测自信。如果社会信心是个体能动性特征，那么，不但可以为其他能动性特质所预测（相同属性的特质），也能够为地位所预测。从社会角度来看，社会信心如果属于社会能动性，社会信心对于个体而言就属于社会功能良好范畴，是社会温暖的表现。如果是这样，能够预测社会信心的将是个体的社群性，而个人社会地位无法预测社会信心。

如果从这些关系中确定社会信心的特性，其特性应当是个体对外在对象的评价和信任，虽然表现出个体差异，但却不是对自己特性的评价。为了达成这个目标，研究以大学生为对象，分析社会信心、个体的社会认知评价特征以及地位特征的关系。

（二）方法

1. 研究对象

大学生 373 名，其中男 276 人、女 69 人、28 人未告知性别，365 人报告年龄，年龄在 18~28 岁，平均 21.3 岁，标准差为 1.2。回收的问卷中有 9 人完成部分问卷，本研究仅分析这些数据中有效的部分。

2. 研究工具

一般信心量表。由凯勒等（Keller et al.，2011）设计的用以考察对社会信心的量表（General Confidence Scale），一共 6 题，例题如"不管遇到什么困难，社会都有能力解决好"，回答方式是在 7 点量表（"1 = 完全不同意"，"7 = 完全同意"）上评价，量表信效度良好。在本研究中亦有很好的内部一致性，其克隆巴赫 α 系数为 0.74。

主观社会地位问卷。采用霍特等（Haught et al.，2015）修订主观社会地位量表（Subjective Social Status，SSS），包含 8 题，研究对象在 Likert 5 点量表（"1 = 差很多"，"5 = 好很多"）上评价自己的相对处境。整体评价对象如一般的中国人，而具体评价对象如某个朋友的朋友。以题目均分作为主观社会地位指标，在本研究中该工具的内部一致性克隆巴赫 α 系数为 0.82。

家庭主观社会经济地位量表。采用胡牡丽等（2012）设计的主观社会地位量表的家庭量表。研究对象在 10 点量表上评价自己家庭的社会地位，10 分是最好、最优越，经济状况很好，从事最受尊重的工作，受最好的教育；1 分是最差、最糟糕，经济状况很困难，从事最不被尊重的工作，被别人看不起。

社会认知基本维度的测量工具和特征见第六章。

（三）结果与分析

回归分析发现，两大基本维度对社会信心的预测有统计意义，F=7.98，p<0.001，R^2=0.04，其中社群性能够预测社会自信，β=0.19，SE=0.05，t=3.06，p=0.002，能动性的预测无统计意义，β=0.02，SE=0.05，t=0.30，p=0.763。

为了解社群性与能动性相关可能对回归结果造成的歪曲，以能动性和社群性单独作为自变量进行回归，发现社群性能够单独预测社会信心，β=0.21，SE=0.04，t=11.12，p<0.001，R^2=0.04；能动性能够单独预测社会信心，β=0.13，SE=0.04，t=2.54，p=0.01，R^2=0.02；相对重要性分析发现，社群性和能动性联合预测信心的4.2%，其中能动性的贡献为21%，社群性的贡献为79%。单独回归具有预测力，而联合回归时的预测力消失，说明能动性的预测作用被社群性遮掩。又由于能动性在对社会信心的解释贡献量中约占1/5，因此，社群性对于预测社会信心更重要。将基本维度的内容按照效价划分为四种组合后，发现仅积极社群性能够预测社会信心（表4-16），F=4.01，p=0.003，R^2=0.04。

表4-16　四类社会认知内容对社会自信的回归摘要

自变量	B	SE	β	t	p
消极社群性	−0.06	0.05	−0.09	−1.35	0.177
积极社群性	0.09	0.05	0.14	2.02	0.044
消极能动性	−0.01	0.04	−0.02	−0.30	0.764
积极能动性	−0.01	0.05	<0.01	<0.01	0.999

以社群性与能动性差值形成的社群主导性为变量，探讨两大基本维度分离特性的影响，回归结果发现，社群主导性无法解释预测社会信心，F=7.98，p<0.001，R^2=0.04，有显著预测作用仍然是社群性，β=0.21，SE=0.04，t=3.84，p<0.001，社群主导性的预测作用无统计意义，β=−0.02，SE=0.05，t=−0.30，p=0.763，表明社群性对于社会信心的预测解释作用不是来自于其高于能动性的部分。

为了解控制社会认知维度内容后，主观社会地位对社会信心的影响，将它们分步纳入回归进行分析。结果发现（表4-17）主观家庭地位能预测社会信心，解释量为2%，而主观个人地位不能，$F=7.98$，$p=0.01$；社会认知基本维度独立于地位，对社会信心的解释贡献为4%，$\Delta F=6.59$，$p=0.002$。对比没有纳入主观地位回归分析结果可以发现，主观地位与基本维度对社会信心的解释是独立的，不管这种地位是自己的特征，还是家庭的特征。

表4-17 控制主观社会地位后社会认知基本维度对社会自信的回归

自变量	B	SE	β	t	p
主观家庭社会经济地位	0.09	0.04	0.13	2.28	0.023
主观个人社会经济地位	0.01	0.13	<0.01	0.06	0.951
能动性	<0.01	0.05	<0.01	0.05	0.960
社群性	0.15	0.05	0.19	2.97	0.003

（四）讨论与结论

按社会认知动机意图解释，人们在认知自我的时候，存在社群性优势效应，人们对于自己社群性的评价总是高于能动性。而按照双重视角理论（Wojciszke et al.，2011），从自我视角出发，在达成目标和形成价值感的过程中，都是能动性主导，对于他人的判断则取决于其能否有利于自己，故而认知为温暖性主导。本研究搜集的自我判断数据，其社群性评分高于能动性，支持以上两种理论所阐述的社群性优势效应。

从性质上来看，社会信心（Keller et al.，2011）是个体对于外在于自我社会系统的信任，理论上是一种对对象能动属性与结果的判断。社会是个体在其中又殊为不同的评价对象，按照双重视角理论，社会作为评价对象，个体评价的方向理应以是否有利于自己为出发点。作为个体生活的环境，显然社会秩序越好，对个体越有利。按照直接补偿规律，个体认为自己有能力，对社会的直接依赖就越低，由此可能降低对社会能力的判断；与此相对，如果认为自己能力低，就越期望社会的能力和效率。研究数据并不支持这种对比关系，能动性在回归分析时能预测社会信心，但预测的方向与理论预期相反，自我能动性评价越高，社会信心越高。说明从个体的角度来看，社会优良的功能和秩序是支持性的，社会效率是个体感受或期望的支持特性（社群性），也即从个体角度来看，社会的能动性和社群性理应是统一的。由此，产生需要性补偿，个体的高能力与高社会信心匹配。

　　然而，当将个体的能动性和社群性同时纳入方程时，能动性的预测作用变得不显著，其预测效应淹没在社群性之中，相应的解释率也不足1%，几乎可以忽略不计。如果按照双重视角理论，社群性和能动性应该有互补性效应，即站在个体的视角，希望社会更有效率和效能，而如果在预测社会信心上存在对比性效应，社群性与能动性的预测方向应该是相反的。理论上的能动性负向预测社会信心，即个人能力和才干越强，对于社会期待就越低，越突出个人的努力和奋斗，只有个人的能动性低时，才会对社会寄予厚望。此时，社群性对社会信心的预测就应该是正向的，数据结果支持这种对比性理论预期。

　　虽有论述认为道德也是塑造社会地位的因素（Bai，2017），但德高望重的背后是慈爱有道，只有少数人会因社会结构以道德的感召力取得社会地位，道德之于社会地位并不具有普遍意义。按照社会地位与社会认知内容维度的一致对应理论，个人社会地位来自或反映个人的能力特征。本研究中个体的主观社会地位不能够预测个人对社会的信心，社会信心没有被知觉为建构个人地位因素，也不是能动性的。但从社会的角度来看，要表现出温暖，恰好是需要解决社会问题，是能动性的。社会信心不能由个人地位预测就是合理的了。那么，家庭地位为什么能预测社会信心呢？同样道理，家庭社会经济地位并不是个人特征，而是首属群体的特征，是外在于自我的，对于个人来讲，社会和家庭具有相似的功能角色，即给予个人生存和发展以支持与保障。

　　总的来看，社会认知基本维度对个体社会自信的预测作用主要来自社群性，能动性的预测作用为社群性所遮掩而不能用补偿作用来阐释。在理解社群性对于社会信心的预测作用上，应该着眼于社会信心的性质及其功能与基本维度的共性。虽然社会信心评价的对象是社会，但反映了个体对社会功能的期待与认定，社会功能对于自己的支持反映了社会的温暖，个体也会将自己的温暖投射到社会系统和社会结构当中。

第五章　基本维度的认知神经基础

社会认知内容反映了进化的压力和人类的适应，是基因与环境共同作用的结果，也是文化选择的结果。社会认知内容的神经机制研究包含众多的研究领域和主题，本章将借助脑电和脑成像指标，从认知神经基础的角度初步探讨社会认知基本维度内容与大脑结构及功能的相互建构。

一、基本维度内容认知加工时的脑电特征

行为研究表明，社群性信息存在再认、归类等认知加工优势，本研究将采用词汇辨认和归类任务使用高时间分辨率的脑电指标来分析社会认知两类内容所引发脑电活动特点，探讨两类信息加工存在的生理活动基础上的差异。

（一）概念框架与研究假设

埃伯利和沃乔斯基指出，能动性是自利的、追求自身目标达成的，而社群性是关心他人利益的（Abele and Wojciszke, 2007）。由于社群性信息是利他的，它对于人们决定是否接近某个人十分重要，因此具有加工的优先性。但在一些环境中能动性的信息同样重要，例如要与其他人进行竞争，就必须了解其能动性信息。然而，很多研究发现，社群性信息在认知加工中具有优势。埃伯利和布鲁克米勒发现，社群性的词比能动性的特质词识别和归类的速度更快（Abele and Bruckmüller, 2011）；在自我描述中人们也呈现更多的社群性内容（Uchronski, 2008）。社群性信息比能动性信息对预测目标的行为更有效力（De Bruin and Van Lange, 1999; Kenworthy and Tausch, 2008）。

尽管基本维度广泛用于社会认知研究中，但对于两类信息的加工研究

相对较少，研究手段也多局限于问卷和传统的行为实验。这些研究高度依赖于反应时、判断等外显的行为，而这些都由多阶段的加工过程组成（Wang et al., 2011）。事件相关电位的研究技术为了解这些过程中的时程、不同阶段的区分提供了一个有效的手段（Chen et al., 2008）。到目前为止，尚没有使用该方法的研究来探讨两个维度内容的加工特点。

当前研究将采用高时间分辨率的事件相关电位（event-related potentials, ERPs）技术，检验两类认知内容识别和归类中的时程特点。基于已有研究发现的社群性信息加工的优先性，包括信息的识别、归类和推断（Abele and Bruckmüller, 2011；Ybarra et al., 2001），以及 N400 广泛用来标识语义加工的发现（Kutas and Hillyard, 1980）。N400 成分对于语义违常敏感，经常用于句子理解，也可被非词、图片、字等诱发（Lau et al., 2008）。另外，内容词（名词、动词、形容词和副词）也因语义诱发 N400（Kutas et al., 1987；Nobre and Mccarthy, 1995），N400 理论上就能够反映特质词承载的能动和社群两类内容信息的区别。如此，在社会判断中社群性信息的优先性加工，可能意味着人们对这些信息的加工更容易、更自动化，花费的时间更少，对应诱发的 N400 波幅更小，潜伏期也更短。

由于效价是影响认知加工的一个重要因素，虽然埃伯利等发现效价影响可能并不出现在信息分类早期（Abele and Bruckmüller, 2011），但有研究报告负性词汇比中性和正性词引发更大的 N400 波幅，还有研究发现 ERPs 中效价的影响（如 Fritsch and Kuchinke, 2013；Wang et al., 2013）。为了排除此影响，实验中平衡内容效价就是合理的选择。

基于以上文献和分析，本研究利用 ERPs 来探测社群性信息在认知加工早期的优势。两个实验的任务分别是词汇辨别和词义归类，预期在这两个认知加工阶段，社群性词汇的加工较能动性词汇的加工速度更快，后者引发的 N400 更大。

（二）方法

1. 实验 a 的设计

研究招募 23 个大学生，平均年龄 20.8 岁，18 人为女性，5 人为男性。所有人的视力或矫正视力正常，一个人（女性）的数据因高错误率而被排除，最终保留 22 个研究对象的有效数据用于分析。所有的研究对象都得到了参与实验的报酬。

实验刺激材料。①翻译的 60 个词（Abele and Bruckmüller，2011），38 个人评价的结果显示，其能动性和社群性特征得到了很好的保留，另翻译后的词汇笔画也在内容类别间保持平衡，能动性（M=19.96，SD=5.28）和社群性（M=17.54，SD=4.22）无显著区别，F=3.56，p>0.05；积极词（M=17.71，SD=4.22）和消极词（M=19.79，SD=5.36）没有区别，F=2.65，p>0.05。但消极能动词的笔画多于积极能动词，平均数之差为 5.42，p=0.005；消极能动词的笔画多于消极社群词，平均数差为 5.75，p=0.003。②非词列表由词频高于内容词的字组成，这些字的频级在词典《现代汉语常用词表》（2008）中处于 800~1 000 位置，而内容词的平均频级为 10 394，标准差为 7 990，中位数为 8 818。为了看起来更像形容词，在这些字后加上"的"作为结尾，如"阿敢的""象组的""例退的"。

实验流程。研究对象坐在屏幕正前方舒适的位置。正式实验前先进行预备实验，以保证研究对象熟悉实验的流程。屏幕指导语是对所呈现的词做出是否是一个词的判断，要求快而准确。反应键 A 和 L 用彩色标识，两个键与反应的对应关系在研究对象之间随机。实验刺激以白色呈现于黑色的背景上，每个试次始于一个呈现 300 毫秒的注视点，随后呈现词或非词，两类次均呈现 2 000 毫秒，出现的概率相等，每个试次结束后有 400~600 毫秒的黑色空屏。整个实验包含 14 次练习和 120 个试次（60 词、60 非词），约需要 10 分钟完成。

脑电记录仪器为 64 导生理仪（德国 Brain Product 生产）。电极帽参照左、右乳穿戴，接地电极置于额中线。垂直眼电（EOG）记录电极置于左眼。电极间阻抗保持在低于 5kΩ。脑电图（EEG）和 EOG 使用 0.05~100 赫兹连续采样，500 赫兹的数据用于离线分析。排除眼球运动伪影（眨眼和眼球运动）。异源眼电（平均 EOG 电压超过 ±80μV）和那些由于放大器剪取污染、肌电活动爆发，或峰值挠度超过 ±80μV，均被排除在均值之外。

主要分析由能动性和社群性词所引发的脑电成分。ERP 时间自刺激前 200 毫秒开始到 800 毫秒结束，200 毫秒基线校正。N400 是由实验刺激材料所引发的分析指标，包括成分峰值潜伏期（刺激出现到成分的峰值）和波幅。基于已有研究和当前数据特点，选择了 9 个代表性电极点，并将 N400 界定为 300～500 毫秒（Lau et al.，2008）：中线（Cz，Fz，Pz）、中央颞区（C3 和 C4）、侧额叶（F3 和 F4）、颞顶（P3 和 P4）。数据分析主要采用重复测量的方差分析，因变量是脑电波幅和 N400 的潜伏期，组内自变量是词汇内容维度（能动和社群）、电极点。

2. 实验 b 的设计

研究对象和实验刺激材料同实验 a。实验要求研究对象尽可能快地对呈现的词做出褒贬判断，A 键对应积极判断，L 键对应消极判断。一个实验序列包含 120 个试次，消极和积极词各 60 个。ERPs 数据的分析程序大致如实验 a，选择 350～500 毫秒作为 N400 的时间窗口。

（三）结果与分析

1. 实验 a 的结果

对反应时的方差分析表明，词汇内容主效应显著，$F=5.48$，$p=0.029$，社群性词的平均反应时（$M=655.48$，$SD=74.12$）短于能动性词（$M=670.59$，$SD=77.62$）；效价主效应显著，$F=40.84$，$p<0.001$，对消极词的反应（$M=710.33$，$SD=91.27$）要慢于对积极词的反应（$M=641.49$，$SD=72.74$）；内容和效价的交互作用不显著，$F=0.87$，$p=0.362$。

对两类词诱发的 N400 进行分析。发现 N400 波幅上内容主效应不显著，$F=0.56$，$p=0.464$；电极点主效应也不显著，$F=2.30$，$p=0.113$；二者的交互作用也不显著，$F=0.66$，$p=0.585$。N400 潜伏期上，电极点（$F=9.15$，$p<0.001$）和词汇内容的主效应（$F=5.12$，$p=0.034$）都显著；二者的交互作用不显著，$F=1.24$，$p=0.300$。分析表明，社群性词汇引发的 N400 潜伏期峰值晚于能动性词汇。

总的来看，行为数据结果与埃伯利和布鲁克米勒的发现相同（Abele and Bruckmüller，2011），对社群性词汇的识别快于对能动性词汇的识别。然而 ERP 结果与理论预期不完全相同，N400 波幅没有内容类别的区别，而潜伏期是社群性大于能动性，后者与行为结果以及理论的预期正相反。

2. 实验 b 的结果

行为结果的内容维度主效应显著 $F=5.10$，$p=0.034$，对社群性词汇的归类平均反应时（$M=727.35$，$SD=112.11$）显著短于对能动性词汇的平均反应时（$M=747.49$，$SD=109.40$），表明研究对象对能动内容的分类慢于对社群性内容的分类。效价主效应显著，$F=68.84$，$p<0.001$，判断消极词所用的时间（$M=756.96$，$SD=107.25$）长于判断积极词所需时间（$M=684.41$，$SD=116.42$）。词汇内容和效价的交互作用不显著，$F=0.91$，$p=0.352$。

以 N400 波幅为指标的分析发现，内容维度主效应显著，$F=5.09$，$p=0.034$，分类能动性词汇时诱发更大的 N400 波幅，电极点的主效应（$F=1.95$，$p=0.149$）及其与内容的交互作用（$F=1.37$，$p=0.244$）均不显著。在 N400 潜伏期上，电极点主效应显著，$F=3.23$，$p=0.021$，而内容维度（$F<0.01$，$p=0.967$）及其与电极点的交互作用（$F=0.42$，$p=0.824$）均不显著。

总的来看，实验结果支持对社群性词汇的分类快于对能动性词汇分类的假设，分类时社群性词汇诱发的 N400 波幅更小。

（四）讨论与结论

在两个实验中用 ERPs 为指标，探讨社会认知内容中社群性与能动性信息在认知加工早期的时程特点。研究结果表明，对社群性词汇的识别和归类要快于能动性词汇，在这个过程中社群性词汇有更长的 N400 潜伏期，而能动性词汇诱发了更大的 N400 波幅。实验结果也表明，社会认知内容基本维度词汇识别和归类有区别性。

先前有研究主张 N400 反映工作情景中关键词的语义整合过程（Lau et al.，2008），词义越难与背景整合，就会诱发更大的波幅。也有研究者认为，这可能反映了长时记忆系统的促进作用（Federmeier，2007；Kutas and Hillyard，1980；Lau et al.，2008），波幅越小表明越容易通达记忆系统，任何有助于通达的信息都会降低 N400 波幅。当前实验中使用彼此独立的词汇，没有任务背景需要整合，因此前一种主张更适合解释当前的结果。两类词语义表征差异是造成 N400 差异的原因，社群性信息是情景关联的，蕴含了与他人分享，而能动性信息则是关注掌握和掌控（Roche et al.，2013），这些信息在描述自己和他人中使用的频率也不同，由此塑造了有差别的认知神经反应。

行为数据表明社群性的反应时更短，而反应时变长通常是信息加工复杂或不流畅的指标（Cai，2003），能动性需要更多时间做出反应表明其认知需要更多的认知资源、心理负荷更高，应该对应更大的 N400 波幅和更长的潜伏期。然而，词汇识别任务中，社群性诱发的 N400 峰值潜伏期更长。这也可能意味着，社群性的加工优势并不像看上去的符合简单规则，还可能有更复杂的因素，而这种因素是传统反应时实验尚未能揭示的。与理论预期一致的是，在词汇分类任务中，能动性词需要更多的时间反应，也对应更大波幅的 N400。这符合已有研究和理论所阐述的社群性利他（Abele and Wojciszke，2007）、在印象形成中具有核心地位（Asch，1946；Abele and Bruckmüller，2011）、具有加工的优先性，表现为更容易、更熟练，反应更快，而 N400 波幅更小。由于 N400 主要是语义加工的指标，更小的波幅表明其意义归类更容易。

总的来看，虽然本研究样本较小，但行为结果很好地重复了已有研究的结果，因而是可信的。而引入 ERP 指标，揭示了两类内容在认知加工过程中反应时无法说明的时程特点。

二、基本维度内容认知加工的脑网络共性与差异性

鲜有研究直接考察对基本维度内容的神经表征，本研究使用效价归类任务来确定能动性与温暖性相关内容的共同性、特异性神经机制[1]。

（一）概念框架与研究假设

基本维度对组织人们如何理解社会非常重要，它们的内容反映了生活中两大反复出现的挑战：建立社会联结与获得社会认可（社群性），为个人目标奋斗与发展能力（能动性）（Hogan，1983；Humphrey，1976；Wilson，2012；Ybarra et al.，2008）。因此，基本维度很可能通过强调内容的作用而丰富社会神经科学的研究。

---

[1] 本小节主要内容以论文形式发表，具体参见：Han, Mengfei, Bi, Chongzeng, Ybarra, O. 2016. Common and distinct neural mechanisms of the fundamental dimensions of social cognition. *Social Neuroscience*, Vol. 11, No. 4, pp. 395-408.

尽管如此,现有考察基本维度在社会认知中作用的研究多集中于行为结果。只有少量神经科学研究考虑了社会认知内容(如 Swencionis and Fiske,2014)。研究内容之所以很重要,是因为它会影响信息加工以及潜在的神经过程,很多时候内容还容易与研究任务相混淆。例如,社会认知中的自我与他人是一个重要区分(Ng et al.,2010;Zhu and Zhang,2002),当判断他人时,人们集中于社群性,而思考自我时则集中于能动性(Abele and Wojciszke,2007),因此,确实评定内容的效应,就需要将内容从观点(自我 VS 他人)中分离。本研究通过保持任务(对特质词的同意程度进行分类)不变但改变特质词内容(能动性 VS 社群性)的方法来解决这个问题。

对特质词的褒贬度进行归类似乎会激活特定的神经区域。一些成像研究发现,当把积极词从消极词中区别出来时,腹侧前扣带皮质(vACC)、眶额区与杏仁核被激活(Fossati et al.,2003;Hughes and Beer,2012;Straube et al.,2011)。因此,不同效价任务与刺激性质(尽管每个维度内等效价)预期会激活这些区域。尽管社群性与被接纳、形成社会联结有关,而能动性更多与地位、成就以及获得荣誉相关,在更广泛意义上,两个维度均能告诉一个人下决心做某事并追求社会目标(试图与人相处或取得成功)。而个人指导其行为或追求目标的过程,则可能涉及心理化所包含的多种神经过程。心理化是包含推断他人意图、目标、偏好以及特质的神经结构所构成的社会神经网络(Van Overwalle and Baetens,2009)。社会认知任务的心理化通常涉及内侧前额叶皮质(mPFC)、颞顶部交界(TPJ)、后扣带回(PCC)/楔前叶以及内侧眶额叶皮质(mOFC;Eddy et al.,2013;Howard-Snyder,2005)。越来越多的证据表明,对他人的特质、特征进行推断由 mPFC 控制(Mitchell et al.,2006)。PCC 及其邻近的楔前叶是负责整合来自其他脑区的各种信息的输入,比如来自海马的记忆输入,然后使用这种信息来推断他人的心理状态(Mar,2011)。mOFC 在多种学习任务中具有重要作用,这些任务包括理解社会领域中人际互动所获得的回报(Elliott et al.,2000;Nestor et al.,2013)。TPJ 参与对当前状态的编码,尤其是他人当前的想法或信念,而不是社会信息的表面或人格意涵(Saxe and Powell,2006;Van Overwalle,2009)。除了这些结构,最近的一项元分析指出,相较于不包含心理化的任务,包含心理化方面的任务总是有小脑参与（Van Overwalle et al.，2014）。由此可以预期，当对特质信息进行加工时，不论刺激与哪个维度（能动性或社群性）有关，研究对象都会表现出这些脑区的激活。

至于大脑活动潜在的差异，可从已知的基本维度信息加工及内容相关的研究得到线索。如前几章所述，在判断他人时，有关社群性的信息比能动性信息更重要。当被问及想知道一个陌生人的什么信息时，个体更有可能首先需要社群性而非能动性信息（Wojciszke et al.，1998）；社群性相关特质在时间上也被认为更稳定和一致，感知者更可能使用它们描述或思考他人（Kenworthy and Tausch，2008）；相对于对他人能动性相关特质的判断，人们对他人社群性相关特质的判断有更大的一致性（Ybrra et al.，2008）；人们对社群性信息比能动性信息加工得更快（Abele and Bruckmüller，2011；Ybrra et al.，2001）。在信息加工所包含的神经关联方面相关的研究如：依附性动机与壳核和苍白球有关（Quirin et al.，2013）；道德信息与腹侧前额叶（vmPFC；Shenhav and Greene，2010）、一些颞区包括颞顶联合区（TPJ；Young and Saxe，2009）和颞上沟（STS；Harenski and Hamann，2006）激活有关；脑岛加工与规范、监督不道德行为有关的信息（Fumagalli and Priori，2012；Huebner et al.，2009），在加工社会温暖性信息中有重要作用（Inagaki and Eisenberger，2013）。很少有研究考察包括能动性相关内容的任务，但研究者认为内侧 PFC 在成就目标相关行为中扮演重要角色（Matsumoto and Tanaka，2004）。此外，一项使用愤怒与惊讶人脸作为刺激物的权力动机 fMRI 研究表明，高权力的研究对象在观看这些脸时，外侧 OFC、背侧纹状体和脑岛有更强的激活（Schultheiss et al.，2008）。另一项权力研究中，当研究对象观看权力有关的电影片段（如支配性老板与其下属谈话的场景）时也出现了 mPFC 的激活（Quirin et al.，2013）。

综上所述，尽管少有研究集中于社群性与能动性信息有关的神经机制的差异，已有研究提出了一些潜在可能产生差异的脑区，如 TPJ、OFC 和壳核。但考虑到已有的研究中很少对比内容维度，研究任务的内容并未明确指向社会认知的社群性与能动性部分，应谨慎对待这方面的设想。

本研究旨在使用功能性磁共振成像（functional magnetic resonance

imaging, fMRI）技术探求社群性与能动性内容的共同和特异的脑基础。预测社群性与能动性词汇均能激活心理化和情绪加工相关的区域。基于以往社会认知神经科学研究，也期待内容维度在额叶皮层、颞叶皮层和皮质下结构产生激活差异。

（二）材料与方法

1. 研究对象

招募 42 名大学本科生（平均年龄 21.1 岁, 跨度为 18～25 岁; 22 名女生）参加一项有关特质词汇识别的研究。所有研究对象均为右利手，视力或矫正视力正常，无精神疾病史。由于较大头动（>3mm 并 / 或 >3 度）或判断刺激高错误率（>25%），2 名研究对象第一个序列（run），1 名第二个 run，以及 4 名第三个 run 的 fMRI 数据被剔除。所有研究对象获得 60 元实验报酬，并签署符合西南大学 MRI 中心脑研究审查委员会认可的程序与协议知情同意书。

2. 材料

刺激材料总共包括 160 个描述特质词，每类 80 个（社群性词汇和能动性词汇）。刺激词是从建立的人格特质形容词库中选择而来。能动性词汇比社群性词汇在能动性内容方面评价更高，社群性词汇比能动性词汇在社群性内容方面评价更高。能动性词汇和社群性词汇是用分开的量表评价，具有相同的褒贬度。此外，词汇的笔画数、频次以及熟悉度在社群性与能动性之间平衡，有关属性描述见第二章以及附录。

3. 程序

本研究使用区组设计，包括 3 个基于不同种类刺激的区组：能动性词汇的效价分类任务、社群性词汇的效价分类任务以及一个注视任务（Kuo et al., 2004）。研究对象到达实验室后，先进行练习以确定他们理解了指导语和材料，练习包括一个效价分类任务（词汇不同于最终实验中所使用的词汇）和一个注视任务。熟悉试验程序后，研究对象被带到 fMRI 扫描器中完成实验任务。总共 19 个区组（能动性与社群性词汇各有 5 个效价归类区组以及 9 个固定区组）被伪随机分配到 3 个序列中。每位研究对象完成实验中所有 3 个序列。功能像是在第二个和第三序列中收集。完成任务后，研究对象填写情绪情感问卷（PANAS 中文版；邱林等，2008），提供年龄、性别和利手信息，最后告知研究目的并致谢。

行为任务。扫描期间，每位研究对象需要完成两种任务：效价归类任务和注视任务。在效价归类任务中，研究对象通过按键盘上两个中的一个键来尽可能快地判断出现在屏幕上的词是积极还是消极的。在每个区组开始的时候，指导语呈现 3 秒，定义每个试验区组的任务（比如，判断该词是积极还是消极的）。然后，刺激词在屏幕上呈现 2 000 毫秒，在此期间研究对象对刺激词进行反应。接着是 1 000 毫秒的注视点。每个区组包括 16 个试次。在能动性区组中，刺激词都是能动性词汇，在社群性区组中，则都是社群性词汇。对于注视任务，研究对象只需注意屏幕中间的"+"16 秒，无须做任何反应。

fMRI 数据获得。使用西门子 3T 扫描器（Magnetom Trio TIM，德国埃朗根）获得影像。使用 T2 加权梯度平面回波成像（EPI）序列来获得功能数据，参数为 TR（重复时间）= 2 000ms；TE（回波时间，echo time）= 30ms；翻转角（flip angle）= 90°；视野范围（FoV）= 192 ×192mm；矩阵大小（matrix size）= 64 × 64；像素（voxel size）= 3 × 3 × 3mm；条间跳（interslice skip）= 0.99 mm；切片（Slices）= 32，获得功能数据。T1 加权高分辨解剖影像获得是：TR = 1 900ms，TE = 2.52ms，切片厚度（slice thickness）= 1mm，翻转角 = 9°，矩阵大小 = 256×256。

fMRI 数据分析。使用 SPM8（http://www.fil.ion.ucl.ac.uk/spm/spm8）来分析功能性数据（Friston et al.，1994）。对于 T2*- 加权影像，图片间校时顺序，并且用 6 个参数评估替换头动信息，向前剔除 5 个图片以获得稳定磁态。然后，将每个研究对象功能像重新登录。解剖像和功能像经空间标准化以适应 SPM8 提供的 EPI 模板。最后，图像经 8-mm 全宽半高的高斯平滑处理。结果图像为 3×3×3 立方毫米的体素。

使用第一水平的广义线性模型（GLM）框架来分析功能 MRI（Lidzba et al.，2013）。数据定义为 3 类：社群性词汇、能动性词汇和注视点。每个研究对象都建构对比图像。首先，分别评估能动性词和社群性词，以注视点为对比；其次，做联合分析对比社群性与注视点、能动性与注视点，来探索社群性和能动性激活的区域；最后，使用配对样本 t 检验来比较社群性与能动性。PANAS 作为协变量来控制每个研究对象的情绪状态。结果使用 AlphaSim 误差修正在 0.01 水平上进行修正（像素阈值 $p<0.01$；簇大小 > 84 像素）。该修正限制在组 GM 掩蔽（大小：67855）中，并使用 REST AlphaSim（www.restfmri.net）通过 Monte Carlo 模拟（Ledberg et al.，1998）来确定。

由于归类任务中对社群性和能动性词汇的加工包括情绪信息，我们使用两因素重复测量方差分析来检验词汇归类中是否存在效价主效应，其中维度（社群性与能动性）和效价（积极与消极）作为自变量。另外，尽管注视点任务指向一个特定的点，但无法保证研究对象无意识的认知活动，也可能会产生一些明显的认知活动（Stark and Squire，2001）。因此，在分析过程中也用内隐基线分析，该基线是用统计参数地图（statistical parametric mapping，SPM）软件包所有试次强度平均获得（Adcock et al.，2006），而后将两类词与该内隐基线作对比，并基于对比作联合分析。

（三）结果

1. 行为结果

使用两因素方差分析检验内容维度（能动性／社群性）和效价（消极／积极）对反应时的作用。内容维度主效应显著，$F=4.32$，$p=0.044$；社群性词的平均反应时（$M=776.02$，$SD=96.90$）短于能动性词（$M=787.65$，$SD=96.75$）；对积极词（$M=759.63$，$SD=94.88$）的反应快于消极词（$M=804.90$，$SD=102.79$），$F=32.81$，$p<0.001$；两因素的交互项不显著，$F=0.10$，$p=0.754$。

表 5-1　词汇判断任务的反应时（ms）

词汇	平均数	标准差
积极能动	766.04	99.44
消极能动	809.89	103.04
积极社群	753.22	94.97
消极社群	799.91	108.28

2.fMRI 结果 [①]

基于联合分析揭示了对能动性与社群性内容均显著激活的脑区。这些共同激活的区域与社会认知加工相联系，包括小脑（cerebellum）、额上回（superior frontal gyrus）、顶下回（inferior pariet al gyrus，IPL）、脑岛（insula）和壳核（putamen）。

为考察能动性与社群性内容的脑激活差异，在没有基线的情况下对社群性与能动性反应进行比较分析。差异主要包括 vACC 和 mOFC 两个区域，两种内容加工均出现去激活，但社群性有更大的去激活。视觉区，包括枕回（occipital gyrus）、舌回（lingual gyrus）和梭状回（fusiform gyrus），呈现出社群性比能动性更大的激活。

为了确定效价是否对词语内容加工有影响，计算了效价的主效应及其与内容维度（能动性 / 社群性）的交互作用。在主要兴趣区 vACC 和 mOFC 以及上面讨论的其他脑区，词汇效价、词汇效价与内容维度（Alphasim 校正，$p<0.01$）功能的激活没有显著差异（$-2.31<ts<2.44$）。因此，内容维度的作用是独立于效价的。

（四）讨论与结论

本研究使用效价归类任务来探求社群性与能动性内容加工的相关脑活动特点。与心理化有关的区域，包括小脑、额上回、顶下回、脑岛和壳核，均被社群性和能动性词汇激活。结果还发现，在比较内容维度时，社群性词汇比能动性词汇在 vACC 和 mOFC 导致更多的去激活，社群性内容相对于能动性内容在某些视觉区（比如枕中回、舌回、梭状回）却有更多的激活。这些激活模式与社群性和能动性词汇的情绪效价无关。

1. 能动性与社群性的共同神经机制

关于心理化在能动性、社群性词汇褒贬性归类中的作用。在这些相似的激活模式中，小脑的作用是最显著的。小脑是感觉运动区，然而，它也包括高级认知、情感和人格相关的加工，尤其是小脑第六小叶（Picerni et al.，2013；Stoodley et al.，2012）。本研究中小脑第六小叶的激活表明了它在社会

[①] 此处呈现的是最概括化的结果，更多细节请参阅发表该内容文章的图表。

认知信息加工中的作用（Garrard et al.，2008；Van Overwalle et al.，2014）。

另一个被能动性与社群性信息激活的是脑岛。脑岛皮质激活与接近他人的动机有关，比如合作、同情、羡慕以及浪漫爱或母爱（Lamm and Singer，2010），这些内容均可归入社群性。近期有证据指出，脑岛对于自我控制感和自我归因很重要（Craig，2009；Farrer and Frith，2002），换言之，脑岛参与自我体验而与能动性维度有关。

当认知者运用诸如心理理论来预测他人行为时，额上回就会被激活（Cui et al.，2012）。本研究中，额上回的激活也包括部分背侧 ACC、后侧mPFC，它们在调整注意力和功能执行中有重要作用（Bush et al.，2000）。因此，本研究任务中额上回的激活与能动性和社群性皆有关。

壳核激活也显示出对能动性与社群性相关内容的敏感。这个发现与最近表明壳核参与推断、理解他人心理状态的神经成像研究相一致（Abu-Akel and Shamay-Tsoory，2011）。除了心理化过程，社群性相关刺激（母爱和浪漫爱）和能动性相关刺激（目标完成）均涉及壳核的激活（Bartels and Zeki，2004）。

最后，与社会认知加工相关位于镜像网络的顶下回（IPL），也在对能动性与社群性内容反应时激活（Van Overwalle，2009）。IPL 参与社会性行为模仿和对他人行为意图的编码，甚至想象的社会行为也能够引起 IPL 的激活（Koenigs et al.，2009；Quirin et al.，2013）。因此，IPL 激活不仅是由于能动性与社群性特质可以用来描述他人行为，也由于它们能够传达动机（Trapnell and Paulhus，2012）而可能促进人们去想象相关行为，这些都可能使 IPL 激活。

综上，对社群性和能动性内容进行加工时，存在许多神经激活相似性，尽管本研究中不涉及不同角度的内容（自我与他人）。这些相似可能是基于共享的社会认知过程：模拟、推断有关他人及其行为的意义。

关于默认网络在能动性、社群性词汇褒贬性归类中的作用。能动性和社群性在相似的脑区也引起了一些去激活，如 mOFC、vACC、颞中回、后上颞回以及楔前叶。这些区域在心理化中扮演核心角色。尤其是 vACC 和mOFC（mPFC 的一部分）不只帮助执行功能（Gazzaniga et al.，2008），也与推断他人和自己的长期特质有关（Van Overwalle，2009）。TPJ 在各种操纵决策或推断他人目标及意愿的推断的社会认知实验范式中起作用（Van Overwalle，2009），本研究中部分 TPJ 的去激活也显现，复杂的社会过程（如心理状态推断、印象形成、无意识特质推断以及行为预测）也依赖楔前叶。本研究中，这些核心的心理化区域显示出去激活，表明在内容相关任务加工中它们有作用。

楔前叶、mPFC 和颞后皮质可被视为默认网络的一部分（DMN；Gazzaniga et al.，2008；Mannell et al.，2010）。当人们处于静息态时，默认网络激活与外显的、有意识的自我表征相关（Gusnard and Raichle，2001）。当前研究中的效价分类和注视基线任务，并未让研究对象关注自我（Grimm et al.，2008；Mannell et al.，2010），但引起了默认网络中的任务性去激活（TID）。以往研究发现 TID 反映注意力从静息态到任务态的再分配，或者从任务无关区域到任务相关区域的再分配（Takeuchi et al.，2011）。本研究中注视基线任务比效价分类任务更易进行，相对效价归类任务而言，基线任务中 mPFC、楔前叶和颞后皮质被分配的资源更少。因此，当分别与基线对比时，社群性与能动性都有去激活，表明这些脑区在准备更深层次的社会认知加工。

2. 能动性、社群性的特异性神经机制

加工能动性、社群性信息的主要差异在 vACC 和 mOFC，二者在社群性条件下有更大的去激活。

关于 vACC 在能动性、社群性词汇褒贬性归类中的作用。能动性与社群性的激活差异不是由于情绪信息的差异。vACC 通常在情绪与动机性信息加工中激活（Bush et al.，2000），而且也会在各种情绪认知任务中去激活（Grimm et al.，2006）。然而，本研究中刺激词的情绪效价在能动性与社群性之间是平衡的，所以，相对于能动性的激活可能来自人们对社群性的理解和随后的认知活动，而不是情绪性信息的差异。本研究中 vACC 的去激活可被看作 TID 的一部分。社群性显示出更大的 vACC 去激活，可能是由于更多注意资源被安排到后视觉区，包括枕回和梭状回（Koshino et al.，2011）。与这个观点一致，研究对象的多个视觉区对社群性有更大激活，表

明社群性信息需要更多资源来加工，且这些资源可能来自vACC。此外，视觉区对社群性内容反应的更大激活，表明刺激的视觉表征增多、需要更多空间注意（Fan et al.，2007；Prizm et al.，2005；Mangun et al.，1998）。这些结果表明社群性信息相对于能动性更可能捕捉视觉注意，这可理解为研究对象更关注社群性信息的信号。

对vACC独特的去激活有另一个可能解释是认知活动，而不是注意资源分配。观测到的去激活可能代表对无关任务表现的认知活动的抑制（Takeuchi et al.，2011）。结合行为和fMRI结果，vACC的去激活可能代表对分散的认知加工的压制，这可能有利于提高加工效率和行为表现。这与以往表明TID大小与任务表现正相关的研究发现一致（Sambataro et al.，2010）。

两大基本维度内容引发激活的不同与以往社群性信息具有加工优先性研究一致（Wojciszke et al.，1998；Ybarra et al.，2001）。尽管个人做出利于自我或伤害自我的行为取决于不同的行为能力（比如撒谎、帮助）（Abele and Wojciszke，2007；Fiske et al.，2007），但如果他人的意图和人际目的（帮助或伤害）不明的话，对他人做出具有某种行为能力的评价（即能动性的）意义有限。因此，社群性信息有加工优先性非常重要，它对于社会运转相对更重要。vACC有更大去激活可能用来抑制无关认知加工，提供更多加工资源给视觉区，保证人们对社群性信息有更多的注意。换言之，社群信息加工可能会使得精力更集中。

关于mOFC在能动性与社群性词汇褒贬性归类中的作用。社群性和能动性信息加工还引发mOFC特异性激活。mOFC的功能包括社会决策和有关奖赏、惩罚学习的监控在内的高级认知（Powell et al.，2010；Rolls et al.，1996）。本研究中mOFC去激活可被视为前额叶脑区的TID（Powell et al.，2010），类似于vACC去激活，它可能反映了注意的再分配或对无关认知活动的抑制。

需要注意能动性和社群性内容的神经激活差异很小。观测效应的大小可能受到了任务特性（词汇效价归类）和任务所需认知加工程度的限制。那些能引发更深社会认知加工或不同视角（他人与自我）的任务可能会引起基本维度相关神经网络更大的差异。

本研究假设额叶及颞叶的一些脑区将激活，比如 mPFC 和 TPJ。然而，这些区域并未显示出预期的激活。这些脑区通常在那些引发更深社会认知加工的任务中激活，比如进行特质推断和识别意图（Mitchell et al.，2006；Van Overwalle，2009）。可能是本研究使用了简单的词汇效价归类任务，没有指导语说明是针对他人还是自我，没有引发更深的社会认知加工。不过，正是该任务的简单特性，提供了分离社群性与能动性内容效应的环境。

未来研究有必要重复和扩展当前的实验。本研究主要集中于心理化网络，然而，除了上面所述的心理化网络，在理解他人非言语行为和举动时也涉及镜像网络（Van Overwalle et al.，2014）。尽管本研究没有要求研究对象推断他人行为的目的，镜像网络的一个区域还是被激活了。许多其他社会认知研究也是依赖基于认知加工的刺激而非实际行为。因此，采用加工社群性和能动性行为（而非代表更广泛或更抽象行为倾向甚至心理状态的人格形容词）考察其认神经机制会很有意义。

3. 结论

本研究是第一个直接探求社会认知两大基本维度的神经表征的研究。研究发现一些区域被社群性和能动性词汇激活，如与心理化有关的小脑、脑岛、壳核和额上回以及与镜像网络有关的顶下回。这些发现表明两个内容类别都与社会认知网络相关。特异性激活方面，社群性词汇归类比能动性词汇归类在腹侧前扣带（vACC）和内侧前额皮层（mOFC）有更大去激活，更大的去激活可能反映注意力资源更多分配给视觉区，或对任务表现无关的认知活动的抑制，表明对社群性相关内容认知加工需要投入更多的注意。该研究表明个体加工基本维度信息时的脑活动既有相似性也有差异，能动性与社群性相关内容既有共同的网络，也有不同的网络，这些差异对于许多考察社会认知加工的研究具有潜在意义，因为任务或待加工信息的内容在观测到的激活中所起的作用在某种程度上还不清楚。

第六章　社会阶层和社会流动与基本维度

　　刻板印象内容模型的基础是社会结构决定了群际认知内容，但社会认知基本内容也是适应社会结构、反作用于社会建构的因素。这说明基本维度与社会地位建构的关系，有助于克服文化与社会群体心理可能的混淆。

一、对模范群体的认知评价特点分析

　　由于社会结构和群体认知内容存在相互预测关系（Fiske et al.，2002），高社会地位的个人和群体容易被知觉为高能动性而低社群性，典型代表是欧美的白人群体。除了互为补偿的群体特征，社会认知中也有模范群体，最为典型的就是教师，其特点是高能动性和高社群性，或者通俗表述为"学高身正"。本节将以大学教师为认知对象，在检验模范群体认知发现的基础上，增加以往研究所没有包含的效价因素，检验效价对评价的影响，并探索社会认知维度评价的稳定性与可变性。

（一）概念框架与研究假设

　　根据第一章的综述，社会认知内容和社会结构之间存在相互预测关系，而群体或个体认知还存在互补效应和光环效应，社会认知的结果由此就可能是多样的。根据高明华（2010）的研究，以能力和道德社会性为评价维度，可以将所研究的对象划分为知识群体、权势群体、弱势群体等，其中遵循互补（混合）模式的群体有 16 个，占研究群体的 76.2%。其中的教师属于知识群体，其能力评分要显著高于道德社会性评分。对比大学生和大学教师可以看到，两个群体的道德社会性差别不大，而能力有显著差异，这与模范群体两个基本维度之间遵循光环效应以及日常观察的"学高身正"模式有区别。

造成大学生与大学教师道德社会性评价差别不大的重要原因之一，是研究材料中没有设定负性材料。一个道德社会品性（社群性）或品德高尚的人，不仅有许多积极品质，而且也应该有更少消极品质。高明华（2010）研究中所使用的评价词汇是能力、热情、诚实、才干、友好和可信。在这些积极特质上得低分并不意味着个体具有消极特质，只是没有积极特质而已。热情维度上得分很低，意味着热情度低，但不等于刻薄、冷酷等热情的反面。而热情维度积极内容上得分高，也可能在此维度的消极内容上产生分化，有的人热情得很单纯，也有的人温暖和冷酷的特征可能都很突出。仅使用积极属性的词汇描述，显然会有意无意忽略消极的层面。

无论是生活实践还是学术研究都发现，效价是表征自我和他人的一个重要属性，且消极的社会信息更具有诊断性，更有利于社会适应（Dubois and Adolphs，2016）。因此，对于地位与社会认知内容假设的检验，有必要在研究材料中加入效价维度。虽然消极特质在社会认知中不可或缺，但人们很少用消极特质去评价自己、关系亲密者以及内群体。消极特质的引入会激发自我防御效应，使评价与效价产生交互作用，这也是已有研究回避使用消极材料的可能原因。不过这种效价的具体影响是什么，尚没有在社会认知内容领域得到检验。

以下研究将引入效价因素，通过对大学教师的评价分析，探讨对高地位模范群体的社会认知与自我认知特点。

（二）方法

研究对象为在校的本科大学生和研究生。其中大学一年级学生 185 人，本科三年级 82 人，研究生二、三年级 98 人；女性 241 人，男性 124 人；平均年龄 21.2 岁（SD=2.85）。

研究工具选用课题组开发基本维度形容词词库中匹配词汇共 60 个。评价自己时各维度的内部一致性 α 系数为 0.82～0.87；评价老师时各维度的 α 系数为 0.80～0.88。

问卷有先评价自己或先评价老师两种顺序，以平衡可能的顺序效应。测试时或个别测试或群体测试，均为匿名进行。

（三）结果与分析

1. 大学生对自己和大学老师的评价分析

先将消极词项目反向计分，得到评价对象能动性和社群性的评价总均分，该分数的理论分布为1~7，理论中数为4。

方差分析的结果发现，评价对象主效应显著，无论是能动性还是社群性，对老师的评价高于对自己的评价；从估计总平均分来看，大学生对老师的评价（5.68）显著高于对自己的评价（5.32）。显示了大学老师在学生眼中具备"德才兼备"的特点，是一个模范群体。评价维度的主效应显著，能动性的得分（5.35）显著低于社群性（5.66）。年级主效应显著，本科一年级给出的总评价分数（5.78）显著高于研究生（5.50），而研究生又显著高于本科三年级（5.23）。

表 6-1　大学生对自己和大学老师评价的平均数与标准差

年级	自己能动性		自己社群性		老师能动性		老师社群性	
本科一年级	5.23	0.69	5.81	0.58	5.97	0.56	6.10	0.64
本科三年级	4.85	0.72	5.37	0.70	5.32	0.63	5.38	0.83
研究生	5.07	0.62	5.61	0.66	5.64	0.74	5.68	0.94
总体	5.10	0.69	5.65	0.65	5.74	0.68	5.82	0.83

评价对象与年级的交互作用显著，进一步分析发现，大学生对老师的评价都比对自己的评价高，但在三个年级阶段有程度差异。一年级对自己和老师评价的差异最大，均值估计差值为0.51，三年级（0.24）和研究生阶段（0.32）的差异小了近一半，但仍然有显著差别。

表 6-2　评价对象、评价维度和评价者年级对评价影响的多元方差分析结果

变量	F	p	η_p^2
评价对象	87.97	<0.001	0.20
评价对象×年级	5.22	0.006	0.03
维度	240.32	<0.001	0.40
维度×年级	1.25	0.288	0.01
评价对象×维度	185.48	<0.001	0.34
评价对象×维度×年级	0.35	0.708	<0.01

评价对象与评价维度的交互作用显著，进一步分析发现，无论是评价自己还是评价老师，都是社群性高于能动性，但大学生自评社群性与能动性的差值（0.54）高于对老师社群性和能动性的差，老师在两个维度上的得分之差只有 0.08。

2. 效价对大学生评价自己和老师的影响分析

纳入词汇的效价分析大学生对自己和大学老师评价的特点。各维度及其组合的得分区间为 1～7 分，理论中数为 4 分。

首先，运用配对 t 检验初步分析内容与效价组合的师生评价差异性。大学生评价自己的能动性低于大学老师，不受效价影响；在社群性上产生了效价分化，大学老师在消极社群性方面得分更高，学生认为老师有更多消极社群性特征；总体上积极社群性没有显著师生差别，但有年级差异，本科一年级评价老师积极社群性高，大学三年级和研究生的自评高于对大学老师的评价，呈现大学老师积极社群性随评价对象年级而下降的现象。

表 6-3　大学生对自己与大学老师评价的差异 t 检验

评价内容	年级组	自己		大学老师		t	p
积极能动性	本科一年级	5.47	0.76	6.09	0.71	−9.90	<0.001
	本科三年级	5.10	0.80	5.44	0.70	−3.37	0.001
	研究生	5.30	0.75	5.88	0.76	−6.12	<0.001
	总体	5.34	0.78	5.89	0.76	−11.67	0.001
消极能动性	本科一年级	5.00	0.85	5.85	0.62	−13.53	<0.001
	本科三年级	4.60	0.87	5.19	0.80	−6.49	<0.001
	研究生	4.83	0.74	5.41	0.90	−6.87	<0.001
	总体	4.86	0.84	5.58	0.79	−16.14	0.001
积极社群性	本科一年级	5.90	0.57	6.01	0.76	−2.01	0.046
	本科三年级	5.51	0.67	5.22	0.92	2.90	0.005
	研究生	5.79	0.63	5.56	1.00	2.41	0.018
	总体	5.78	0.63	5.71	0.93	1.65	0.100
消极社群性	本科一年级	5.71	0.77	6.18	0.66	−8.17	<0.001
	本科三年级	5.22	0.88	5.55	0.93	−3.52	0.001
	研究生	5.43	0.83	5.79	1.00	−3.92	<0.001
	总体	5.52	0.83	5.94	0.86	−9.37	0.001

接下来，运用多元方差分析综合分析评价对象、年级、维度以及效价对评价的影响。多元方差分析发现（表 6-4），效价主效应显著，研究对象给自己积极特质的评分高于消极特质的评分，$p<0.001$；另有与效价有关的四个交互作用有统计意义。

表 6-4　评价对象、年级、维度及效价对评价影响的多元方差分析

变量	F	p	η_p^2
评价对象	87.97	<0.001	0.20
评价对象 × 年级	5.22	0.006	0.03
维度	240.32	<0.001	0.40
维度 × 年级	1.25	0.288	0.01
效价	47.49	<0.001	0.12
效价 × 年级	0.95	0.388	0.01
评价对象 × 维度	185.48	<0.001	0.34
评价对象 × 维度 × 年级	0.35	0.708	<0.01
评价对象 × 效价	107.24	<0.001	0.23
评价对象 × 效价 × 年级	1.69	0.186	0.01
维度 × 效价	121.97	<0.001	0.25
维度 × 效价 × 年级	0.38	0.683	<0.01
评价对象 × 维度 × 效价	42.30	<0.001	0.10
评价对象 × 维度 × 效价 × 年级	6.13	0.002	0.03

评价对象与效价的交互作用显著，评价对象是自己时，积极评价显著高于消极，$p<0.001$；对象是老师时，积极和消极特质的评分无显著差异，$p=0.252$。

维度与效价的交互作用显著，当评价能动性时，积极特质的评分高于消极；当评价社群性维度时，消极和积极特质评分没有显著差异，$p=0.580$。

降维分析四阶交互作用，发现研究对象在评价老师的时候，效价效应不显著，$p=0.357$，而评价自己的时候，则都是积极特质得分高于消极特质得分，$ps<0.001$；本科一年级对老师两个维度积极特质的评价没有显著差别，$p=0.089$；本科三年级、研究生组对老师与学生的社群性维度评价没有差别。

（四）讨论与结论

综合简单分析和多元方差分析的结果可以发现，社群性的评分高于能动性的评分，这与社群性优先效应一致；大学老师在大学生眼中是一个模范群体，既有高于学生的能动性，也有高于学生的社群性，正所谓"学高身正""德才兼备"。这些发现与已有理论的预期相符，也与实践观察一致。

虽然大学生对老师的评价总体上高于自己，但无论是能动性还是社群性，在消极特质上都是老师得分高于学生。如果仅用消极特质来进行社会评价，得到的不是"德才兼备"，而是"才疏德薄"，显然不是一个模范群体，这印证了自我防御效应对自我评价的影响。人们对自我的评价存在积极偏差，不承认自己具有消极特质，而更愿意使用这些词来描述其他人。本研究结果还表明，效价属性对自评产生了影响，对自己评价时出现积极词汇偏好，对老师的评价不受效价影响。虽然消极评价信息表达的也是社会认知基本维度内容，但得到的却是完全不同的结果。这表明在社会认知过程中，效价是一个不可忽视的因素。

另外，学生从进入大学到读研究生，对大学老师的认识在发生变化，表现为在社群性维度上，从给老师的评价比自己高，到师生没有差别。这反映了接触效应对光环效应和补偿效应的作用，也可能是一种发展特点。当然，是否是发展性特征，还需要纵向研究确认。就接触效应而言，大学生与大学老师初识的大学一年级，占主导地位的可能是光环效应，这种光环极可能是由才干而来，也有可能由德行而来，也可能二者兼备。随着接触增多，学生可能发现大学老师不但有自己仰望的才能和成就，也需要像自己一样处理日常生活，生活中所体现出来的道德社会性或许没有理想的那样高。一旦大学老师在社会生活领域的特殊性面纱消失，社会评价就会去掉光环而向现实回归，评价中的自我服务优势就会显现出来。此消彼长，到研究生阶段，评价就服从双视角模型，从评价者视角出发抬升自己的社群性，即便比较的对象是大学老师。这个研究结果或可以引导人们去思考或实证检验，与污名群体的接触是否会导向评价模式的改变。

二、基本维度与主客观地位的建构

上一项研究预设了老师为高地位群体，检验了社会认知内容（尤其是消极内容）对大学生评价的影响。本部分将引入主观社会地位，来检验基本维度与地位建构的关系。引入主观地位，一方面是基于这个概念在理论和实践中重要性的提升，另一方面是这个心理学化概念在以往社会认知内容研究中较少涉及。

（一）概念框架与研究假设

地位由能动性预测吗？为人冷酷是不是对地位有限制作用？对于这类问题，社会认知内容模型认为能动性与地位之间是可以相互预测的（Fiske et al.，1999、2002），也就是地位预测能动性，能动性预测地位。高明华（2010）检验了声望、经济成功和教育因素与两大维度的关系，发现两大维度在总群体水平与地位的这三个因素都显著相关，在分群体水平也有类似的模式，但社群性因素与地位相关显著的程度和出现的比例显著少于能动性维度。由于该研究采用的是相关分析，而不是回归分析，无法得知建立回归方差后社群性因素的效应是否为能动性所掩盖。由于在自我判断中社群性的效应多为能动性所掩盖（参见本书第三章），因此，理论上存在统计上相关但预测或解释作用相对不重要的可能。

凯里和马库斯（Carey and Markus，2016）对美国中产阶层与工人阶层心理特点进行了总结。从中可以看到（表6-5），社会阶层塑造心理过程和心理内容，这些差异可能混杂在文化对比中，也可能出现在同一文化中。这些发现提醒在解释社会认知内容与社会地位关系时，要注重研究对象可能出现文化成层，注意阶层亚文化差异。看起来属于同一个文化的群体和个体，其社会心理过程可能完全遵循不同的模式。就阶层地位而言，主观认同与社会制度安排之间必然会有差异，这种差异来自文化动力也来自个人的成就动机。由是，客观社会地位与社会认知内容之间的关系即便是确定的规律，其现实运作必然会在主客观因素共同作用下表现出特异性和生动性。

表 6-5　美国社会阶层心理过程的差异

心理过程	中产阶层	工人阶层
认知	分析型认知； 特质归因推理； 关注中心对象及其品质	整体型认知； 情景归因推理； 关注背景、中心对象与情景的关系
情感	情感源于个体的内在； 更少调和与他人的情感	情感源于关系； 更多同情，共情更准确； 共情引领行为
动机	动机来自于内部特质（目标、需要、偏好）； 独特的诉求最能激励	动机来自于他人的期望、规范和责任； 关系的诉求最富激励

资料来源：Carey and Markus，2016。

以能动性预测社会地位的建构需要两个前提：一是社会公正观；二是才智是获取地位的根本。社会公正观和制度公正理论（Hafer and Choma，2009；Jost and Banaji，1994）认为，人们相信世界是公正的，地位是社会对人们能力和努力的肯定（Mitchell et al.，2003），个人地位是可以改变的（Major et al.，2002），一个人只要足够聪明、足够努力就能取得成功和地位（Major et al.，2007）。与社群性发展优先、每个人对自己的评价都很高不同，能动性依赖于个人的天分和努力，不是口头报告自己有能力就有能力了，才智因素对于每一个人都是公正的。但是，评价他人具有对社会规则信仰的成分，自我评价也会掺杂自我提升动机、自我清晰度、自我例外等效应，这些都可能扭曲能力与地位的关系。

效价也是一个重要因素。如前所述，已有研究多不考虑效价的影响。社会地位建构过程中的道德因素应该包含积极和消极两面，美德包含了肯定个体具备积极方面的特征，也包含了确认其人没有消极方面的特征。道德对于现代社会来说，虽然不像古代孝廉制度那样直接带来社会地位，不是地位获取的充分因素，但道德消极面却仍然可能对地位获得形成一种限制。社会对道德低下的人抱有戒备之心，在这一点上古今中外没有多少差异。

在个体特征与地位关系的问题上，已有研究使用了客观地位知觉，也使用了主观地位：判断群体的职业名声、经济状况和教育成就。但未回答两个重要问题：①对自己能力与地位的评价是否遵循此预测律，社会认知中评价自己和他人（群体）会产生差异；②地位界定方式是否产生影响？

在地位定义上至少有三个层面的不确定性会对社会认知内容产生影响：地位评判的参照对象问题、经典界定适用范围问题以及主观地位评价受群体文化影响是否产生系统的变化。①主观社会地位是建立在社会比较基础上的，比较对象不同，得到的结果会有很大的差异。人们会自发地、不受控制地与周围环境中的人作比较（Gilbert et al., 1995），比较的对象有很多，可以是具体的个人、群体、社区、地区、全社会等。但参照群体从一般抽象到特定具体，对个体的影响不同，不但地位的评价会有差异，也遵循不同的形成规则。②以职业、教育和收入为内容的地位三元界定法不适用于学生。学生同年群体具有相同的教育程度、无业、无收入，研究通常采用其家庭社会地位作为替代。但家庭地位并不等于个人地位，家庭地位更像家庭资本，是个人地位的影响因素而不是个人地位本身。当然，家庭地位有继承性，家庭地位特征会影响个体社会地位特征，但二者毕竟不同。③主观地位报告存在系统的群体差异。例如，有研究发现（Kraus, 2015; Kraus and Tan, 2015），美国人会高估自己经济社会地位的可变性；与欧美主要国家以及印度、菲律宾等国家相比较，中国人报告自己是上层的比例最小，报告自己是下层的比重最大（李培林、张翼，2008）。

那么，个人主观社会地位与社会认知内容的基本维度是什么关系呢？根据地位界定可以预期，对于整体地位和局部地位，参照对象的抽象度不同，存在两个竞争性的假设。一方面，概念水平越抽象，越具有信念的性质，以抽象和概括性对象作为参照的主观社会地位更能准确地由能动性特质来预测，反映了信念水平的关系；另一方面，个人生活在具体的群体中，如果地位来自才智和成就的话，个体能动性特质与局部地位的关系就应该更密切。继承性的家庭社会地位，并不是来自个人的才智和努力，理论上不应该由能动性特质所预测。但个人的能力和努力受家庭资本的影响，因此，能动性和社群性都有可能与主观的家庭社会地位有弱相关。

（二）方法

1. 研究对象

样本1：居住工作在17个省/市/自治区（覆盖了中东西部、南方和北

137

方）非学生 1 414 人，具体描述见第四章。

样本 2：大学生群体 373 人。男 276，女 69，28 人未报告性别；365 人报告年龄，18～28 岁，平均 21.3 岁，SD=1.2。回收问卷中有 9 人部分完成问卷，这些数据仅分析有效的部分。

2. 工具

成人基本内容维度（样本 1）测查表由课题组开发形容词表中各种特征匹配的词 20 个组成，采用 1～7 点评分，具体描述见第四章。

大学生社会认知基本维度（样本 2）采用课题组开发词表中的另外 20 个词测量，分为积极社群性（和善、体贴、道德、慈祥、温柔）、消极社群性（吝啬、欺骗、凶悍、粗暴、狠心）、积极能动性（坚定、努力、刻苦、能干、高效）及消极能动性（偷懒、灰心、肤浅、畏缩、颓废）四类，得分情况见表 6-6。方差分析结果表明，四类词的熟悉度主效应不显著，F=2.94，p=0.65。四类词的褒贬度、能动性和社群性的主效应均显著（p<0.001）。进一步检验表明，消极社群性与消极能动性词汇在熟悉度和褒贬度维度上差异均不显著；两类社群性词汇的社群性均高于两类能动性词汇，而在能动性上则相反；此外，积极词汇褒贬度均显著大于消极性词汇；表明四类词语具有很好的区分能力。研究中要求研究对象在 0～10 量尺上评价每个词所描述特征自己拥有的程度，如果觉得自己完全没有这方面的特征打 0 分，如果完全是这方面的典型就打 10 分，以此类推。以词汇均分为类别得分，将消极词得分翻转后与积极词合成获得维度得分。在本研究中，四个类别以及两个维度均具有满意的内部一致性，积极能动性 α 系数为 0.82，消极能动性 α 系数为 0.81，能动性 α 系数为 0.85；积极社群性 α 系数为 0.76，消极社群性 α 系数为 0.78，社群性 α 系数为 0.80。

表 6-6　20 词基本维度形容词表的特征属性

维度	积极社群性	消极社群性	积极能动性	消极能动性
熟悉度	2.62±0.12	2.47±0.17	2.59±0.14	2.33±0.24
褒贬度	2.35±0.33	-2.23±0.17	2.45±0.12	-1.97±0.40
能动性	1.47±0.11	-1.44±0.13	2.67±0.08	-2.16±0.17
社群性	2.37±0.16	-2.32±0.15	1.82±0.07	-1.52±0.26

所有研究对象都完成了家庭主观社会经济地位量表。该量表由胡牧丽等（2012）设计，在研究中按照对象的特点对评价目标和框架做了修改。大学生完成的是主观家庭社会地位量表的家庭量表，成人完成的是家庭社会经济地位量表和个人单位地位量表。家庭社会经济地位是根据所在省份的社会经济发展情况，判断自己的家庭处于何种位置：10分是最好，最优越，经济状况很好，受最好的教育；1分是最差，最糟糕，经济状况极困难，被别人看不起。个人在单位中的地位是与所在单位的同事比较，评价自己的地位处于何种位置：10分代表你的地位处于单位的顶端，受大多数人尊敬，有很好的成绩，有很高的威望；1分代表你的地位处于单位的低端，没人尊敬你，没人愿意和你在一起，各方面成绩都很差。

成人（样本1）还报告教育程度（1～7个等级，数字越大表示接受正规教育越多）和个人年收入（单位为千元），二者为客观社会经济地位的指标。

大学生（样本2）的整体与局部主观社会地位采用修订主观社会地位量表（Haught et al., 2015）测量。整体抽象地位包含5题，局部具体地位包含3题，研究对象在5点量表（1=差很多，5=好很多）上评价自己的相对处境。整体评价对象如"一般的中国人"，而具体评价对象如"某个朋友的朋友"。以题目均分作为主观社会地位的指标，在本研究中，抽象主观社会地位的内部一致性 α 系数为0.83，具体主观社会地位的 α 系数为0.62。

（三）结果与分析

1. 成人样本分析

对成人的社会认知基本维度、主客观地位变量得分描述见表6-7。配对 t 检验表明，社群性得分显著高于能动性，$t=16.43$，$p<0.001$，与已有研究发现的社群性主导效应一致。

表6-7　成人的能动性与社群性得分的平均数和标准差

社会认知内容	最小值	最大值	平均数	标准差
积极能动性	1.80	7	5.35	0.89
消极能动性	1	7	2.81	1.17
能动性	2.10	7	5.27	0.91
积极社群性	1.60	7	5.61	0.83

消极社群性	1	6.80	2.63	1.12
社群性	2.80	7	5.49	0.86
受教育程度	1	7	5.62	0.82
年收入	5	1 000	94.68	86.62
家庭社会地位	1	10	6.23	1.63
个人在单位的地位	1	10	6.72	1.64

注：年收入数据中删除了极端高（4）和极端低（10）的数据 14 个。

社会认知基本维度对主客观个人社会地位的回归分析。根据文献社会认知预测地位的 SCM 理论，首先以能动性和社群性的积极部分作为自变量，对受教育程度、收入水平、主观个人省内社会地位以及个人在单位的地位进行回归。从表 6-8 的结果可以看到，数据完美地再现了 SCM 中由能动性预测群体地位的理论解释，能动性预测各种地位因素，而社群性的回归系数都不显著，$ps>0.05$。

表 6-8　基本维度对主客观地位因素的回归分析：积极特质模型

认知内容	教育				收入				主观地位：省内				主观地位：单位			
	β	t	p	R^2	β	t	p	R^2	β	t	p	R^2	β	t	p	R^2
积极能动性	0.12	3.00	0.003	0.01	0.21	3.87	<0.001	0.03	0.33	8.70	<0.001	0.11	0.40	11.21	<0.001	0.20
积极社群性	−0.06	−1.45	0.147		−0.07	−1.75	0.080		0.01	−0.10	0.918		0.06	1.74	0.082	

基于效价可能产生影响的理论假设，将消极效价项目纳入社会认知维度的计分（反向），发现社群性对于主客观地位指标都有显著的预测效应，$ps<0.05$（表 6-9）。这个社群性预测社会地位因素的结果与 SCM 理论的预期不符合。

表 6-9　基本维度对成人主客观地位因素的回归分析：全特质模型

认知内容	教育				收入				主观地位：省内				主观地位：单位			
	β	t	p	R^2	β	t	p	R^2	β	t	p	R^2	β	t	p	R^2
能动性	0.25	5.21	0.000	0.02	0.33	6.89	<0.001	0.04	0.45	9.59	0.000	0.10	0.50	11.19	0.000	0.18
社群性	−0.16	−3.21	0.001		−0.19	−3.98	<0.001		−0.18	−3.83	<0.001		−0.09	−2.04	0.042	

进一步将效价拆分进行回归分析（消极不反向计分），从表 6-10 结果来看，积极社群性对于地位没有解释作用，对于地位产生解释预测作用的是消极社群性，积极社群性对主客观地位均没有预测作用。从消极社群性回

归系数均为正值的结果来看，消极社群性得分越高，主客观地位也会越高，表明消极社群性对于主客观地位是一种促进作用。能动性在按照效价分拆之后，积极、消极能动性均能预测或解释主客观地位，不过解释的方向相反；积极能动性越高，主客观地位越高；而消极能动性越高，主客观地位会越低。

　　通过纳入和分解社群性因素的回归分析，数据结果显示，对地位建构来说，能动性特质总是有预测作用，消极的社群特质也总是有预测作用，而积极社群性特质不起解释预测作用。从分解特质模型的结果可以看到，积极和消极能动性总是影响地位的建构与知觉，但一个是促进，一个可能是抑制，总体上与 SCM 理论一致。在社群性因素方面，人们建构和知觉主客观地位可能会强调积极社群因素，但对于地位的解释没有作用，暗示积极社群性所起的作用是保健性的；消极社群性的回归系数为正值，暗示消极社群性特征越突出，对于地位建构越有利，这个发现是以往研究没有描述和解释的。

表 6-10　基本维度对成人主客观地位因素的回归分析：分解特质模型

认知内容	教育				收入				主观地位：省内				主观地位：单位			
	β	T	p	R^2	β	t	p	R^2	β	t	p	R^2	β	t	p	R^2
积极能动性	0.06	1.35	0.178	0.03	0.16	4.41	<0.001	0.04	0.29	7.23	<0.001	0.12	0.36	9.53	<0.001	0.21
消极能动性	-0.24	-4.81	<0.001		-0.22	-4.42	<0.001		-0.21	-4.32	<0.001		-0.18	-4.10	<0.001	
积极社群性	-0.07	-1.60	0.112		-0.06	-1.43	0.150		0.03	0.75	0.451		0.07	1.79	0.074	
消极社群性	0.13	2.56	0.011		0.15	3.14	0.002		0.20	4.25	<0.001		0.13	2.82	0.005	

　　分解特质模型在于了解效价对内容解释的影响，但从结果来看，关于能动性的分解是合理的，而对于社群性分解所得结果有不合乎常理的成分。举例来说，"懒惰"是消极能动性，一个人越懒惰，其成就和收入及地位就应越低。"欺骗"是消极社群性，一个人欺骗他人特性越突出，其收入和成就会越高，主观地位也越高。前一个例子所代表的结果很合乎常理，但后一个例子代表的结果就显得怪异，其作用机制尚待进一步分析。

　　另外，对全特质模型中的消极项目进行了反向计分，所得结果应该是与积极特质模型相符。实际并非如此，两个模型中社群性的解释作用由不显著变为显著。社群性效应可以理解为测量内容领域范围扩大（包含了消极属性）所带来的积极影响，但回归系数为负值，暗示社群性越高、越温暖、越有道德，地位就越低，显然也不符合一般的认知。这个结果也需要进一步澄清其准确内涵。

为了确定社群性以及消极社群性对主客观地位解释作用的性质，将二者分别作为自变量进行回归分析。从分析结果来看，社群性对地位因素的回归系数是正值（表6-11），因此在全特质模型中，社群性回归系数的负值就应该理解成一种负面溢出效应。按照刻板印象的补偿律，如果不是模范个体或群体，高地位对应的应当是低社群性、低温暖性、低道德性认知，低地位者应该是高社群、高温暖，高地位者的高社群性就可能被理解为不必要或虚伪。这个规则也说明了消极社群性对地位回归系数的负值来自刻板印象机制，从单独分析中的负面预测作用到分解特质模型中的正面作用，是一种补偿性溢出效应。地位应该是由能力决定或预测的，"坏人"也是不能有高的地位的，一个人越坏，其地位应该越低（消极社群性的回归系数为负值）；但是，高地位群体可以被理解为缺乏温暖的，积极社群性虽然对于地位没有帮助，高地位群体却可以被知觉为更多消极社群特点。从个人角度来看，不近人情这一类的低社群性、低温暖表现，并不意味着一个人是坏的，而是在关系社会中能力与道德因素竞争的结果，是地位带来的副产品。

表6-11 社群性和消极社群性对成人主客观地位因素的回归分析

认知内容	教育				收入				主观地位：省内				主观地位：单位			
	β	t	p	R^2	β	t	p	R^2	β	t	p	R^2	β	t	p	R^2
社群性	0.06	2.11	0.035	<0.01	0.09	3.24	0.001	0.01	0.20	7.50	<0.001	0.04	0.33	12.92	<0.001	0.11
消极社群性	−0.06	−2.35	0.019	0.01	−0.07	−2.52	0.012	0.01	−0.12	−4.50	<0.001	0.01	−0.23	−8.83	<0.001	0.05

2. 大学生样本分析

大学生样本的地位与社会认知维度变量描述统计见表6-12。配对 t 检验表明，社群性得分显著高于能动性，$t=8.98$，$p<0.001$，与已有研究发现的社群性主导效应一致。

不管是抽象的整体社会地位、具体的局部社会地位，还是继承性的主观家庭社会地位，社会认知基本维度都与其有显著相关；能动性与地位的相关高于社群性与地位的相关，积极能动性又高于消极能动性，表明主观社会地位主要来自积极能动性；消极社群性几乎与主观地位无关。

表 6-12　大学生主观地位与社会认知维度的平均数、标准差及相关系数

变量	1	2	3	4	5	6	7	8	9	10
1. 消极能动性	1									
2. 积极能动性	−0.52***	1								
3. 消极社群性	0.58***	−0.26***	1							
4. 积极社群性	−0.28***	0.58***	−0.39***	1						
5. 能动性	−0.88***	0.86***	−0.49***	0.48***	1					
6. 社群性	−0.51***	0.50***	−0.83***	0.84***	0.58***	1				
7. 抽象社会地位	−0.23***	0.34***	−0.12*	**0.15***	0.33***	**0.16****	1			
8. 局部社会地位	−0.21***	0.29***	−0.03	0.17**	0.29***	0.12*	0.47***	1		
9. 家庭社会地位	−0.11	**0.15***	−0.11	0.13*	**0.15***	**0.15***	0.31***	0.29***	1	
10. 社群主导性	0.50***	−0.48***	−0.28***	0.30***	−0.56***	0.34***	−0.21***	−0.21***	−0.03	1
最小值	0	0.40	0	0	0.40	3.60	1.60	1	1	−4.40
最大值	10	10	7	10	10	10	4.60	4.67	10	5.90
平均数	3.11	6.64	2.26	6.97	6.77	7.36	3.36	3.16	5.55	0.59
标准差	1.74	1.59	1.52	1.54	1.45	1.28	0.54	0.55	1.48	1.26
N	364	364	364	364	364	364	363	363	360	364

注：*，$p < 0.05$；**，$p < 0.01$；***，$p < 0.001$。

以整体社会地位为因变量进行回归分析，检验社会认知基本维度对主观社会地位的作用。发现两大基本维度对主观社会地位的预测有统计意义，$F=21.60$，$p<0.001$，$R^2=0.11$，其中能动性的预测作用显著，$\beta=0.35$，$SE=0.02$，$t=5.70$，$p<0.001$，社群性的预测作用不显著，$\beta=-0.04$，$SE=0.03$，$t=-0.068$，$p=0.498$。

以四类社会认知内容的回归方程检验也显著，$F=12.93$，$p<0.001$，$R^2=0.13$，其中，积极能动性的预测作用具有统计意义（表 6-13）。以能动性和社群性单独作为自变量进行回归，结果发现社群性能够单独预测整体社会地位，$\beta=0.16$，$SE=0.02$，$t=3.13$，$p=0.002$，$R^2=0.03$；能动性能够单独预测整体社会地位，$\beta=0.33$，$SE=0.02$，$t=6.54$，$p<0.001$，$R^2=0.11$；相对重要性分析发现，社群性和能动性联合预测整体社会地位的10.7%，其中能动性的贡献为87.1%，社群性的贡献为12.9%。

表 6-13　基本维度对大学生整体性主观地位因素的回归分析

自变量	B	SE	β	t	p
积极能动性	0.12	0.02	0.36	5.14	<0.001
消极能动性	−0.01	0.02	−0.04	−0.58	0.564
积极社群性	−0.03	0.02	−0.09	−1.34	0.181
消极社群性	−0.01	0.02	−0.04	−0.58	0.563

这些结果表明，能动性对整体社会地位的解释预测作用更为重要，且在统计分析中会遮掩社群性对整体社会地位的解释作用。进一步考察纳入社群主导性后两大维度的预测作用，发现社群性和社群主导性对整体社会地位的回归具有统计意义，$F=21.60$，$p<0.001$，$R^2=0.11$，其中社群性的回归系数为正，$\beta=0.27$，$SE=0.02$，$t=5.03$，$p<0.001$，表示在排除能动性的影响后，社群性越高主观整体社会地位越高，社群性有增益作用；但社群主导性的回归系数为负，$\beta=-0.30$，$SE=0.02$，$t=-5.70$，$p<0.001$，表明社群性与能动性的差距越大，整体社会地位感就会越低，显示与能动性不匹配的过高社群性有负面作用。

检验对局部社会地位的预测作用，以社会认知基本维度对局部性主观个人社会地位进行回归分析。两大基本维度的回归方程具有统计意义，$F=16.80$，$p<0.001$，$R^2=0.09$，其中有预测作用的是能动性，$\beta=0.33$，$SE=0.02$，$t=5.31$，$p<0.001$，社群性无预测作用，$\beta=-0.08$，$SE=0.03$，$t=-1.23$，$p=0.218$。

以能动性和社群性单独作为自变量进行回归，结果发现社群性（$\beta=0.12$，$SE=0.02$，$t=2.22$，$p=0.027$，$R^2=0.01$）和能动性（$\beta=0.29$，$SE=0.02$，$t=5.66$，$p<0.001$，$R^2=0.08$）均能够单独预测局部社会地位；进行相对重要性分析发现，社群性和能动性联合预测局部社会地位的 8.5%，其中能动性的贡献为 89.8%，社群性的贡献为 10.2%，按比例能动性对于解释局部社会地位更重要。按效价分类后，回归方程有统计意义，$F=10.31$，$p<0.001$，$R^2=0.10$，积极社群性不能预测局部社会地位，消极社群性、积极能动性的回归系数为正，消极能动性的回归系数为负（表 6-14）。纳入社群主导性后的回归方程有统计意义，$F=16.80$，$p<0.001$，$R^2=0.09$，社群性的回归系数

为正，β=0.21，SE=0.02，t=4.00，p<0.001，社群主导性的回归系数为负，β=-0.29，SE=0.02，t=-5.32，p<0.001，与对整体社会地位的预测模式相同，表明个人特质为社群性主导可能会带给主观社会地位以负面作用。

表 6-14　基本维度对大学生局部性主观地位因素的回归分析

自变量	B	SE	β	t	p
积极能动性	0.07	0.03	0.20	2.81	0.005
消极能动性	-0.06	0.02	-0.18	-2.50	0.013
积极社群性	0.02	0.02	0.06	0.96	0.336
消极社群性	0.06	0.02	0.16	2.36	0.019

按照菲斯科等 SCM 内容理论，能动性能够解释或预测社会地位，以此为理论依据检验基本维度在预测主观家庭社会经济地位中的作用。统计发现回归方程显著，F=5.19，p=0.006，R^2=0.03。但两大基本维度均不显著，能动性 β=0.10，SE=0.07，t=1.57，p>0.10；社群性 β=0.09，SE=0.08，t=1.38，p>0.10；同样，纳入效价后的四类社会认知内容的回归方程检验也显著，F=2.76，p=0.028，R^2=0.03，但所有变量的检验（表 6-15）均不显著，提示回归中可能形成了多重共线性问题。

以能动性和社群性单独作为自变量进行回归，结果发现两个维度均能够单独预测主观家庭社会经济地位：社群性 β=0.15，SE=0.06，t=2.81，p=0.005，R^2=0.02；能动性 β=0.15，SE=0.05，t=2.91，p=0.004，R^2=0.02。相对重要性分析发现，两维度联合预测主观家庭社会经济地位变异的 2.8%，其中能动性的贡献为 52.7%，社群性的贡献为 47.3%。对比两大基本维度的绝对解释量和相对解释模式可以发现，能动性和社群性对主观家庭地位的解释同样重要且没有分化。

表 6-15　基本维度对大学生主观家庭社会经济地位的回归分析

自变量	B	SE	β	t	p
积极能动性	0.10	0.07	0.10	1.37	0.171
消极能动性	-0.01	0.07	-0.01	-0.19	0.853
积极社群性	0.05	0.07	0.05	0.70	0.486
消极社群性	-0.06	0.07	-0.06	-0.82	0.413

纳入社群主导性为自变量进行回归分析，发现社群性和社群主导性对主观家庭社会经济地位的解释预测作用有统计意义，$F=5.19$，$p=0.006$，$R^2=0.03$。其中，社群性的回归系数为正，$\beta=0.18$，$SE=0.07$，$t=3.18$，$p=0.002$，表示在排除能动性的影响后，社群性越高，主观整体社会地位越高，社群性有增益作用；但社群主导性的解释效力无统计意义，$\beta=-0.09$，$SE=0.07$，$t=-1.57$，$p>0.10$，社群性高于能动性的特征仅趋势性地不利于对家庭地位的直觉，没有改变社群性预测家庭社会地位的作用方式。

（四）讨论与结论

对于宏观个人主观社会地位、微观局部主观社会地位，主要解释预测变量是能动性。社群性可以单独对个人主观地位有预测作用，但被能动性所遮掩。社群主导性（也就是社群性高于能动性）表现出负面作用，社群主导性越高，主观社会地位就会越低。这种社群性高出能动性对地位的负面效应符合社会认知内容理论。按照社会认知的内容模型，高温暖低能力的代表群体是老人、失能者，这些群体通常是低地位的。与社会认知内容理论不同，本研究的评价对象不是外群体或内群体，而是评价者本人。社群（主导／支配）性与地位的负面关系，跨越了内、外群体知觉和自我知觉，可以认为是社会认知中的一般效应。

在纳入效价因素后，两大基本维度对宏观和微观社会地位的解释预测作用有区别，两种地位受个人特质的预测不同，整体地位被自我评价解释的比例略高于局部地位。较高的解释比例可能与整体地位和自我评价的概念属性有关，宏观地位形成符合地位建构的制度公平公正理论，宏观社会地位、个体的能动性都是抽象的、整体性的，依赖于抽象的信息，来自长时记忆（Safer et al.，2007），而局部的比较和评价对象更为具体，这削弱了二者的关系。但微观地位建构规则可能更复杂，预测微观社会地位的个体能动性产生了积极特质与消极特质的分化以及消极社群性的正向预测作用。消极社群性虽然解释效力上属于弱效应，也没有否定能力与地位的关系，但已经超出了社会认知内容理论对于群体能力与地位关系的阐述。消极社群性的特质与能动性在一起，对于微观环境中的地位形成建筑效应。但更重要的是，这个结果与理论上局部地位和自我评价关系更紧密的假设相违背。按照局部主导效应，局部比较信息比整体比较信息能更好预测自我评价（Zell and Alicke，2010）。人生活在小团体中，生存更有赖于在小团体中的地位（Buss，2009）；在现代生活中，虽然有互联网沟通以及旅行方便，人们仍然生活在由朋友、家人、熟人构成的小团体中，大多数人的成功还是来自与本地人的比较。因此在主观地位与自我评价的关系上，局部地位可能强于整体性地位。

研究数据不支持对局部地位的主导效应，可能有两个方面的原因。其一，研究方法的局限，测量到的局部地位还不够特定。例如，题目中的朋友作为比较对象是具体的、局部的，但在评价时朋友具有主体间和主体内的异质性，具体作为比较的朋友既可能比研究对象的地位高，也可能低，如此比较所获地位的异质性未从数据中分离出来。未来研究可以革新测量方式，以排除可能的方法效应。其二，具体的、局部为参照的主观地位建构更复杂，地位取得固然有赖于能力和才干，但并不具有绝对的对应关系。才智有被认识过程、成就有被认可过程，认识和认可的时机也五花八门，每个群体的价值观也是多样的，均具有一定的偶然性，不同于宏观地位与才智的均数特征和关系。社群性意味着信任关系，更容易达成社会认可，也可能在特定地位获取中起作用。从数据结果来看，负面社群性起到的预测作用可能反映了局部地位建构的复杂。负面社群性的预测作用，一种可能是以补偿方式反映了群体刻板印象，高能力群体被贬低社群性；另一种可能是社群性是地位获取的辅助策略。消极社群性具有防御功能——能动性预测社群性是建立在两个核心前提之上的，但现实生活中人们的地位还受议价能力及其策略的影响，保证自己的能力和成就不被否认，这个过程很容易以消极社群性来描述。

通过分析发现，对于继承性的主观家庭地位，社群性和能动性都能够对其进行预测，且能够相互替代——这反映了一种简单的、未分化的家庭地位与个性特质之间的积极关系。继承性的、替代性的地位并不能很好地反映社会认知内容与地位的关系。而宏观和微观的主观地位，都与能动性有符合社会认知内容维度和地位关系的理论预期相一致。这些发现回应了研究假设部分对于学生为研究对象的判断，不能简单将家庭地位作为个人地位的定义。

总的来看，本研究从个人视角探讨了社会认知基本维度理论与主观社会地位的问题，并且区分了继承性的主观地位、宏观抽象的地位以及具体局部地位。社会认知的内容对于各种主观地位的影响模式有差异，社会认知内容模型适用于从人格角度个人特质对地位建构，但并不充分。个体特质与继承性的家庭社会地位的关系，不适用于社会认知基本维度的能动性—地位相互预测的模式。个人特质与整体、抽象的主观社会地位关系适用能动性—地位关系解释，个人特质与局部地位的关系更复杂，能动性—地位关系解释不完全适用。鉴于局部社会地位对于个人生活理论上的重要性，未来的研究也需要关注这类变量。

三、群体认知对农民工适应策略、心理健康及公民性的影响 [①]

农民工是指在户籍上是农民，但主要从事非农产业、依靠工资收入生活的人员（韩长斌，2007）。农民工从农村到城市，大多数农民工对自己的身份认同还是农民，但也有一部分人认为自己是城市人，出现了一种模糊化趋势（朱考金，2003）。农民工进城前生活在农村，有浓厚的乡土和传统意识，进城后现代都市文明对其原有生活方式和价值观念等都产生了巨大冲击。农民工完成了在职业和社区的市民化，但还未完成在农民工身份和生活方式上的市民化。农民工的边缘化地位会导致其在城市缺乏归属感、群际比较中的相对剥夺感、对未来的不确定感，进而影响农民工的城市融入（周红，2010）。

（一）概念框架与研究假设

社会认知基本维度在社会判断、社会知觉、印象形成和印象管理等方面都得到了实验验证（Cuddy et al.，2004、2008、2009；Abele et al.，2008b）。在群体认知方面，刻板印象内容模型用社群性和能动性两个维度来解释刻板印象（Fiske et al.，2002），发现人们判断外群体时两个基本维度是负相关，当判断内群体时群体的社群性和能动性都高（Fiske et al.，2007）。

农民工融入城市时的不同适应策略会影响其对内群体和外群体的划分，

---

① 本小节主要内容以论文形式发表，具体参见：蔡贞、毕重增："农民工适应策略对其心理健康、公民性及群体认知的影响"，《社区心理学研究》，2015 年第 1 卷。

从而在评价城市人和农村人方面产生差异。贝利等（Berry et al.，1986）认为当个体与新的或者主流文化相互接触即文化适应时，会出现四类适应策略：整合（对两种文化都高度认同）、同化（放弃自身文化，高度认同主流文化）、分离（高度认同自身文化，主流文化低认同）和边缘化（对两种文化都低认同）。多数研究认为，整合模式可更有效缓解移民的适应压力，是最佳适应模式，边缘化则是最不可取的模式。但也有研究发现，同化模式更有利于移民的社会文化适应（Ward and Rana-Deuba，1999）。

　　基于群体认知的适应策略会导致农民工在追求现代化城市生活方式和解决方式上产生差异，进而影响个体与政治共同体之间的社会心理联系，即公民性。公民性由"公共性取向"与"契约性取向"构成，公共性取向是指倾向于关注公共事务与利益的程度；契约性取向是指以契约权利方式来处理公私矛盾的程度（杨宜音，2008）。从社会认知基本维度视角来看，公民性处理的都是社群有关信息。农民工在认识自己和城市市民过程中产生的群际效应，会成为公民性建构的背景从而影响社会适应，最直接的表现就是心理健康问题。先前研究发现，农民工的心理健康水平低（蒋善等，2007），农民工心理健康问题主要表现为人际敏感、强迫、抑郁、偏执、敌对、焦虑等方面（家晓余等，2011）。

　　本研究以社会认知内容基本维度为框架探讨农民工的群际认知对其城市生活适应策略、公民性、心理健康的影响，为理解社会认知内容的社会适应功能以及农民工城市融入与和谐社群关系提供依据。

　　（二）方法

　　1. 对象

　　研究对象为厦门、莆田两地农民工 198 人，剔除回答具有明显倾向的问卷及没有回答 4 道题以上的问卷，共回收 173 份有效问卷，主要工种为技术工人、个体工商户、家教 / 餐饮服务，其中男性 90 名、女性 83 名，平均年龄 28.91±7.03 岁。

　　2. 材料

　　社会认知基本维度量表选用了埃伯利等人（Abele and Wojciszke，2007）研究中的 36 个词语。能动性与社群性词语各半，积极词汇和消极词汇各半。

调查对象先后用这 36 个词语评价城市人和农村人，采用 6 级计分方式，从 0（完全不符合）到 3（不确定）再到 6（完全符合）。例题如"城市人是傲慢的"和"农村人是傲慢的"。本研究中 α 系数城市能动性为 0.76，城市社群性为 0.81，农村能动性为 0.86，农村社群性为 0.87。

农民工农民身份认同问卷（蔡贞等，2012）共 16 个项目，问卷采用 5 级评分，从 1（完全不符合）到 3（不确定）再到 5（完全符合）。例题如"我是一个典型的农民"，该问卷具有良好的信度，能有效区分农民工的自我分类。本研究中工具的 α 系数为 0.90。

农民工城市依恋问卷（贵永霞，2007）20 道题，采用 5 级评分，从 1（完全不符合）到 3（不确定）再到 5（完全符合）。例题如"我觉得当个城市人比当个农村人好"。因素分析表明该问卷的结构效度比较好。本研究中工具的 α 系数为 0.81。

杨宜音（2008）编制的公民性量表，包括契约性取向和公共性取向两个维度，共 37 个项目。量表采用 5 级评分，从 1（完全不符合）到 3（不确定）再到 5（完全符合）。例题如"在国家利益面前，个人利益再大也是小的"。该量表具有较好的信效度。本研究中工具的 α 系数契约性为 0.45，公共性为 0.66。

流调用中心抑郁水平评定量表（CES-D），共 20 个项目，分数越高抑郁症状越严重（Radloff，1977）。CES-D 采用 4 级评分，症状最近一周中出现时间少于 1 天计为 0；1～2 天计为 1；3～4 天计为 2；5～7 天计为 3。本研究中工具的 α 系数为 0.82。

焦虑自评量表（SAS），共 20 个项目，分数越高代表其焦虑水平越高（Zung，1971）。SAS 采用 4 级评分，主要评定项目所定义的症状出现的频度，其标准为：1 表示没有或很少有时间有；2 是小部分时间有；3 是相当多时间有；4 是绝大部分或全部时间都有。本研究中工具的 α 系数为 0.71。

（三）结果与分析

1. 各变量的基本情况及相关

各变量描述统计如表 6-16 所示，抑郁与焦虑显著正相关，与契约性取向显著负相关；焦虑与抑郁、城市依恋显著正相关，与契约性取向和公共性取向显著负相关；农民身份认同与公共性取向显著正相关；城市依恋与焦虑、城市人能动性和社群性显著正相关，与契约性取向、农村人能动性显著负相关。城市人的能动性与社群性显著正相关，农村人的能动性与社群性显著正相关。

表6-16　各变量的平均分、标准差以及相关系数

变量	1	2	3	4	5	6	7	8	9	10
1.抑郁	1									
2.焦虑	0.63**	1								
3.农民身份认同	0.03	0.06	1							
4.城市依恋	0.13	0.17*	-0.01	1						
5.契约性	-0.26**	-0.25**	-0.12	-0.28**	1					
6.公共性	-0.12	-0.30**	0.19*	-0.14	0.34**	1				
7.城市能动性	0.01	-0.001	0.02	0.26**	0.05	0.05	1			
8.城市社群性	0.05	0.04	0.06	0.26**	-0.02	0.10	0.76**	1		
9.农村能动性	0.06	-0.11	0.06	-0.21**	0.27**	0.21**	0.08	0.14	1	
10.农村社群性	0.02	-0.10	0.14	-0.12	0.17*	0.19*	0.24**	0.29**	0.82**	1
平均数	14.38	42.75	57.96	58.24	47.07	69.77	59.15	58.12	69.55	69.29
标准差	8.89	8.93	11.60	10.14	5.58	8.41	10.37	11.43	13.22	13.79

注：*，$p<0.05$；**，$p<0.01$；***，$p<0.001$。

2. 农民工对城市人和农村人群际认知的差异

将农民工对城市人和农村人的社会认知基本维度的得分进行配对 t 检验，结果发现农民工评价农村人的社群性（农：$M=69.29$，$SD=13.79$；城：$M=58.12$，$SD=11.43$；$t=8.48$，$p<0.001$）和能动性（农：$M=69.55$，$SD=13.22$；城：$M=59.15$，$SD=10.37$；$t=9.67$，$p<0.001$）都显著高于城市人。

3. 农民工群际认知对认同策略、心理健康、公民性的影响

用基本维度分数向心理健康、公民性、身份认同以及城市依恋进行回归。发现社会认知基本维度无法预测焦虑、抑郁、农民身份认同、公共性，$ps>0.05$；自评能动性预测城市认同（$\beta=-0.25$，$SE=0.10$，$t=-1.98$，$p=0.05$）和契约性（$\beta=0.40$，$SE=0.06$，$t=3.07$，$p<0.01$）；契约性能够预测抑郁（$\beta=-0.24$，$SE=0.12$，$t=-3.10$，$p<0.01$）和焦虑（$\beta=-0.20$，$SE=0.10$，$t=-2.60$，$p<0.05$），表明自评能动性可以通过契约性来降低城市生活中的焦虑和抑郁。

用农民身份认同总分和城市依恋总分对所有农民工进行聚类分析，结果可将总体分为4组：第1组为高农民身份认同高城市依恋（整合组）54人（31.2%），第2组为低农民身份认同高城市依恋（同化组）51人（29.5%），第3组为高农民身份认同低城市依恋（分离组）58人（33.5%），第4组为低农民身份认同低城市依恋（边缘组）10人（5.8%），农民工最常见的适应策略为分离和整合。方差分析表明，农民工不同适应模式的心理健康水平无显著差异，在契约性和自评上存在差异。契约性得分从高到低为边缘组、分离组、整合组、同化组；在评价农村人的基本维度上得分从高到低为分离组、整合组、边缘组、同化组（表6-17）。

表6-17　不同适应模式的农民工心理健康、公民性及群际认知得分

组别	抑郁	焦虑	契约性	公共利益	市民能动性	市民社群性	村民能动性	村民社群性
a. 整合	13.13±8.48	42.36±8.37	46.30±5.04	70.01±9.51	60.66±10.27	60.69±11.38	70.34±13.40	71.04±15.85
b. 同化	15.71±9.40	43.89±9.82	45.98±5.52	67.97±6.54	60.74±9.66	58.63±13.03	64.35±11.22	63.59±11.25
c. 分离	14.93±8.94	42.35±8.57	47.83±5.38	71.72±8.21	57.33±10.69	56.27±10.12	73.35±13.04	73.35±11.76
d. 边缘	11.20±7.70	41.32±9.96	52.38±6.81	66.34±9.88	53.55±10.34	52.41±6.66	69.69±15.99	65.29±15.87
F	1.24	0.43	4.65**	2.45	2.41	2.33	4.56**	5.56**
比较			d>a.b.c, c>b				a>b, c>b	a>b, c>b

注：**，$p<0.01$。

综上分析可以发现，虽然自评两大基本维度对适应模式都具有区分能力，但对于城市认同、契约性（公民性）以及心理健康来说，只有自评的农村人能动性具有直接或间接预测作用。

（四）讨论与结论

1. 农民工的适应策略与群际感知

农民工评价农村人的能动性和社群性显著高于城市人，方差分析表明农民工无论在感知农村人的能动性还是社群性上，整合组和分离组的得分显著高于同化组，说明农民身份认同得分越高，农民工对农村人的能动性和社群性评价就越高，农民工对农村人的评价优于城市人，是一种内群体偏好。这个结果印证了先前研究发现的大多数农民工的农民身份自我认同（朱考金，2003）。由于内群体偏好有利于提高自尊（Tajfel and Turner，1986），因而在内、外群体评价上出现了两大基本维度提升现象。在进入城市生活过程中，城市居民与农民工有着鲜明的内、外群体意识，分别站在各自立

场上将对方视为与自己群体不同类别的群体，部分市民还对农民工群体有偏见和歧视，这不但引起农民工的反感、导致群体间的摩擦与冲突（朱力，2001），还强化了群体间的刻板印象。

农民工在融入城市过程中应倡导农民工群体与城市人群体加强交往，增进群体间成员的了解，改善群际关系以更好融入城市生活。农民工与城市居民的摩擦和农民工的社会交往局限性有关系，农民工与城市居民在互动中以业缘关系为主，情感性互动较少（朱力，2001）。增加群际正面接触有助于群体成员间的交流，增进彼此了解进而有效减少消极刻板印象和群际威胁，淡化群际意识，合理认识内群体和外群体，可能更有助于农民工的城市适应。

2. 群际认知对农民工心理健康的影响

聚类分析结果发现，农民工各适应策略人数占比从高到低依次为分离组、整合组、同化组、边缘组。本研究的样本虽然较小，但所得结果与蔡禾等人（2009）研究结果相一致，表明农民工城市适应策略在人群中分化模式具有小群体参照的特点。分析还发现，农民身份认同和农民城市依恋通过公民性对心理健康起作用，即公民性在农民身份认同、城市依恋和心理健康之间起到中介作用。这很大程度上与农民工在城市的生活方式有关，农民工群体社会空间分布主要是以地缘性为纽带的聚居区、"城中村"及工厂宿舍（任焰、梁宏，2009）。这种相对集中的居住空间，使得农民工在生活方式、人际交往、心理、文化等方面仍处于一种封闭、孤立状态，形成了与城市相互隔离的"孤岛"（朱磊，2013）。农民工越认同农民身份，就越可能在群际认知时进行整体思维，寻求更多群体内支持从而减少焦虑。这样的聚居空间和心理关系，使得农民工处理问题的方式更偏好非契约方式，这与现代城市生活所期许的方式相矛盾，这种矛盾会导致农民工体验到更多焦虑和抑郁情绪。

农民工既不是传统意义上的农村人，也不是纯粹意义上的城市人。他们生活工作在城市社区却遭遇融入困难，甚至遭到排斥，在就业、子女受教育等方面无法享有与城市居民同等的权利。身份失落和权利鸿沟反而促成农民工主体意识觉醒，强烈关注、表达和维护自身权利等。越处于边缘就会越迫使农民工在就业时更加关注和保护自己的权利，更加倾向于用"契约性取向"来解决问题。这对农民工融入城市有所启示：农民工应学法懂法和用法以维护自身权利，同时应该不断培养和提升农民工的公民意识。倾向于关注公共事务与利益的程度和以契约权利方式来处理公私矛盾的程度（杨宜音，2008），通过培育农民工的主体意识、权利意识、参与意识和法制意识以获得公民性。培育和提升农民工的公民性有利于农民工获得平等公民资格，从而更好地融入和适应城市生活。

总的来看，农民工适应策略不一定会影响其心理健康，但会影响农民工的公民性的契约性和群际认知，农民工对农村人的评价优于城市人，群际认知塑造了农民工在城市生活中的契约意识，这种公民性则很好地缓解了农民工的焦虑和抑郁，有助于提升心理健康。

四、元自我认知的基本维度对新市民地位的解释作用

相对于农民工，新市民是一个更为特殊的群体。虽然在来源和社会地位地位上与农民工具有相似性，都来自农村，都是社会相对的下层，都需要融入城市生活。但新市民没有农民工的主动性，也就是变为"新市民"不是自主选择的结果，而是政策的产物。对这样一个特殊群体的社会认知基本维度与社会地位特征之间关系的描述具有显著的理论扩展意义。

（一）概念框架与研究假设

地位建构并不仅仅是外部承认或安排，也是一个包含心理认同的身份建构过程。在这个过程中对自我地位或身份的认同，影响自我认知、群体认知以及反身认知，即个体心目中他人对自己的认知。这种元认识具有适应性，反映了个人与环境交互作用过程，也是个人能够协调自我动机和行为的基础。

然而，新市民具有很大的特殊性，其能动性水平原本是社会地位的基础。在突然成为新市民之后，无论是能动性还是社群性，都需要在城市这个新社会结构和社会认知空间中做出调整、实现合理化。新市民眼中被看的形象是否具有塑造阶层地位的作用？或者具有认识或反映其社会阶层的作用呢？

从元刻板印象属于社会认知过程的角度来看，认识具有反映的功能，理应具有这些作用。但就现实而言，新市民自我认同的刻板印象理应是高热情和低能力，即农民认为自己能力或不如城里人，但为人热情、更道德是毫无疑问的。但新市民身份具有很大迷惑性，也就是新市民属于市民，是原先认知系统中社会地位更高的群体。与此地位提高相对应的是能力的提升和社群性的下降。而事实上，政策性身份改变并没有触及能力、才干、道德等品质真正的改变。任何人都会产生一个选择，或围绕新地位改变自我判断，或保持自我判断拒绝地位提升。这都是有可能的，有人会从地位角度重新认识自己，那么，原有的社群性特质就显得过分或多余，需要提升能力而降低社群性；也有人会保持原有认知。如果是前者，新市民投射的老市民对新市民的看法，其原型就是高地位群体，对应的能力与地位理应匹配而实际上不匹配，社群性与地位理应无关而实际上可能有关；如果是后者，其原型就是低地位群体，能力对地位具有解释作用，而社群性对地位没有解释作用。

（二）方法

1. 研究对象

在城区原农业户籍政策性转为城市户籍的新市民中发放问卷约 1 800 份，回收约 1 600 份，其中个别题目回答有错漏的仅分析有效数据。最终分析的数据为 1 583～1 593，其中男性 745 人，女性 846 人，平均年龄 36.8 岁，SD=13.6。

2. 研究工具

基本维度形容词表。该词表在访谈基础上确定，积极能动词 9 个（踏实、谨慎、有抱负、执着、乐观、负责、有能力、坚强、自信）、消极能动词 7 个（自私、愚昧、自卑、虚荣、落后、懒惰、胆小怕事），积极社群词 8 个（朴实、谦逊、大方、宽容、诚实、热情、正直、善良）、消极社群词 6 个（狡猾、做作、势利眼、粗鲁、吝啬、冷漠），这些词汇按照相近性原则与社会认知基本维度词库各属性之间匹配。在本研究中，回答方式为是否式，如果认为老市民会用这个词描述自己则勾选，否则不勾选。项目选中记为 1 分，未选记为 0 分，将平均分加上 3 获得因子分；消极词的得分反转后与积极词的分数平均获取元社会认知维度分数。

人口学资料和社会经济地位指标。包括性别；年龄；学历（6 个选项依次为：1=小学以下，2=小学，3=初中，4=中专 /职中 /高中，5=大专，6=本科及以上）；个人月收入（7 个选项依次为：1=800 元以下，2=800～1 500 元，3=1 500～4 500 元，4=4 500～9 000 元，5=9 000～3.5 万元，6=3.5 万～5.5 万元，7=5.5 万元以上）；家庭年收入（7 个选项依次为：1=1 万元以下，2=1 万～2 万元，3=2 万～5 万元，4=5 万～10 万元，5=10 万～20 万元，6=20 万～50 万元，7=50 万以上）；主观社会地位（与周围人相比，您觉得自己的社会地位在当地属于哪个层次，5 个选项依次为：1=下层，2=中下层，3=中层，4=中上层，5=上层）。

（三）结果与分析

1. 新市民地位因素与元社会认知基本维度的特征

从数据统计结果来看，研究对象新市民群体主客观社会地位都较低。受教育程度平均在初高中之间，收入亦低于当地市民的平均值（无论是公营还是私营单位，2015 年重庆全体居民人均可支配年收入为 20 110 元，月均 1 676 元），主观的社会阶层评价在中下层和中层之间。新市民的元自我评价对应存在贬低效应，表现为两大维度均数远远小于理论中值（3.5）。社会认知基本维度研究中的社群性优先性效应仍然成立，表现为社群性得分显著高于能动性，$t=19.63$，$p<0.001$。有关数据参见表 6-18。

表 6-18　新市民人口学与基本维度的描述统计结果

变量	最小值	最大值	平均数	标准差
学历	1	6	3.49	1.19
个人月收入	1	7	2.11	1.03
家庭年收入	1	7	2.52	1.23
主观社会地位	1	5	2.32	0.82
消极能动性	3	4	3.20	0.16
积极能动性	3	3.89	3.23	0.17
消极社群性	3	4	3.11	0.14
积极社群性	3	3.88	3.28	0.19
能动性	2.21	2.83	2.52	0.09
社群性	2.17	2.88	2.58	0.11

表 6-19　新市民地位因素与基本维度的相关系数

变量	消极能动性	积极能动性	消极社群性	积极社群性	能动性	社群性
学历	-0.07**	-0.05*	-0.01	-0.10***	0.01	-0.09**
个人月收入	-0.06*	-0.03	-0.04	-0.10***	0.02	-0.07**
家庭年收入	-0.08**	-0.03	-0.05*	-0.11***	0.04	-0.07**
主观社会地位	-0.01	0.01	-0.03	-0.02	0.02	<0.01

注:*，$p<0.05$;**，$p<0.01$;***，$p<0.001$。

从统计结果来看，客观地位因素与社群性呈负相关，消极能动性的因子与客观地位也有负相关，但与积极能动性合成后的能动性与客观地位因素无关。主观社会地位则与两个维度及分效价后的因子均不相关。这些结果与社会认知刻板印象理论中的能动性与地位有关的理论相矛盾，也与前文所得到的能动性与社会地位之间的关系不一致。

2. 元社会认知基本维度对主客观个人社会地位的回归分析

参照社会认知预测地位的 SCM 理论，首先以元社会认知的积极部分作为自变量，对客观社会地位的受教育程度、收入水平以及主观社会地位分别进行回归分析。从表 6-20 的结果可以看到，数据与 SCM 中由能动性解释预测群体地位完全不同，其一是元社会认知中的社群性能够预测客观的社会地位因素，其二是回归系数均为负值。此结果说明客观地位越高，积极社群性越低，越认为老市民认为自己缺少温暖性特质。元社会认知的两个积极维度均不能预测主观社会地位，$ps>0.05$。

表 6-20　元社会认知基本维度对主客观地位因素的回归分析：积极特质模型

认知内容	教育				月收入				家庭年收入				主观地位			
	β	t	p	R^2	β	t	p	R^2	β	t	p	R^2	β	t	p	R^2
积极能动性	-0.01	-0.45	0.655	0.01	0.01	0.46	0.646	0.01	0.02	0.55	0.583	0.01	0.02	0.85	0.394	<0.01
积极社群性	-0.10	-3.54	0.000		-0.11	-3.99	0.000		-0.12	-4.33	0.000		-0.03	-0.98	0.325	

基于效价可能产生的影响，将消极效价项目纳入元社会认知维度的计分（反向），进行全特质模型分析，回归结果发现该模型与积极特质模型的结果类似，仍然是社群性（负向）预测客观地位因素，两个维度均不能预测主观地位指标（表 6-21）。

表 6-21　元社会认知基本维度对新市民主客观地位因素的回归分析：全特质模型

认知内容	教育				月收入				家庭年收入				主观地位			
	β	t	p	R^2	β	t	p	R^2	β	t	p	R^2	β	t	p	R^2
能动性	0.01	0.43	0.665	0.01	0.02	0.81	0.416	0.01	0.04	1.60	0.109	0.01	0.03	0.98	0.328	<0.01
社群性	-0.09	-3.42	0.001		-0.07	-2.75	0.006		-0.07	-2.64	0.008		0.01	0.11	0.915	

　　进一步按效价拆分基本维度为四个因子进行回归分析（消极不反向计分），形成分解特质模型。从统计结果来看，仅积极社群性能预测客观地位指标，所有其他因子均不能解释主客观地位（表 6-22）。

表 6-22　元社会认知基本维度对新市民主客观地位因素的回归分析：分解特质模型

认知内容	教育				月收入				家庭年收入				主观地位			
	β	t	p	R^2	β	t	p	R^2	β	t	p	R^2	β	t	p	R^2
积极能动性	-0.01	-0.31	0.754	0.01	0.03	0.84	0.401	0.01	0.04	1.34	0.181	0.02	0.04	1.28	0.201	<0.01
消极能动性	-0.03	-1.17	0.240		-0.02	-0.76	0.450		-0.05	-1.60	0.110		-0.01	-0.42	0.675	
积极社群性	-0.09	-3.22	0.001		-0.10	-3.62	0.000		-0.10	-3.69	0.000		-0.02	-0.73	0.466	
消极社群性	0.03	1.01	0.314		-0.01	-0.53	0.599		-0.03	-0.93	0.351		-0.03	-1.16	0.246	

　　通过系统的回归分析，数据结果展示了对于新市民客观社会地位来讲，元社群性特质总体有解释作用，积极元社群特质也有预测作用，且是负向解释作用，表明社会地位越高，元社群性积极特征就越低。这个结果与 SCM 理论所描述的能动性解释地位不一致，但符合刻板印象内容模型的矛盾律（补偿），高地位群体能力高但温暖性、道德性低。只不过在这里评价的对象不是外群体，而是采用了高地位群体（这里假设在客观上城市的老居民有更高的地位，即受教育程度更高、收入更高）视角来评价自己所属群体，是既包含了自我视角，也包含了他人视角的评价。

　　（四）讨论与结论

　　元刻板印象是刻板印象的形成机制之一，即人们想象他人对自己的看法或评价是形成自我概念、自我判断的依据。这种评价既有认知矫正作用，也有情感发动作用，是人际互动、群际互动中不可缺少的心理过程。通过这个过程，人们认识自我、他人及社会成层形成合理化认同。当然，自我认同和元刻板印象之间的差异也是形成个人改变自己的动力，或者提升自己的能力，或者改变自己与他人的关系（变得更温暖、更道德、更合群），也可能会发起对社会阶层的重新定义。不过，在本研究中，元刻板印象所能解释的是客观社会地位因素，意味着对社会阶层的认知具有接受性而不是争议性，二者的关系更多地反映了社会结构与个体特征的相互印证。

　　本研究结果中最具有启发性的部分是，新市民想象他人对自己的看法与一般的阶层特质关系是相反的。站在社会地位较高的阶层来看，社会底层的刻板印象本是高热情、低能力的，能力塑造阶层，所以阶层地位较低。但想象（即元刻板印象）却是热情和能力都较低，且能力无塑造作用，而热情则显得"过分"——越热情，地位越低。这或许反映了新市民被动与老市民群体进行比较而呈现出了防御和矛盾心态，感知到地位低却能力不足而热情有余。表明了主导新市民的是向上社会阶层认同。这个效应是比较特殊的，是否是类似劣势群体的一般性特征，尚有待更多的研究。

第七章　总结与展望

本书以服务于理解、建构幸福为目的，从不同层面在社会认知基本维度框架中进行了探索，所有内容均为初级的、初步的，还有若干重大问题或因理论建构或因时间不逮未能深入和系统地研究，这些内容也都是非常重要和必要的。

一、主要工作

本书的核心关注点是社会认知基本维度的合理性，并围绕此主题进行跨层次的研究和探讨，归结起来主要包括以下方面。

（1）对国内外基本维度文献进行了整理，提出了研究所面临的一些问题。

（2）对于基本维度的命名，主张用能动性和社群性这对标签，并建议将"才"和"德"作为其通俗用法。

（3）设计完成了标准化社会认知基本维度形容词库，提供了社群型自恋、能动和社群价值观测量工具。

（4）探讨了人格结构的高阶"大二"结构，基于数据指出该命题对于我国而言缺少充分证据。

（5）将性别角色研究和基本维度框架关联，检验了能动性主导自我评价的假设，提出了阈限假说，指出东方式文化自我价值感来源的复杂性。

（6）运用追踪方法检验了社群性优先效应，发现了社群性在儿童期对于自我评价的不可替代作用。

（7）发现基本维度信息对自我的威胁和修复有功能差异，社群性信息产生的威胁会引发防御反应，能动性信息更有利于自我评价的恢复。

（8）发现两大基本维度都可以预测幸福，更多积极特质和更少消极特质可以获得稳健的幸福；能动性和社群性对于幸福缺一不可，而不是表面上的幸福由才干和成就主导。

（9）基本维度框架可涵盖对亲密对象的描述内容；对于旁观者而言，亲密关系质量取决于恋爱双方的社群性；自评恋爱满意度最核心的解释变量是评价者自己的社群性；男性看重交往女性的社群性，而女性更看重自己的能动性。

（10）基本维度有利于社会信心的建立，其预测和解释作用变量是个体的积极社群性。

（11）基本维度信息具有差异化和共同的认知神经基础，能动性词需要更多的时间反应（N400 波幅更大）；两大维度词汇均激活心理化有关区域，社群性词汇比能动性词汇在某些视觉区有更多的激活，在腹侧前扣带（vACC）和内侧前额皮层（mOFC）导致更多的去激活。

（12）通过对高校师生群体的研究发现，接触最能改变人们对外群体社群性的认知。

（13）基本维度与主客观社会地位的关系不符合西方的理论解释，能动性和社群性对主客观社会地位均有建构作用，不管对于成人还是学生，能动性对地位具有提升作用，而社群性或社群主导性的作用方向均与此相反。

（14）对于社会身份被动改变的群体（新市民），元社会认知两个基本维度对于客观社会地位均具有解释作用，社会地位越高，元社群性积极特征就越低。

二、从个体出发可能的研究议题

（一）人格的"大二"

这是一项相对具体的研究议题。如第一章所述，中国人在社会认知中使用德行与才智有悠久传统，二者与现代心理学中的人格结构对话，对于传统话语优秀内涵的挖掘及其与学科的整合，具有重要的理论和实践价值。

传统优秀文化中的识人、发展智慧，需系统挖掘整理并转换为当代话语，与心理学的范式整合，这也是心理学中国化的重要内涵。另外，西方人格心理结构主题的研究也面临转型和挑战，人格结构对行为解释的效应有限，且以遗传因素、生命早期因素为主要内容，这与现实生活中人们相互认知自我认知的框架不符合。例如，在一些重要的人际匹配任务中，人们会重视"三观"是否契合，而价值观、世界观和人生观的内容，是没有反映在既有的人格结构框架之中的。有理论家已经注意到这一点，呼吁将态度、价值观等内容纳入人格结构中。

本书收集到的数据均未证实西方研究中所发现的人格两大因素。这示例性地说明了人格结构的"大二"研究仍然是一个悬而未决的问题。对于这个问题的解答，未来的研究不应该只局限于词汇学假设，西方的人格测量工具，应充分考虑多元化的概念和测量工具，做到最大概括或描述人格结构的两大维度。

（二）发展与追踪研究

西方的研究主要集中于人格和社会心理学领域，发展心理学视角的探讨仍然很有限。这其中包含基本维度内容的终生发展轨迹、发展的敏感因素和条件以及发展过程中的分型与分类等。相对来讲，国内从发展视角的研究是领先的，例如王美芳、杨峰和杨云云（2013）研究发现，4岁组儿童已能对两类特质做出区分，依据能力特质评价选择学业比赛组员，依据热情特质评价选择游戏伙伴，并且随着年龄增长，儿童对同伴的能力—热情评价差异越来越大。儿童对热情特质的认识早于对能力特质的认识，即儿童社会认知内容发展中存在热情优先现象。

发展和追踪研究所要解答的问题多，内容复杂，持续时间长，是一项投入大的系统工作。

（三）基本维度与个体适应

适应是幸福的基础，也是本书内容切入的重要视角。对于社会认知基本维度内容的个体化功能探究，本书主要局限于自我评价的主观性指标，对多指标、客观指标的研究，仍然需要大力推进。例如，对于长久的幸福而言，能动性和社群性的解释与贡献模式是什么？个人的成长、社会适应如何统合融合与进取的关系。这对于个体而言，都是切实、具体的选择。

三、从群体出发可能的研究议题

（一）群体认知与阶层划分、社会结构的关系

这是一项相对具体的研究议题。现有的各种数据并不能完全支持刻板印象内容模型，也不足以描述我国阶层划分和社会结构与群体认知的关系。该主题研究的难度在于当前社会具有高流动性，人们不断地从各个角度重新界定、建构自我的身份。新工作、新环境、新价值不断浮现，日新月异，社会高流动性在重构社会结构的同时还助长相对主义价值观，这增加了阶层结构与社会认知之间建立对应和解释关系的复杂性。

（二）亚文化、地域群体等横向交互认知研究

现有的群体研究多为社会角色人群描述，例如性别群体、职业群体等，亚文化和跨地域的研究还非常少。我国是一个疆域广阔、族群众多的国度。虽然人们已经能够意识到与地域和族群有关的认知是偏见的高危区域，但人们还是无法克服其影响，"地域黑"在互联网的助推下屡见不鲜。从外部环境来看，新时代也出现了新挑战。虽然我国不可能遭受欧美式族群冲突、苏俄式族群困境，但族群之间的关系也面临着类似挑战，文化价值张扬之间形成的张力也会夹杂在族群、地域和工作群体之中。

（三）外群体文化的认知

"一带一路"倡议的显在特征是走出去，这就需要认识那些似曾相识的群体。这是一项相对具体的研究议题，也是迫切需要展开的研究主题。管健（2009）认为，不同范畴和类别的群体受全球化影响而越来越趋于融合与统一，但各种不同社会类别属性并无任何显著的消减之势，各群体间的鸿沟依然存在并不断裂化为不同群体。刻板印象、偏见及其模式随着历史演进也在发生改变。无论对方群体是朋友还是对手，若关注其是否能实现本群体利益最大化，刻板印象是功能化的，认知重心是竞争性。这样的模式若成为主导认知，显然不利于沟通和交流。

四、从心理过程角度出发可能的研究议题

（一）社群性优先效应认知神经加工机制

脑电研究部分提出了隐藏在现有行为研究结果背后可能存在未认知的领域。这可能是一系列研究。哈里斯和菲斯科发现，在 SCM 描述的四类人群中，只有在感知低热情—低能力群体时，大脑的社会认知神经网络（内侧前额叶）没有被激活，取而代之的是激活了与厌恶相关的脑结构（杏仁核、脑岛）（Harris and Fiske，2006）。在后来的研究中，哈里斯和菲斯科再次验证了认知因素在非人化效应中的重要作用（Harris and Fiske，2007），当支持社会认知的神经网络（内侧前额叶、颞上沟）无法激活时，个体会对人类目标产生非人化。人们更难对低热情—低能力群体进行社会认知加工（Fiske，2009）。作为第一个非人化的社会认知理论（杨文琪等，2015），内容维度模型理论上可以沟通社会认知与非社会认知的相关研究。

（二）次级认知

社会认知并不是发生在纯粹的陌生人情景中，而当前几乎所有研究都默认社会认知是一次性的。这个假设是建立在信息不充分、有限理性、优先搜寻、信息不对称等基础上的，显然与现实生活不符。并且随着互联网生活侵入人们的生活，其无法忘记的特征也会加强人们之间关系的连续性。在心智模式成熟者之间以及熟人之间的认知，可能并不局限于双重视角模型的阶段。从认知内容上，意图因素会随着时间产生分化，能力也会随着交往的深入而产生认知上的分化。例如，领导素质是能力与温情管理的混合，这无法还原到两个基本维度及相应的作用模式之中，而是采用了例外策略，即认为领导关系是一种能力。而事实上，这也可能是熟悉人之间社会认知的特征。为了统一化描述这种情况，在此提出对于社会认知次级过程进行研究，即对介于陌生人和熟人之间的状态进行研究。这既能够进行客观化的操纵，避免熟人为对象研究的掩饰、防御效应，也能够模拟熟人互动的复杂模式，是探讨社会认知基本维度内容构成、关系及作用模式的一个主题和策略。

（三）群际认知与协调的实践研究

社会认知的实验室研究总是要走向社会，接受实践的检验。社会认知

基本维度研究最可能有所作为的领域是消除歧视。但已有的研究发现，抑制刻板印象会产生反弹效应，有意识地抑制刻板印象却导致刻板印象更易占据人们的大脑。王沛等（2015）通过实验发现，在温情和能力上得分都低的群体（如罪犯）与温情高能力低或温情低能力高的群体（如老年人）相比，在刻板印象抑制后更可能出现反弹效应。反弹效应仅在目标群体的能力维度上出现，对于高能力低温情群体的抑制比对高温情低能力群体的抑制更困难。这个研究提示发展基于社会认知内容的群际和谐策略在实践中还有很长的路要走。

五、理论建设的探索方向

（一）用于大历史的描述和探讨

用社会认知基本维度为框架来理解历史有两条线索：其一是将部落、家庭、政治、宗教、社会组织、跨国公司、虚拟部落等人类历史发展的组织形式用基本维度来刻画；其二是从人类能力发展的线索，经由采集、狩猎、农耕、机械，到互联网时代。无论从哪一条线索切进，都需要多学科证据，是一项大的理论建设。

（二）内容的系统整理与拓展

建立从词汇、句子、意群的全话语理论。这是一个相对长期的基础性研究。现在已有很多的研究，例如将道德、权力等亚维度信息独立出来研究。这个全话语内容的整理，将消除内容构成效应的歧见，获取足够的理论灵活性和现实适应性。在人工智能的帮助下，人际认知、自我认知将开辟一个新篇章。

参考文献

[1] 毕重增:《自信品格的养成》,安徽教育出版社,2009 年。

[2] 毕重增:《青年人格理想与主观世界改造研究》,西南师范大学出版社,2010 年。

[3] 毕重增:《自信与社会适应》,科学出版社,2017 年。

[4] 毕重增等:"性别角色对大学生自我价值感的影响",《西南师范大学学报(自然科学版)》,2013 年第 4 期。

[5] 毕重增、黄希庭:"清晰度对自信预测效应的影响",《心理科学》,2006 年第 2 期。

[6] 毕重增、黄希庭:"青年学生自信问卷的编制",《心理学报》,2009 年第 5 期。

[7] 蔡禾、曹志刚:"农民工的城市认同及其影响因素——来自珠三角的实证分析",《中山大学学报(社会科学版)》,2009 年第 1 期。

[8] 蔡华俭、黄玄凤、宋海荣:"性别角色和主观幸福感的关系模型:基于中国大学生的检验",《心理学报》,2008 年第 4 期。

[9] 蔡贞:"社会认知基本维度与浪漫关系质量研究"(硕士论文),西南大学,2013 年。

[10] 蔡贞、毕重增:"基本维度与浪漫关系质量的研究:性别和视角的效应",中国心理学会心理学教学工作委员会与人格心理学分会,2012a 年。

[11] 蔡贞、毕重增:"他人视角下基本维度与浪漫关系质量的研究",全国心理学学术会议,2012b 年。

[12] 蔡贞、毕重增:"农民工适应策略对其心理健康、公民性及群体认知的影响",《社区心理学研究》,2015 年第 1 卷。

[13] 蔡贞、汪玉兰、毕重增:"农民工农民身份认同的结构与测量",《西南农业大学学报(社会科学版)》,2012 年。

[14] 陈菲菲:"社会认知基本维度对儿童自尊的影响:横断与纵向研究的证据"(硕士论文),西南大学,2016 年。

[15] 陈菲菲、毕重增:"社会认知基本维度与小学儿童自尊的关系",全国心理学学术会议,2014 年。

[16] 陈菲菲、毕重增:"社会认知基本维度对小学儿童自尊的影响:一项追踪研究",中国心理学会发展心理专业委员会学术年会,2015 年。

[17] 程爱丽、谢天："热情与能力：这是我们知觉他人的原生性维度吗？"中国社会心理学会 2013 年年会暨首届文化心理学高峰论坛，2013 年。

[18] 程婕婷、管健、汪新建："共识性歧视与刻板印象：以外来务工人员与城市居民群体为例"，《中国临床心理学杂志》，2012 年第 4 期。

[19] 崔高维校点：《周礼》，辽宁教育出版社，2000 年。

[20] 代涛涛、佐斌、温芳芳："社会认知中热情与能力的补偿效应"，《心理科学进展》，2014 年第 3 期。

[21] 董金权、姚成："择偶标准：二十五年的嬗变（1986～2010）——对 6612 则征婚广告的内容分析"，《中国青年研究》，2011 年第 4 期。

[22] 费鸿萍、戚海峰："品牌决策过程中消费者自信的形成机制研究——基于理性行为理论"，《经济与管理研究》，2012 年第 3 期。

[23] 高明华："刻板印象内容模型的修正与发展源于大学生群体样本的调查结果"，《社会》，2010 年第 5 期。

[24] 顾秀莲："国际妇女运动的发展与中国的男女平等基本国策"，《外交学院学报》，2005 年第 1 期。

[25] 管健："刻板印象从内容模型到系统模型的发展与应用"，《心理科学进展》，2009 年第 4 期。

[26] 管健、程婕婷："刻板印象内容模型的确认、测量及卷入的影响"，《中国临床心理学杂志》，2011 年第 2 期。

[27] 贵永霞："农民工的城市认同与城市依恋研究"（硕士论文），西南大学，2007 年。

[28] 韩长斌：《中国农民工的发展与终结》，中国人民大学出版社，2007 年。

[29] 韩庆祥："论能力本位价值观与建立一个能力社会"，《山东社会科学》，2002 年第 1 期。

[30] 韩梦霏、毕重增、张继元："表达性和能动性词语语义加工的 ERP 差异"，全国心理学学术会议，2013 年。

[31] 何艳、付海玲、韩洁："关于大学生性别特质与恋爱关系满意度的调查研究"，《中国健康心理学杂志》，2008 年第 6 期。

[32] 胡牡丽、王孟成、蔡琳等："青少年主观社会经济地位量表的初步编制"，《中国临床心理学杂志》，2012 年第 2 期。

[33] 黄希庭、凤四海、王卫红："青少年学生自我价值感全国常模的制定"，《心理科学》，2003 年第 2 期。

[34] 黄希庭、杨雄："青年学生自我价值感量表的编制"，《心理科学》，1998 年第 4 期。

[35] 黄希庭、尹天子："从自尊的文化差异说起"，《心理科学》，2012 年第 1 期。

[36] 黄希庭、余华："青少年自我价值感量表构念效度的验证性因素分析"，《心理学报》，2002 年第 5 期。

[37] 黄希庭、张蜀林："562 个人格特质形容词的好恶度、意义度和熟悉度的测定"，《心

理科学》，1992 年第 5 期。

[38] 季益富、于欣："自尊量表"，载汪向东、王希林、马弘编著：《心理卫生评定量表手册》，中国心理卫生杂志社，1999 年。

[39] 家晓余等："海口市建筑农民工心理健康状况调查"，《中国健康心理学杂志》，2011年第 6 期。

[40] 蒋善、张璐、王卫红："重庆市农民工心理健康状况调查"，《心理科学》，2007 年第 1 期。

[41] 阔杨："社会学和心理学的择偶理论的比较分析"，《社会心理科学》，2008 年第 6 期。

[42] 乐国安、陈浩、张彦彦："进化心理学择偶心理机制假设的跨文化检验——以天津、Boston 两地征婚启事的内容分析为例"，《心理学报》，2005 年第 4 期。

[43] 乐国安、张彦彦、陈浩："西方有关择偶启事的研究和论争"，《心理科学进展》，2005 年第 2 期。

[44] 雷宇等："中国国家形象感知的跨文化比较——以中国、英国、美国大学生为例"，《旅游学刊》，2015 年第 3 期。

[45] 李春凯等："上海人刻板印象的结构及其动态变化"，《宁波大学学报（人文版）》，2009 年第 1 期。

[46] 李春秋等："大学生择偶偏爱性别差异及其与一般社会信念的关系"，《中国临床心理学杂志》，2007 年第 3 期。

[47] 李华、李栋、肖欢欢："增加男教师比例强化'阳刚教育'"，《广州日报》，2012 年 3 月 13 日。

[48] 李培林、张翼："中国中产阶级的规模、认同和社会态度"，《社会》，2008 年第 2 期。

[49] 李雪姣："社会认知基本维度对自尊的影响"（硕士论文），西南大学，2014 年。

[50] 李煜、徐安琪："择偶模式和性别偏好研究——西方理论和本土经验资料的解释"，《青年研究》，2004 年第 10 期。

[51] 林晓珊："青少年中性化风潮的源起：社会建构论的视角"，《中国青年研究》，2009年第 9 期。

[52] 刘电芝等："新编大学生性别角色量表揭示性别角色变迁"，《心理学报》，2011 年第 6 期。

[53] 刘邵：《人物志》，文学古籍刊行社，1955 年。

[54] 卢勤、苏彦捷："对 Bem 性别角色量表的考察与修订"，《中国心理卫生杂志》，2003年第 8 期。

[55] 马骅："缺少'阳刚教育'小学要抢男老师"，《中国人口报》，2010 年 12 月 9 日。

[56] 潘哲等："人格研究中的'能动'与'共生'及其关系"，《心理科学进展》，2017年第 1 期。

[57] 庞隽、毕圣："广告诉求——品牌来源国刻板印象匹配度对品牌态度的影响机制"，《心

理学报》，2015 年第 3 期。

[58] 彭修平等："儿童性别角色量表中文版测量学分析"，《中国临床心理学杂志》，2016 年第 1 期。

[59] 钱铭怡等："大学生性别角色量表（CSRI）的编制"，《心理学报》，2000 年第 1 期。

[60] 邱林、郑雪、王雁飞："积极情感消极情感量表（PANAS）的修订"，《应用心理学》，2008 年第 3 期。

[61] 任焰、梁宏："资本主导与社会主导——'珠三角'农民工居住状况分析"，《人口研究》，2009 年第 2 期。

[62] 宋广文、董琛、张芳："大学生对人口性格特征刻板印象的内隐观分析——以鲁、豫、沪、黑四地人口性格为例"，《集美大学学报》，2011 年第 2 期。

[63] 苏昊："维、汉大学生的民族刻板印象：外显和内隐"，《中国青年研究》，2014 年第 12 期。

[64] 唐利平、黄希庭："择偶观的进化论取向述评"，《西南师范大学学报（人文社会科学版）》，2005 年第 3 期。

[65] 土肥伊都子、廣川空美："共同性·作動性尺度（cas）の作成と構成概念妥当性の検討 — ジェンダー·パーソナリティの肯否両側面の測定 — ジェンダー·パーソナリティの肯否両側面の測定"，《心理学研究》，2004 年第 5 期。

[66] 汪凤炎、郑红："品德与才智一体：智慧的本质与范畴"，《南京社会科学》，2015 年第 3 期。

[67] 汪新建、程婕婷："刻板印象内容模型的本土研究路径"，《南开学报（哲学社会科学版）》，2015 年第 6 期。

[68] 王超群："'双性化理论'视域下的电视选秀节目中性化潮流解读"，《社会科学论坛》，2011 年第 12 期。

[69] 王道成：《科举史话》，中华书局，1988 年。

[70] 王道阳、张更立、姚本先："大学生性别角色观的差异"，《心理学报》，2005 年第 5 期。

[71] 王登峰、崔红：《解读中国人的人格》，社会科学文献出版社，2005 年。

[72] 王登峰、崔红："中国人的'开放性'——西方'开放性'人格维度与中国人的人格"，《西南大学学报（社会科学版）》，2006 年第 6 期。

[73] 王登峰、崔红："中国人性别角色量表的建构及其与心理社会适应的关系"，《西南大学学报（社会科学版）》，2007 年第 4 期。

[74] 王芳、荣岩："从电视相亲节目看男性择偶——以江苏卫视《非诚勿扰》344 位男嘉宾为例"，《青年研究》，2011 年第 2 期。

[75] 王凯等："社会认知内容两维度的双视角模型介评"，《心理研究》，2016 年第 1 期。

[76] 王立皓、汪凤炎："中德大学生智慧隐含概念的跨文化研究"，《心理研究》，2015 年第 3 期。

[77] 王美芳、杨峰、杨云云："儿童对能力和热情特质的认识"，《中国临床心理学杂志》，2013 年第 6 期。

[78] 王沛等："刻板印象内容对刻板印象抑制反弹效应的影响"，《心理学探新》，2015 年第 2 期。

[79] 王一牛、周立明、罗跃嘉："汉语情感词系统的初步编制及评定"，《中国心理卫生杂志》，2008 年第 8 期。

[80] 王云五、朱经农主编：《礼记》，商务印书馆，1947 年。

[81] 王中会："双性化大学生人格特征研究"，《心理学探新》，2009 年第 1 期。

[82] 韦庆旺、李木子、陈晓晨："社会阶层与社会知觉：热情和能力哪个更重要？"《心理学报》，2018 年第 2 期。

[83] 闻军明："不同性别角色类型大学生的外显自尊差异"，《钦州学院学报》，2008 年第 5 期。

[84] 吴镝、郭成、冉红琼："自我肯定对刻板印象威胁效应影响的实验研究"，《西南农业大学学报（社会科学版）》，2012 年第 1 期。

[85] 夏传才：《曹操集注》，中州古籍出版社，1986 年。

[86] 现代汉语常用词表课题组：《现代汉语常用词表》，商务印书馆，2008 年。

[87] 向敏、毕重增："大学生对社区基层工作人员的刻板印象研究"，《社区心理学研究》，2017 年第 3 卷。

[88] 谢青、汤德：《中国考试制度史》，黄山书社，1995 年。

[89] 徐安琪："择偶标准：五十年变迁及其原因分析"，《社会学研究》，2000 年第 6 期。

[90] 徐大真："性别刻板印象之性别效应研究"，《心理科学》，2003 年第 4 期。

[91] 徐朝娜、赵玉芳、毕重增："镜中我们：新市民元刻板印象研究"，《西南师范大学学报（自然科学版）》，2017 年第 2 期。

[92] 杨炯、胡怀林、俞乐笑："大学生性别角色与两性交往质量的关系"，《心理发展与教育》，2008 年第 2 期。

[93] 杨莉萍："译丛总序 II"，载肯尼斯·格根著：《关系性存在：超越自我与共同体》，上海教育出版社，2017 年。

[94] 杨文琪等："非人化研究：理论比较及其应用"，《心理科学进展》，2015 年第 7 期。

[95] 杨宜音："当代中国人公民意识的测量初探"，《社会学研究》，2008 年第 2 期。

[96] 姚若松、梁乐瑶："大五人格量表简化版（NEO-FFI）在大学生人群的应用分析"，《中国临床心理学杂志》，2010 年第 4 期。

[97] 殷雷："当代都市女性择偶心理的调查研究"，《心理科学》，2004 年第 3 期。

[98] 余国良、陈诗芳："小学生生活压力、学业成就与适应行为的关系"，《心理学报》，2001 年第 4 期。

[99] 余小芳、邓小农、王立皓："性别角色与焦虑及抑郁的相关研究"，《中国学校卫生》，

2004 年第 1 期。

[100] 苑春永:"刻板印象内容模型在大学生样本中的修订与验证"(硕士论文),北京大学,2009 年。

[101] 翟春艳、黄丽萍:"广佛—潮汕大学生地域刻板印象研究",《杭州师范大学学报（自然科学版）》,2015 年第 4 期。

[102] 张登浩、滕飞、潘雪:"他评:一种有效的人格评价手段",《心理科学进展》,2014 年第 1 期。

[103] 张海钟、姜永志:"区域刻板印象的心理学实证研究——以甘肃和内蒙古原著居民为研究对象",《西华大学学报（哲学社会科学版）》,2010 年第 3 期。

[104] 张萍、毕重增:"大学生性别角色类型与安全感的关系",《中国健康心理学杂志》,2010 年第 3 期。

[105] 张萍、毕重增:"个人评价问卷的中文修订",《西南师范大学学报（自然科学版）》,2012 年第 2 期。

[106] 张庆、王美芳:"社会判断内容的基本维度研究",《心理科学》,2011 年第 4 期。

[107] 张珊明等:"权力刻板印象及自我卷入的影响",《中国临床心理学杂志》,2013 年第 5 期。

[108] 张珊明等:"权力启动对权力刻板印象的影响",《中国临床心理学杂志》,2015 年第 5 期。

[109] 张珊明、钟毅平、罗伏生:"内隐权力刻板印象:基于 IAT 和 GNAT 的测量",《中国临床心理学杂志》,2015 年第 1 期。

[110] 张莘:"中国大学生性别角色量表的编制及相关研究"(硕士论文),北京大学,1998 年。

[111] 张旭:"大学生自恋与心理适应的关系研究",《心理科学》,2011 年第 5 期。

[112] 张燕等:"北京学生对日刻板印象及 3·11 地震后的情绪和援助意向研究",《心理学探新》,2013 年第 3 期。

[113] 张杨等:"增补后的一般健康问卷在精神疾病流行病学调查中的应用",《中国心理卫生杂志》,2008 年第 3 期。

[114] 赵卫星、郑希付:"香港与内地大学生地域刻板印象比较",《华南师范大学学报（社会科学版）》,2016 年第 2 期。

[115] 郑鸽、赵玉芳:"社会认知基本维度对现实威胁感知的作用研究",《心理科学》,2016 年第 6 期。

[116] 郑剑虹、潘枫、梁惠飘:"特殊教育学校盲生的自我认同研究",《现代特殊教育》,2016 年第 10 期。

[117] 郑健、刘力:"大学生对农民工的刻板印象内容与结构",《青年研究》,2012 年第 4 期。

[118] 周春燕等："评价者与被评价者的社会阶层对阶层刻板印象的影响"，《心理与行为研究》，2015 年第 4 期。

[119] 周红："农民工子女城市融入与社会稳定研究——基于社群心理边缘化趋势的分析"，《四川警察学院学报》，2010 年第 1 期。

[120] 周洁："大五人格问卷的结构效度分析"，《社会心理科学》，2010 年第 1 期。

[121] 周晓燕、周军："中国高学历女青年婚恋观研究"，《中国青年研究》，2009 年第 12 期。

[122] 周迎楠、毕重增："从心理机制的层面建构有效的榜样——基于无意识刻板印象的分析"，《中国德育》，2017 年第 5 期。

[123] 朱考金："城市农民工心理研究——对南京市 610 名农民工的调查与分析"，《青年研究》，2003 年第 4 期。

[124] 朱磊："走出困境：共同体再造与价值重构——对新生代农民工居住状况的分析"，《学习与实践》，2013 年第 11 期。

[125] 朱力："群体性偏见与歧视——农民工与市民的摩擦性互动"，《江海学刊》，2001 年第 6 期。

[126] 祝莲等："中文字体大小、笔画数和对比度对阅读速度的影响"，《眼视光学杂志》，2008 年第 2 期。

[127] 佐斌等："刻板印象内容模型：理论假设及研究"，《心理科学进展》，2006 年第 1 期。

[128] 佐斌等："热情与能力的关系及其影响因素"，《心理科学进展》，2014 年第 9 期。

[129] 佐斌等："社会认知内容的'大二'模型"，《心理科学》，2015 年第 4 期。

[130] 佐斌等："刻板印象内容模型：理论假设及研究"，《心理科学进展》，2016 年第 1 期。

[131] Abele, A. E. 2003. The dynamics of masculine-agentic and feminine-communal traits: Findings from a prospective study. *Journal of Personality and Social Psychology*, Vol. 85, No. 4, pp. 768-776.

[132] Abele, A. E. et al. 2008a. Towards an operationalization of the fundamental dimensions of agency and communion: Trait content ratings in five countries considering valence and frequency of word occurrence. *European Journal of Social Psychology*, Vol. 38, No. 7, pp. 1202-1217.

[133] Abele, A. E. et al. 2008b. Fundamental dimensions of social judgment. *European Journal of Social Psychology*, Vol. 38, No. 7, pp. 1063-1065.

[134] Abele, A. E. et al. 2016. Facets of the fundamental content dimensions: Agency with competence and assertiveness-communion with warmth and morality. *Frontiers in Psychology*, Vol. 7, p.17.

[135] Abele, A. E. and Brack, S. 2013. Preference for other persons' traits is dependent on the kind of social relationship. *Social Psychology*, Vol. 44, No. 2, pp.84-94.

[136] Abele, A. E. and Bruckmüller, S. 2011. The bigger one of the "Big Two"? Preferential

processing of communal information. *Journal of Experimental Social Psychology*, Vol. 47, No. 5, pp. 935-948.

[137]Abele, A. E. and Bruckmüller, S. 2013. The big two of agency and communion in language and communication. In J. Forgas and J. Laszlo (Eds.), *Social Cognition and Communication* (pp. 173-184). New York: Psychology press.

[138]Abele, A. E. and Spurk, D. 2011. The dual impact of gender and the influence of timing of parenthood on men's and women's career development: longitudinal findings. *International Journal of Behavioral Development*, Vol. 35, No. 3, pp. 225-232.

[139]Abele, A. E. and Wojciszke, B. 2007. Agency and communion from the perspective of self versus others. *Journal of Personality and Social Psychology*, Vol. 93, No. 5, pp. 751-763.

[140]Abele, A. E. and Wojciszke, B. 2014. Communal and agentic content in social cognition: A Dual Perspective Model. *Advances in Experimental Social Psychology*, Vol. 50, pp. 195-255.

[141]Abu-Akel, A. and Shamay-Tsoory, S. 2011. Neuroanatomical and neurochemical bases of theory of mind. *Neuropsychologia*, Vol. 49, No. 11, pp. 2971-2984.

[142]Adcock, A. et al. 2006. Reward-motivated learning: Mesolimbic activation precedes memory formation. *Neuron*, Vol. 50, No. 3, pp. 507-517.

[143]Alexander, K. J. et al. 2001. Young children's emotional attachment to stories. *Social Development*, Vol. 10, No. 3, pp. 374-398.

[144]Ames, D. R. et al. 2006. The NPI-16 as a short measure of narcissism. *Journal of Research in Personality*, Vol. 40, No. 4, pp. 440-450.

[145]Anthony, D. B. et al. 2007. Testing sociometer theory: Self-esteem and the importance of acceptance for social decision-making. *Journal of Experimental Social Psychology*, Vol. 43, No. 3, pp. 425-432.

[146]Antill, J. K. and Cunningham, J. D. 1979. Self-esteem as a function of masculinity in both sexes. *Journal of Consulting and Clinical Psychology*, Vol. 47, No. 4, pp. 783-785.

[147]Asch, S. E. 1946. Forming impressions of personality. *Journal of Abnormal and Social Psychology*, Vol. 41, No. 3, pp. 258-290.

[148]Bai, F. 2017. Beyond dominance and competence: A moral virtue theory of status attainment. *Personality & Social Psychology Review*, Vol. 21, No. 3, pp. 203-227.

[149]Bakan, D. 1966. *The Duality of Human Existence*. Reading, PA, Addison-Wesley.

[150]Bartels, A. and Zeki, S. 2004. The neural correlates of maternal and romantic love. *NeuroImage*, Vol. 21, No. 3, pp. 1155-1166.

[151]Bartz, J. A. and Lydon, J. E. 2004. Close relationships and the working self-concept:

Implicit and explicit effects of priming attachment on agency and communion. *Personality and Social Psychology Bulletin*, Vol. 30, No. 11, pp. 1389-1401.

[152]Baumeister, R. F. 1982. Self-esteem, self-presentation, and future interaction: A dilemma of reputation. *Journal of Personality*, Vol. 50, No. 1, pp. 29-45.

[153]Bearden, W. O. et al. 2001. Consumer self-confidence: Refinements in conceptualization and measurement. *Journal of Consumer Research*, Vol. 28, No. 1, pp. 121-134.

[154]Bearden, W. O. and Etzel, M. J. 1982. Reference group influence on product and brand purchase decisions. *Journal of Consumer Research*, Vol. 9, No. 1, pp. 183-194.

[155]Bem, S. L. 1974. The measurement of psychological androgyny. *Journal of Consulting and Clinical Psychology*, Vol. 42, No. 2, pp. 155-162.

[156]Bem, S. L. 1993. *The Lenses of Gender: Transforming the Debate on Sexual Inequality.* New Haven, CT, Yale University Press.

[157]Bem, S. L. 1997. On the utility of alternative procedures for assessing psychological androgyny. *Journal of Clinical and Consulting Psychology*, Vol. 45, No. 2, pp. 196-205.

[158]Bergsieker, H. B. et al. 2012. Stereotyping by omission: Eliminate the negative, accentuate the positive. *Journal of Personality & Social Psychology*, Vol. 102, No. 6, pp. 1214-1238.

[159]Berry, J. W. et al. 1986. Assessment of acculturation. In W. Lonner and J. Berry (Eds.), *Field Methods in Cross-Cultural Research*. Newbury Park, CA, Sage.

[160]Bi, C. et al. 2013. Accentuating your masculine side: Agentic traits generally dominate self-evaluation, even in China. *Social Psychology*, Vol. 44, No. 2, pp. 103-108.

[161]Blackburn, R. et al. 2004. Big five or big two? Superordinate factors in the NEO five factor inventory and the antisocial personality questionnaire. *Personality and Individual Differences*, Vol. 37, No. 5, pp. 957-970.

[162]Blascovich, J. and Tomaka, J. 1991. Measures of self-esteem. In Robinson, J. P. et al. (Eds.), *Measures of Personality and Psychological Attitudes* (Vol.1). San Diego, Academic Press.

[163]Bozionelos, N. and Bozionelos, G. 2003. Instrumental and expressive traits: Their relationship and their association with biological sex. *Social Behavior and Personality*, Vol. 31, No. 4, pp. 423-430.

[164]Brambilla, M. et al. 2011. Looking for honesty: The primary role of morality (vs. sociability and competence) in information gathering. *European Journal of Social Psychology*, Vol. 41, No. 2, pp. 135-143.

[165]Bruckmüller, S. and Abele, A. E. 2013. The density of the "big two": How are agency and communion structurally represented? *Social Psychology*, Vol. 44, No. 2, pp. 63-74.

[166]Burleson, B. R. and Gilstrap, C. M. 2002. Explaining sex differences in interaction goals in support situations: Some mediating effects of expressivity and instrumentality.

Communication Reports, Vol. 15, No. 1, pp. 43-55.

[167]Bush, G. et al. 2000. Cognitive and emotional influences in anterior cingulate cortex. *Trends in Cognitive Sciences*, Vol. 4, No. 6, pp. 215-222.

[168]Buss, D. M. 1989. Sex differences in human mate preferences: Evolutionary hypotheses tested in 37 cultures. *Behavioral and Brain Sciences*, Vol. 12, No. 1, pp. 1-49.

[169]Buss, D. M. 2009. The great struggles of life: Darwin and the emergence of evolutionary psychology. *American Psychologist*, Vol. 64, No. 2, pp. 140-148.

[170]Cai, J. 2003. A review on implicit association test. *Advances in Psychological Science*, Vol. 11, No. 3, pp. 339-344.

[171]Campbell, J. D. et al. 1996. Self-concept clarity: Measurement, personality correlates, and cultural boundaries. *Journal of Personality and Social Psychology*, Vol. 70, No. 1, pp. 141-156.

[172]Campbell, W. K. et al. 2002. Narcissism, self-esteem, and the positivity of self-views: Two portraits of self-love. *Personality and Social Psychology Bulletin*, Vol. 28, No. 3, pp. 358-368.

[173]Carey, R. and Markus, H. R. 2016. Understanding consumer psychology in working class contexts. *Journal of Consumer Psychology*, Vol. 26, No. 4, pp. 568-582.

[174]Chan, E. and Ybarra, O. 2002. Interaction goals and social information processing: Underestimating one's partners but overestimating one's opponents. *Social Cognition*, Vol. 20, No. 5, pp. 409-439.

[175]Chance, M. R. A. 1988. *Social Fabrics of the Mind*. Hillsdale, NJ, Lawrence Erlbaum.

[176]Charles, S. T. and Carstensen, L. L. 2010. Social and emotional aging. *Annual Review of Psychology*, Vol. 61, No. 1, pp. 383-409.

[177]Chelminski, P. and Coulter, R. A. 2007a. The effects of cultural individualism and self-confidence on propensity to voice: From theory to measurement to practice. *Journal of International Marketing*, Vol. 15, No. 4, pp. 94-118.

[178]Chelminski, P. and Coulter, R. A. 2007b. On market mavens and consumer self-confidence: A cross-cultural study. *Psychology and Marketing*, Vol. 24, No. 1, pp. 69-91.

[179]Chen, A. et al. 2008. The temporal features of self-referential processing evoked by Chinese handwriting. *Journal of Cognitive Neuroscience*, Vol. 20, No. 5, pp. 816-827.

[180]Cislak, A. 2013. Effects of power on social perception: All your boss can see is agency. *Social Psychology*, Vol. 44, No. 2, pp. 139-147.

[181]Cislak, A. and Wojciszke, B. 2008. Agency and communion are inferred from actions serving interests of self or others. *European Journal of Social Psychology*, Vol. 38, No. 7, pp. 1103-1110.

[182]Clark, R. A. et al. 2008. Market mavenism and consumer self-confidence. *Journal of Consumer Behavior*, Vol. 7, No. 3, pp. 239-248.

[183]Cohen, J. et al. 2003. *Applied Multiple Regression/Correlation Analysis for the Behavioral Sciences* (3rd Ed.). Mahwah, Erlbaum.

[184]Cohen, S. and McKay, G. 1984. Social support, stress, and the buffering hypothesis: A theoretical analysis. In Baum, A. et al. (Eds.), *Handbook of psychology and health* (Vol. 4). Hillsdale, NJ, Lawrence Erlbaum Press.

[185]Cole, D. A. et al. 2001. The development of multiple domains of child and adolescent self-concept: A cohort sequential longitudinal design. *Child Development*, Vol. 72, No. 6, pp. 1723-1746.

[186]Costarelli, S. 2005. A social identity threat and experienced affect: The distinct roles of intergroup attributions and social identification. *Current Research in Social Psychology*, Vol. 10, No. 10, pp. 137-148.

[187]Cottrell, C. A. and Neuberg, S. L. 2005. Different emotional reactions to different groups: A sociofunctional threat-based approach to "prejudice". *Journal of Personality and Social Psychology*, Vol. 88, No. 5, pp. 770-789.

[188]Craig, A. D. 2009. How do you feel now? The anterior insula and human awareness. *Neuroscience*, Vol. 10, No. 1, pp. 59-70.

[189]Cresci, M. K. 2001. The relationship between informational support and post-injury functional status in older women recovering from a hip fracture. *Educational Gerontology*, Vol. 27, No. 3-4, pp. 281-295.

[190]Crocker, J. et al. 2008. Why does writing about important values reduce defensiveness? Self-affirmation and the role of positive other-directed feelings. *Psychological Science*, Vol. 19, No. 7, pp. 740-747.

[191]Croizet, J. C. and Claire, T. 1998. Extending the concept of stereotype threat to social class: The intellectual underperformance of students from low socioeconomic backgrounds. *Personality and Social Psychology Bulletin*, Vol. 24, No. 6, pp. 588-594.

[192]Cuddy, A. et al. 2004. When professionals become mothers, warmth doesn't cut the ice. *Journal of Social Issues*, Vol. 60, No. 4, pp. 701-718.

[193]Cuddy, A. et al. 2008. Warmth and competence as universal dimensions of social perception: The Stereotype Content Model and the BIAS Map. In M. P. Zanna (Ed.), *Advances in Experimental Social Psychology* (Vol. 40). Thousand Oaks, CA, Academic Press.

[194]Cuddy, A. et al. 2009, Stereotype content model across cultures: Towards universal similarities and some differences. *British Journal of Social Psychology*, Vol. 48, No. 1,

pp. 1-33.

[195]Cui, X. et al. 2012. NIRS-based hyperscanning reveals increased interpersonal coherence in superior frontal cortex during cooperation. *NeuroImage*, Vol. 59, No. 3, pp. 2430-2437.

[196]Cutrona, C. E. and Russell, D. W. 1990. Type of social support and specific stress: Toward a theory of optimal matching. In Sarason, B. R. et al. (Eds.), *Social Support: An Interactional View*. New York, NY, Wiley.

[197]De Bruin, E. N. and Van Lange, P. A. 1999. Impression formation and cooperative behavior. *European Journal of Social Psychology*, Vol. 29, No. 2-3, pp. 305-328.

[198]DeYoung, C. G. 2006. Higher-order factors of the Big Five in a multi-informant sample. *Journal of Personality and Social Psychology*, Vol. 91, No. 6, pp. 1138-1151.

[199]Diehl, M. et al. 2004. Agency and communion attributes in adults' spontaneous self-representations. *International Journal of Behavioral Development*, Vol. 28, No. 1, pp. 1-15.

[200]Diener, E. D. et al. 1985. The satisfaction with life scale. *Journal of Personality Assessment*, Vol. 49, No. 1, pp. 71-75.

[201]Digman, J. M. 1997. Higher-order factors of the big five. *Journal of Personality & Social Psychology*, Vol. 73, No. 6, pp. 1246-1256.

[202]Dotson, M. J. 1984. Formal and informal work group influences on member purchasing behavior. Dissertation for D. B. A., Mississippi State University.

[203]Dubois, J. and Adolphs, R. 2016. How the brain represents other minds. *Proceedings of the National Academy of Sciences*, Vol. 113, No. 1, pp. 19-21.

[204]Dunbar, R. I. and Shultz, S. 2007. Understanding primate brain evolution. *Philosophical Transactions of the Royal Society B*, Vol. 362, No. 1480, pp. 649-658.

[205]Durante, F. et al. 2010. The stereotype content model: The role played by competence in inferring group status. *Tpm Testing Psychometrics Methodology in Applied Psychology*, Vol. 17, No. 4, pp. 187-199.

[206]Eccles, J. S. et al. 1984. Grade-related changes in the school environment: Effects on achievement motivation. *Advances in Motivation and Achievement*, Vol. 3, pp. 283-331.

[207]Eddy, C. M. et al. 2013. Theory of mind deficits in Parkinson's disease: A product of executive dysfunction? *Neuropsychology*, Vol. 27, No. 1, pp. 37-47.

[208]Elliott, R. et al. 2000. Dissociable neural responses in human reward systems. *The Journal of Neuroscience*, Vol. 20, No. 16, pp. 6159-6165.

[209]Epstein, S. 1973. The self-concept revisited: Or a theory of a theory. *American Psychologist*, Vol. 28, No. 5, pp. 404-416.

[210]Fan, J. et al. 2007. Response anticipation and response conflict: an event-related potential and functional magnetic resonance imaging study. *The Journal of Neuroscience*, Vol. 27,

No. 9, pp. 2272-2282.

[211]Federmeier, K. D. 2007. Thinking ahead: The role and roots of prediction in language comprehension. *Psychophysiology*, Vol. 44, No. 4, pp. 491-505.

[212]Fein, S. and Spencer, S. J. 1997. Prejudice as self-image maintenance: Affirming the self through derogating others. *Journal of Personality and Social Psychology*, Vol. 73, No. 1, pp. 31-44.

[213]Fiske, S. T. 2009. Social neuroscience evidence for dehumanised perception. *European Review of Social Psychology*, Vol. 20, No. 1, pp. 192-231.

[214]Fiske, S. T. et al. 1999. (Dis) respecting versus (dis) liking: Status and interdependence predict ambivalent stereotypes of competence and warmth. *Journal of Social Issues*, Vol. 55, No. 3, pp. 473-489.

[215]Fiske, S. T. et al. 2002. A model of (often mixed) stereotype content: Competence and warmth respectively follow from perceived status and competition. *Journal of Personality and Social Psychology*, Vol. 82, No. 6, pp. 878-900.

[216]Fiske, S. T. et al. 2007. Universal dimensions of social cognition: Warmth and competence. *Trends in Cognitive Sciences*, Vol. 11, No. 2, pp. 77-83.

[217]Fossati, P. et al. 2003. In search of the emotional self: An fMRI study using positive and negative emotional words. *American Journal of Psychiatry*, Vol. 160, No. 11, pp. 1938-1945.

[218]Fredrickson, B. L. 1998. What good are positive emotions? *Review of General Psychology*, Vol. 2, No. 3, pp. 300-319.

[219]Friston, K. J. et al. 1994. Statistical parametric maps in functional imaging: A general linear approach. *Human Brain Mapping*, Vol. 2, No. 4, pp. 189-210.

[220]Fritsch, N. and Kuchinke, L. 2013. Acquired affective associations induce emotion effects in word recognition: An ERP study. *Brain and Language*, Vol. 124, No. 1, pp. 75-83.

[221]Fumagalli, M. and Priori, A. 2012. Functional and clinical neuroanatomy of morality. *Brain*, Vol. 135, No. 7, pp. 2006-2021.

[222]Garrard, P. et al. 2008. Cognitive and social cognitive functioning in spinocerebellar ataxia. *Journal of Neurology*, Vol. 255, No. 3, pp. 398-405.

[223]Gazzaniga, M. et al. 2008. Cognitive Neurosciences: *The Biology of the Mind* (3rd Edition). New York, W. W. Norton and Company Press.

[224]Gebauer, J. E. et al. 2012. Communal narcissism. *Journal of Personality and Social Psychology*, Vol. 103, No. 5, pp. 854-878.

[225]Gebauer, J. E. et al. 2013. Agency communion and self esteem relations are moderated by culture, religiosity, age, and sex: Evidence for the "self centrality breeds self enhancement"

principle. *Journal of Personality*, Vol. 81, No. 3, pp. 261-275.

[226]Gilbert, D. T. et al. 1995. When comparisons arise. *Journal of Personality and Social Psychology*, Vol. 69, No. 2, pp. 227-236.

[227]Goncalo, J. A. et al. 2010. Are two narcissists better than one? The link between narcissism, perceived creativity, and creative performance. *Personality and Social Psychology Bulletin*, Vol. 36, No. 11, pp. 1484-1495.

[228]Graves, W. W. et al. 2007. A neural signature of phonological access: Distinguishing the effects of word frequency from familiarity and length in overt picture naming. *Journal of Cognitive Neuroscience*, Vol. 19, No. 4, pp. 617-631.

[229]Grimm, S. et al. 2006. Segregated neural representation of distinct emotion dimensions in the prefrontal cortex–An fMRI study. *NeuroImage*, Vol, 30, No. 1, pp. 325-340.

[230]Grimm, S. et al. 2008. Altered negative BOLD responses in the default-mode network during emotion processing in depressed subjects. *Neuropsychopharmacology*, Vol. 34, No. 4, pp. 932-843.

[231]Gudykunst, W. B. et al. 1996. The influence of cultural individualism-collectivism, self-construals, and individual values on communication styles across cultures. *Human Communication Research*, Vol. 22, No. 4, pp. 510-543.

[232]Gusnard, D. A. and Raichle, M. E. 2001. Searching for a baseline: Functional imaging and the resting human brain. *Nature Reviews Neuroscience*, Vol. 2, No. 10, pp. 685-694.

[233]Hafer, C. L. and Choma, B. L. 2009. Belief in a just world, perceived fairness, and justification of the status quo. In Jost, J. et al. (Eds.), *Social and Psychological Bases of Ideology and System Justification*. New York, Oxford University Press.

[234]Hagemeyer, B. and Neyer, F. J. 2012. Assessing implicit motivational orientations in couple relationships: The Partner-Related Agency and Communion Test (PACT). *Psychological assessment*, Vol. 24, No. 1, pp. 114-128.

[235]Harenski, C. L. and Hamann, S. 2006. Neural correlates of regulating negative emotions related to moral violations. *Neuroimage*, Vol. 30, No. 1, pp. 313-324.

[236]Harlow, R. E. and Cantor, N. 1995. To whom do people turn when things go poorly? Task orientation and functional social contacts. *Journal of Personality and Social Psychology*, Vol. 69, No. 2, pp. 329-340.

[237]Harris, L. T. and Fiske, S. T. 2006. Dehumanizing the lowest of the low: Neuroimaging responses to extreme out-groups. *Psychological Science*, Vol. 17, No. 10, pp. 847-853.

[238]Harris, L. T. and Fiske, S. T. 2007. Social groups that elicit disgust are differentially processed in mPFC. *Social Cognitive & Affective Neuroscience*, Vol. 2, No. 1, pp. 45-51.

[239]Harter, S. 1999. *The Construction of the Self: A Developmental Perspective* (1st Ed.). New

York, Guilford Press.

[240]Harter, S. 2012. Emerging self process during childhood and adolescence. In M. R. Leary and J . P. Tangney (Eds.), *Handbook of Self and Identity*. New York, Guilford Press.

[241]Hastie, R. and Park, B. 1986. The relationship between memory and judgment depends on whether the judgment task is memory-based or on-line. *Psychological Review*, Vol. 93, No. 3, pp. 258-268.

[242]Haught, H. M. et al. 2015. Subjective social status and well-being: the role of referent abstraction. *Journal of Social Psychology*, Vol. 155, No. 4, pp. 356-369.

[243]Havighurst, R. J. 1956. Research on the developmental-task concept. *School Review*, Vol. 64, No. 5, pp. 215-223.

[244]Heatherton, T. F. and Polivy, J. 1991. Development and validation of a scale for measuring state self-esteem. *Journal of Personality and Social psychology*, Vol. 60, No. 6, pp. 895-910.

[245]Helgeson, V. S. 1994. Relation of agency and communion to well-being: Evidence and potential explanations. *Psychological Bulletin*, Vol. 116, No. 3, pp. 412-428.

[246]Hellén, K. and Sääksjärvi, M. 2011. Happiness as a predictor of service quality and commitment for utilitarian and hedonic services. *Psychology and Marketing*, Vol. 28, No. 9, pp. 934-957.

[247]Heyman, G. D. et al. 2003. Preschool children's reasoning about ability. *Child Development*, Vol. 74, No. 2, pp. 516-534.

[248]Hoffman, M. L. et al. 2004. An examination of gender differences in adolescent adjustment: The effect of competence on gender role differences in symptoms of psychopathology. *Sex Roles*, Vol. 50, No. 11, pp. 795-810.

[249]Hogan, R. 1983. A socioanalytic theory of personality. In M. M. Page (Ed.), *Nebraska Symposium on Motivation*. Lincoln, NE, University of Nebraska Press.

[250]Holoien, D. S. and Fiske, S. T. 2013. Downplaying positive impressions: Compensation between warmth and competence in impression management. *Journal of Experimental Social Psychology*, Vol. 49, No. 1, pp. 33-41.

[251]Howard-Snyder, F. 2005. It's the thought that counts. *Utilitas*, Vol. 17, No. 3, pp. 265-281.

[252]Huebner, B. et al. 2009. The role of emotion in moral psychology. *Trends in Cognitive Sciences*, Vol. 13, No. 1, pp.1-6.

[253]Hughes, B. L. and Beer, J. S. 2012. Orbitofrontal cortex and anterior cingulate cortex are modulated by motivated social cognition. *Cerebral Cortex*, Vol. 22, No. 6, pp. 1372-1381.

[254]Humphrey, N. K. 1976. The social function of intellect. In P. P. G. Bateson and R. A. Hinde (Eds.), *Growing Points in Ethology*. Cambridge, UK, Cambridge University Press.

[255]Inagaki, T. K. and Eisenberger, N. I. 2013. Shared neural mechanisms underlying social warmth and physical warmth. *Psychological Science*, Vol. 24, No. 11, pp. 2272-2280.

[256]James, W. 2013/1907. *The Principles of Psychology* (Vol. 1). New York, Holt.

[257]Jaremka, L. M. et al. 2011. Reducing defensive distancing: Self-affirmation and risk regulation in response to relationship threats. *Journal of Experimental Social Psychology*, Vol. 47, No. 1, pp. 264-268.

[258]John, O. P. et al. 1991. *The Big Five Inventory-Versions 4a and 54*. Berkeley, CA, University of California, Berkeley, Institute of Personality and Social Research.

[259]Johnson, J. W. 2000. A heuristic method for estimating the relative weight of predictor variables in multiple regression. *Multivariate Behavioral Research*, Vol. 35, No. 1, pp. 1-19.

[260]Jost, J. T. et al. 2004. A decade of system justification theory: Accumulated evidence of conscious and unconscious bolstering of the status quo. *Political Psychology*, Vol. 25, No. 6, pp. 881-919.

[261]Jost, J. T. and Banaji, M. R. 1994. The role of stereotyping in system justification and the production of false consciousness. *British journal of social psychology*, Vol. 33, No. 1, pp. 1-27.

[262]Jost, J. T. and Kay, A. C. 2005. Exposure to benevolent sexism and complementary gender stereotypes: Consequences for specific and diffuse forms of system justification. *Journal of Personality & Social Psychology*, Vol. 88, No. 3, pp. 498-509.

[263]Judd, C. M. et al. 2005. Fundamental dimensions of social judgment: understanding the relations between judgments of competence and warmth. *Journal of Personality and Social Psychology*, Vol. 89, No. 6, pp. 899-913.

[264]Kay, A. C. and Jost, J. T. 2003. Complementary justice: Effects of "poor but happy" and "poor but honest" stereotype exemplars on system justification and implicit activation of the justice motive. *Journal of Personality & Social Psychology*, Vol. 85, No. 5, pp. 823-837.

[265]Keller, C. et al. 2011. The general confidence scale: Coping with environmental uncertainty and threat. *Journal of Applied Social Psychology*, Vol. 41, No. 9, pp. 2200-2229.

[266]Kenworthy, J. B. and Tausch, N. 2008. Expectations about the accuracy and stability of warmth versus competence traits: An intergroup analysis. *European Journal of Social Psychology*, Vol. 38, No. 7, pp. 1121-1129.

[267]Kervyn, N. et al. 2009. You want to appear competent? Be mean! You want to appear sociable? Be lazy! Group differentiation and the compensation effect. *Journal of Experimental Social Psychology*, Vol. 45, No. 2, pp. 363-367.

[268]Kervyn, N. et al. 2010. Atypicality and the two fundamental dimensions: Applying the negativity effect on warmth to group perception. *European Journal of Social Psychology*, Vol. 40, No. 3, pp. 484-489.

[269]Kervyn, N. et al. 2012. The innuendo effect: Hearing the positive but inferring the negative. *Journal of Experimental Social Psychology*, Vol. 48, No. 1, pp.77-85.

[270]Kim, M. S. et al. 1996. Individual- vs. Culture-level dimensions of individualism and collectivism: Effects on preferred conversational styles. *Communication Monographs*, Vol. 63, No. 1, pp. 29-49.

[271]Kling, K. C. et al. 1999. Gender differences in self-esteem: A meta-analysis. *Psychological Bulletin*, Vol. 125, No. 4, pp. 470-500.

[272]Koenigs, M. et al. 2009. Superior pariet al cortex is critical for the manipulation of information in working memory. *The Journal of Neuroscience*, Vol. 29, No. 47, pp. 14980-14986.

[273]Konrath, S. et al. 2009. Seeing my world in a million little pieces: Narcissism, self-construal, and cognitive-perceptual style. *Journal of Personality*, Vol. 77, No. 4, pp. 1197-1228.

[274]Konrath, S. H. et al. 2011. Changes in dispositional empathy in American college students over time: A meta-analysis. *Personality and Social Psychology Review*, Vol. 15, No. 2, pp. 180-198.

[275]Koole, S. L. et al. 1999. The cessation of rumination through self-affirmation. *Journal of Personality and Social Psychology*, Vol. 77, No. 1, pp. 111-125.

[276]Koshino, H. et al. 2011. Anterior medial prefrontal cortex exhibits activation during task preparation but deactivation during task execution. *PloS one*, Vol. 6, No. 8, pp. e22909.

[277]Kraus, M. W. 2015. Americans still overestimate social class mobility: A pre-registered self-replication. *Frontiers in Psychology*, Vol. 6, No. 142, pp. 1709-1713.

[278]Kraus, M. W. and Tan, J. J. X. 2015. Americans overestimate social class mobility. *Journal of Experimental Social Psychology*, Vol. 58, pp. 101-111.

[279]Krings, F. et al. 2011. Stereotypical inferences as mediators of age discrimination: The role of competence and warmth. *British Journal of Management*, Vol. 22, No. 2, pp. 187-201.

[280]Kumashiro, M. and Sedikides, C. 2005. Taking on board liability-focused information close positive relationships as a self-bolstering resource. *Psychological Science*, Vol. 16, No. 9, pp. 732-739.

[281]Kuo, W-J. et al. 2004. Orthographic and phonological processing of Chinese characters: An fMRI study. *NeuroImage*, Vol. 21, No. 4, pp. 1721-1731.

[282]Kutas, M. et al. 1987. A preliminary comparison of the N400 response to semantic anomalies during reading, listening and signing. *Electroencephalogr Clin Neurophysiol Suppl*, Vol. 39, pp. 325-330.

[283]Kutas, M. and Hillyard, S. A. 1980. Reading senseless sentences: Brain potentials reflect semantic incongruity. *Science*, Vol. 207, No. 4427, pp. 203-205.

[284]Lamm, C. and Singer, T. 2010. The role of anterior insular cortex in social emotions. *Brain Structure and Function*, Vol. 214, No. 5-6, pp. 579-591.

[285]Lastovicka, J. 1987. A lifestyle typology to model young male drinking and driving. *Journal of Consumer Research*, Vol. 14, No. 2, pp. 257-263.

[286]Lau, E. F. et al. 2008. A cortical network for semantics: (de) Constructing the N400. *Nature Reviews Neuroscience*, Vol. 9, No. 12, pp. 920-933.

[287]Leach, C. W. et al. 2007. Group virtue: The importance of morality vs. competence and sociability in the positive evaluation of in-groups. *Journal of Personality & Social Psychology*, Vol. 93, No. 2, pp. 234-249.

[288]Leary, M. R. 1999. Making sense of self-esteem. *Current Directions in Psychological Science*, Vol. 8, No. 1, pp. 32-35.

[289]Leary, M. R. 2003. Interpersonal aspects of optimal self-esteem and the authentic self. *Psychological Inquiry*, Vol. 14, No. 1, pp. 52-54.

[290]Leary, M. R. et al. 2001. Deconfounding the effects of dominance and social acceptance on self-esteem. *Journal of Personality and Social Psychology*, Vol. 81, No. 5, pp. 898-909.

[291]Leary, M. R. and Baumeister, R. F. 2000. The nature and function of self-esteem: Sociometer theory. *Advances in Experimental Social Psychology*, Vol. 32, pp. 1-62.

[292]Ledberg, A. et al. 1998. Estimation of the probabilities of 3D clusters in functional brain images. *NeuroImage*, Vol. 8, No. 2, pp. 113-128.

[293]Li, H. and Wang, F. 2017. A three-dimensional model of the wise personality: A free classification approach. *Social Behavior and Personality*, Vol. 45, No. 11, pp. 1879-1888.

[294]Li, T. and Zhao, Y. 2012. Help less or help more–perceived intergroup threat and out-group helping. *International Journal of Psychological Studies*, Vol. 4, No. 4, pp. 90-98.

[295]Li, X. and Bi, C. 2013. The explanation effect of fundamental dimension on junior school students' self-esteem. In Y. Kim (Ed.), Proceedings of the 2013 international conference on advances in social science, humanities, and management. Guangzhou, China, Atlantis Press.

[296]Lidzba, K. et al. 2013. Complex visual search in children and adolescents: Effects of age and performance on fMRI activation. *PloS one*, Vol. 8, No.12, pp. e85168.

[297]Linville, P. W. 1987. Self-complexity as a cognitive buffer against stress-related illness

and depression. *Journal of Personality and Social Psychology*, Vol. 52, No. 4, pp. 663-676.

[298]Lippa, R. 2001. On deconstructing and reconstructing masculinity-femininity. *Journal of Research in Personality*, Vol. 35, No. 2, pp. 168-207.

[299]Liu, J. S. et al. 2014. Unsociability and shyness in Chinese children: Concurrent and predictive relations with indices of adjustment. *Journal of Consumer Affairs*, Vol. 23, No. 1, pp. 119-136.

[300]Locander, W. B. and Hermann, P. W. 1979. The effect of self-confidence and anxiety on information seeking in consumer risk reduction. *Journal of Marketing Research*, Vol. 16, No. 2, pp. 268-274.

[301]Loibl, C. et al. 2009. Consumer self-confidence in searching for information. *Journal of Consumer Affairs*, Vol. 43, No. 1, pp. 26-55.

[302]Lyubomirsky, S. and Lepper, H. S. 1999. A measure of subjective happiness: Preliminary reliability and construct validation. *Social Indicators Research*, Vol. 46, No. 2, pp. 137-155.

[303]Major, B. et al. 2002. Perceiving personal discrimination: The role of group status and legitimizing ideology. *Journal of Personality and Social Psychology*, Vol. 82, No. 3, pp. 269-282.

[304]Major, B. et al. 2007. Perceived discrimination as worldview threat or worldview confirmation: Implications for self-esteem. *Journal of Personality and Social Psychology*, Vol. 92, No. 6, pp. 1068-1086.

[305]Mangun, G. R. et al. 1998. ERP and fMRI measures of visual spatial selective attention. *Human Brain Mapping*, Vol. 6, No. 5-6, pp. 383-389.

[306]Mannell, M. V. et al. 2010. Resting state and task-induced deactivation: A methodological comparison in patients with schizophrenia and healthy controls. *Human Brain Mapping*, Vol. 31, No. 3, pp. 424-437.

[307]Mar, R. A. 2011. The neural bases of social cognition and story comprehension. *Annual Review of Psychology*, Vol. 62, No. 1, pp. 103-134.

[308]Matsumoto, K. and Tanaka, K. 2004.The role of the medial prefrontal cortex in achieving goals. *Current Opinion in Neurobiology*, Vol. 14, No. 2, pp. 178-185.

[309]McAdams, D. P. and Olson, B. D. 2010. Personality development: Continuity and change over the life course. *Annual Review of Psychology*, Vol. 61, No. 1, pp. 517-542.

[310]Meier, L. L. et al. 2011. Age differences in instability, contingency, and level of self-esteem across the life span. *Journal of Research in Personality*, Vol. 45, No. 6, pp. 604-612.

[311]Mitchell, G. et al. 2003. Experiments behind the veil: Structural influences on judgments

of social justice. *Political Psychology*, Vol. 24, No. 3, pp. 519-547.

[312]Mitchell, J. P. et al. 2006. Medial prefrontal dissociations during processing of trait diagnostic and nondiagnostic person information. *Social Cognitive and Affective Neuroscience*, Vol. 1, No. 1, pp. 49-55.

[313]Monane, J. 1967. *A Sociology of Human Systems*. East Norwalk, CT, US, Appleton-Century-Crofts.

[314]Mosher, C. E. and Danoff-Burg, S. 2005. Agentic and communal personality traits: Relations to attitudes toward sex and sexual experiences. *Sex Roles*, Vol. 52, No. 1, pp. 121-129.

[315]Mosher, C. E. and Danoff-Burg, S. 2007. College students' life priorities: The influence of gender and gender-linked personality traits. *Gender Issues*, Vol. 24, No. 2, pp. 21-33.

[316]Mussweiler, T. 2007. Assimilation and contrast as comparison effects – The selective accessibility model. In D. Stapel and J. Suls (Eds.), Assimilation and contrast in social psychology, pp. 165-185. New York, NY: Psychology Press.

[317]Nestor, P. G. et al. 2013. In search of the functional neuroanatomy of sociality: MRI subdivisions of orbital frontal cortex and social cognition. *Social Cognitive and Affective Neuroscience*, Vol. 8, No. 4, pp. 460-467.

[318]Ng, S. H. et al. 2010. Dynamic bicultural brains: fMRI study of their flexible neural representation of self and significant others in response to culture primes. *Asian Journal of Social Psychology*, Vol. 13, No. 2, pp. 83-91.

[319]Nobre, A. C. and Mccarthy, G. 1995. Language-related field potentials in the anterior-medial temporal lobe: II. Effects of word type and semantic priming. *The Journal of Neuroscience*, Vol. 15, No. 2, pp. 1090-1098.

[320]O'Leary, K. D. et al. 1983. Assessment of positive feelings toward spouse. *Journal of Consulting and Clinical Psychology*, Vol. 51, No. 6, pp. 949-951.

[321]Park, C. W. et al. 1994. Consumer knowledge assessment. *Journal of Consumer Research*, Vol. 21, No.1, pp. 71-82.

[322]Parsons, T. and Bales, R. F. 1955. *Family Socialization and Interaction Process*. Glencoe, IL, The Free Press.

[323]Patrick, H. et al. 2007. The role of need fulfillment in relationship functioning and well-being: A self-determination theory perspective. *Journal of Personality and Social Psychology*, Vol. 92, No. 3, pp. 434-457.

[324]Peterson, R. A. and Sauber, M. 1983. A mood scale for survey research. In Proceedings of the American Marketing Association's Educators Conference. American Marketing Association, Chicago, IL.

[325]Picerni, E. et al. 2013. New evidence for the cerebellar involvement in personality traits. *Frontiers in Behavioral Neuroscience*, Vol. 7, No. 11, p. 133.

[326]Pincus, A. L. et al. 2009. Initial construction and validation of the Pathological Narcissism Inventory. *Psychological Assessment*, Vol. 21, No. 3, pp. 365-379.

[327]Powell, J. L. et al. 2010. Orbital prefrontal cortex volume correlates with social cognitive competence. *Neuropsychologia*, Vol. 48, No. 12, pp. 3554-3562.

[328]Prinzm, W. et al. 2005. Attention: Reaction time and accuracy reveal different mechanisms. *Journal of Experimental Psychology General*, Vol. 134, No. 1, pp. 73-92.

[329]Puglisi, J. and Jackson, D. 1980. Sex role identity and self esteem in adulthood. *International Journal of Aging Human Development*, Vol. 12, No. 2, pp. 129-138.

[330]Quirin, M. et al. 2013. Neural correlates of social motivation: An fMRI study on power versus affiliation. *International Journal of Psychophysiology*, Vol. 88, No. 3, pp. 289-295.

[331]Radloff, L. S. 1977. The CES-D scale a self-report depression scale for research in the general population. *Applied Psychological Measurement*, Vol. 1, No. 3, pp. 385-401.

[332]Reeder, G. D. and Brewer, M. B. 1979. A schematic model of dispositional attribution in interpersonal perception. *Psychological Review*, Vol. 86, No. 1, pp. 61-79.

[333]Reisz, Z. et al. 2013. Personality traits and the prediction of personal goals. *Personality and Individual Differences*, Vol. 55, No. 6, pp. 699-704.

[334]Robins, R. W. et al. 2001. Personality correlates of self-esteem. *Journal of Research in Personality*, Vol. 35, No. 4, pp. 463-482.

[335]Roche, M. J. et al. 2013. Within-person covariation of agentic and communal perceptions: Implications for interpersonal theory and assessment. *Journal of Research in Personality*, Vol. 47, No. 4, pp. 445-452.

[336]Rolls, E. T. et al. 1996. The orbitofrontal cortex. *Philosophical Transactions of the Royal Society of London. Series B: Biological Sciences*, Vol. 351, No. 1346, pp. 1433-1444.

[337]Rosenberg, M. 1965. *Society and the Adolescent Self-Image*. Princeton, NJ, Princeton University Press.

[338]Safer, M. A. et al. 2007. Long-term memory for the emotional gist and emotional essence of an experience. *Memory*, Vol. 15, No. 8, pp. 861-872.

[339]Sambataro, F. et al. 2010. Age-related alterations in default mode network: Impact on working memory performance. *Neurobiology of Aging*, Vol. 31, No. 5, pp. 839-852.

[340]Saragovi, C. et al. 1997. Agency, communion, and well-being: Extending Helgeson's (1994) model. *Journal of Personality and Social Psychology*, Vol. 73, No. 3, pp. 593-609.

[341]Saragovi, C. et al. 2002. Traits, motives, and depressive styles as reflections of agency and communion. *Personality and Social Psychology Bulletin*, Vol. 28, No. 5, pp. 563-577.

[342]Saucier, G. et al. 2014. A basic bivariate structure of personality attributes evident across nine languages. *Journal of Personality*, Vol. 82, No. 1, pp. 1-14.

[343]Sax, R. and Powell, L. J. 2006. It's the thought that counts: Specific brain regions for one component of theory of mind. *Psychological Science*, Vol. 17, No. 8, pp. 692-699.

[344]Schimel, J. et al. 2004. Not all self-affirmations were created equal: The cognitive and social benefits of affirming the intrinsic (vs. extrinsic) self. *Social Cognition*, Vol. 22, No. 1, pp. 75-99.

[345]Schultheiss, O. C. et al. 2008. Exploring the motivational brain: Effects of implicit power motivation on brain activation in response to facial expressions of emotion. *Social Cognitive and Affective Neuroscience*, Vol. 3, No. 4, pp. 333-343.

[346]Schwartz, S. H. and Bardi, A. 2001. Value hierarchies across cultures: Taking a similarities perspective. *Journal of Cross-Cultural Psychology*, Vol. 32, No. 3, pp. 268-290.

[347]Segool, N. K. et al. 2013. Heightened test anxiety among young children: Elementary school students' anxious responses to high-stakes testing. *Psychology in the Schools*, Vol. 50, No. 5, pp. 489-499.

[348]Sheldon, K. M. and Cooper, M. L. 2008. Goal striving within agentic and communal roles: Separate but functionally similar pathways to enhanced well-being. *Journal of Personality*, Vol. 76, No. 3, pp. 415-448.

[349]Shenhav, A. and Greene, J. D. 2010. Moral judgments recruit domain-general valuation mechanisms to integrate representations of probability and magnitude. *Neuron*, Vol. 67, No. 4, pp. 667-677.

[350]Sherman, D. A. K. et al. 2000. Do messages about health risks threaten the self? Increasing the acceptance of threatening health messages via self-affirmation. *Personality and Social Psychology Bulletin*, Vol. 26, No. 9, pp. 1046-1058.

[351]Sherman, D. K. and Cohen, G. L. 2006. The psychology of self-defense: Self-affirmation theory. In M. P. Zanna (Ed.), *Advances in Experimental Social Psychology*. San Diego, Academic Press.

[352]Showers. C. J. and Zeigler-Hill. V. 2003. Organization of self-knowledge: Features, functions, and flexibility. In M. R. Leary and J. P. Tangney (Eds.). *Handbook of Self and Identity*. New York, Guilford Press.

[353]Skowronski, J. J. and Carlston, D. E. 1987. Social judgment and social memory: The role of cue diagnosticity in negativity, positivity, and extremity biases. *Journal of Personality and Social Psychology*, Vol. 52, No. 4, pp. 689-699.

[354]Slotter, E. B. and Gardner, W. L. 2014. Remind me who I am: Social interaction strategies for maintaining the threatened self-concept. *Personality and Social Psychology Bulletin*,

Vol. 40, No. 9, pp. 1148-1161.

[355]Smith, T. W. et al. 2008. Associations of self-reports versus spouse ratings of negative affectivity, dominance, and affiliation with coronary artery disease: Where should we look and who should we ask when studying personality and health? *Health Psychology*, Vol. 27, No. 6, pp. 676-684.

[356]Solomon, S. et al. 1991. A terror management theory of social behavior: The psychological functions of self-esteem and cultural worldviews. *Advances in Experimental Social Psychology*, Vol. 24, pp. 93-159.

[357]Spence, J. T. and Helmreich, R. L. 1980. Masculine instrumentality and feminine expressiveness: Their relationships with sex role attitudes and behaviors. *Psychology of Women Quarterly*, Vol. 5, No. 2, pp. 147-163.

[358]Stark, C. E. and Squire, L. R. 2001. When zero is not zero: The problem of ambiguous baseline conditions in fMRI. *PNAS*, Vol. 98, No. 22, pp. 12760-12766.

[359]Stephan, W. G. et al. 2008. The role threat in intergroup relations. In U. Wagner et al. (Eds.), *Improving Intergroup Relations: Building on the Legacy of Thomas F. Pettigrew*. Malden, MA, Blackwell.

[360]Stephan, W. G. et al. 2009. Intergroup Threat Theory. In T. D. Nelson (Ed.), *Handbook of Prejudice, Stereotyping, and Discrimination*. New York, Psychology Press.

[361]Stoodley, C. J. et al. 2012. Functional topography of the cerebellum for motor and cognitive tasks: An fMRI study. *NeuroImage*, Vol. 59, No. 2, pp. 1560-1570.

[362]Straube, T. et al. 2011. Brain activation during direct and indirect processing of positive and negative words. *Behavioural Brain Research*, Vol. 222, No. 1, pp. 66-72.

[363]Swencionis, K. J. and Fiske, S. T. 2014. How social neuroscience can inform theories of social comparison. *Neuropsychologia*, Vol. 56, No. 1, pp. 140-146.

[364]Tajfel, H. and Turner, J. C. 1986. The social identity theory of intergroup behavior. In S. Worchel and W. G. Austin (Eds.), *Psychology of Intergroup Relations*. Chicago, Nelson Hall.

[365]Takeuchi, H. et al. 2011. Failing to deactivate: The association between brain activity during a working memory task and creativity. *NeuroImage*, Vol. 55, No. 2, pp. 681-687.

[366]Tausch, N. et al. 2007. The confirmability and disconfirmability of trait concepts revisited: Does content matter? *Journal of Personality and Social Psychology*, Vol. 92, No. 3, pp. 542-556.

[367]Taylor, S. E. 2007. Social support. In Friedman, H. S. and Silver, R. C. (Eds.), *Foundations of Health Psychology*. New York, NY, Oxford University Press.

[368]Trapnell, P. D. and Paulhus, D. L. 2012. Agentic and communal values: Their scope and

measurement. *Journal of Personality Assessment*, Vol. 94, No. 1, pp. 39-52.

[369]Triandis, H. C. 1995. *Individualism and Collectivism.* Boulder, CO, Westview Press.

[370]Trivers, R. 1972. *Parental Investment and Sexual Selection.* Chicago: Aldine Publishing Company.

[371]Turner, J. C. et al. 1994. Self and collective: Cognition and social context. *Personality and Social Psychology Bulletin*, Vol. 20, No. 5, pp. 454-454.

[372]Twenge, J. M. et al. 2008. Egos inflating over time: A cross-temporal meta-analysis of the Narcissistic Personality Inventory. *Journal of personality*, Vol. 76, No. 4, pp. 875-902.

[373]Twenge, J. M. et al. 2012. Generational differences in young adults' life goals, concern for others, and civic orientation, 1966-2009. *Journal of Personality and Social Psychology*, Vol. 102, No. 5, pp. 1045-1062.

[374]Unger, A. et al. 2016. The revising of the Tangney Self-Control Scale for Chinese students. *PsyCh Journal*, Vol. 5, No. 2, pp. 101-116.

[375]Van Overwalle, F. 2009. Social cognition and the brain: A meta-analysis. *Human Brain Mapping*, Vol. 30, No. 3, pp. 829-858.

[376]Van Overwalle, F. et al. 2014. Social cognition and the cerebellum: A meta-analysis of over 350 fMRI studies. *Neuroimage*, Vol. 86, pp. 554-572.

[377]Van Overwalle, F. and Baetens, K. 2009. Understanding others' actions and goals by mirror and mentalizing systems: A meta-analysis. *Neuroimage*, Vol. 48, No. 3, pp. 564-584.

[378]Vazire, S. and Funder, D. C. 2006. Impulsivity and the self-defeating behavior of narcissists. *Personality and Social Psychology Review*, Vol. 10, No. 2, pp. 154-165.

[379]Wang, L. et al. 2011. The influence of information structure on the depth of semantic processing: How focus and pitch accent determine the size of the N400 effect. *Neuropsychologia*, Vol. 49, No. 5, pp. 813-820.

[380]Wang, L. et al. 2013. ERP evidence on the interaction between information structure and emotional salience of words. *Cognitive, Affective & Behavioral Neuroscience*, Vol. 13, No. 2, pp. 297-310.

[381]Ward, C. and Rana-Deuba, A. 1999. Acculturation and adaptation revisited. *Journal of Cross-Cultural Psychology*, Vol. 30, No. 4, pp. 422-442.

[382]Wells, W. D. and Prensky, D. 1996. *Consumer Behavior.* New York, Wiley.

[383]Wiggins, J. S. 1991. Agency and communion as conceptual coordinates for the understanding and measurement of interpersonal behavior. In D. Cicchetti and W. M. Grove (Eds.), *Thinking Clearly about Psychology: Essays in Honor of Paul E. Meehl, Vol. 2: Personality and Psychopathology*. Minneapolis, MN, University of Minnesota Press.

[384]Wilson, E. O. 2012. *The Social Conquest of Earth.* New York, Liveright.

[385]Witt, R. E. and Bruce, G. D. 1972. Group influence and brand choice congruence. *Journal of Marketing Research*, Vol. 9, No. 4, pp. 440-443.

[386]Wojciszke, B. 1997. Parallels between competence-versus morality-related traits and individualistic versus collectivistic values. *European Journal of Social Psychology*, Vol. 27, No. 3, pp. 245-256.

[387]Wojciszke, B. 2005. Morality and competence in person and self-perception. *European Review of Social Psychology*, Vol. 16, No. 1, pp. 155-188.

[388]Wojciszke, B. and Abele, A.E. 2008. The primacy of communion over agency and its reversals in evaluations. *European Journal of Social Psychology*, Vol. 38, No. 7, pp.1139-1147.

[389]Wojciszke, B. et al. 1998. On the dominance of moral categories in impression formation. *Personality and Social Psychology Bulletin*, Vol. 24, No. 12, pp. 1251-1263.

[390]Wojciszke, B. et al. 2009. Two dimensions of interpersonal attitudes: Liking depends on communion, respect depends on agency. *European Journal of Social Psychology*, Vol. 39, No. 6, pp. 973-990.

[391]Wojciszke, B. et al. 2011. Self-esteem is dominated by agentic over communal information. *European Journal of Social Psychology*, Vol. 41, No. 5, pp. 617-627.

[392]Wojciszke, B. and Abele, A. E. 2008. The primacy of communion over agency and its reversals in evaluations. *European Journal of Social Psychology*, Vol. 38, No. 7, pp. 1139-1147.

[393]Wojciszke, B. and Bialobrzeska, O. 2014. Agency versus communion as predictors of self-esteem: Searching for the role of culture and self-construal. *Polish Psychological Bulletin*, Vol. 45, No. 4, pp. 469-479.

[394]Wojciszke, B. and Sobiczewska, P. 2013. Memory and self-esteem: The role agentic and communal content. *Social Psychology*, Vol. 44, No. 2, pp. 95-103.

[395]Wortman, J. and Wood, D. 2011. The personality traits of liked people. *Journal of Research in Personality*, Vol. 45, No. 6, pp. 519-528.

[396]Ybarra, O. 2002. Naive causal understanding of valenced behaviors and its implications for social information processing. *Psychological Bulletin*, Vol. 128, No. 3, pp. 421-441.

[397]Ybarra, O. et al. 2001. Young and old adults' concerns about morality and competence. *Motivation and Emotion*, Vol. 25, No. 2, pp. 85-100.

[398]Ybarra, O. et al. 2008. Life's recurring challenges and the fundamental dimensions: An integration and its implications for cultural differences and similarities. *European Journal of Social Psychology*, Vol. 38, No. 7, pp. 1083-1092.

[399]Ybarra, O. et al. 2012. Self-judgment and reputation monitoring as a function of the

fundamental dimensions, temporal perspective, and culture. *European Journal of Social Psychology*, Vol. 42, No. 2, pp. 200-209.

[400]Ybarra, O. and Stephan, W. G. 1996. Misanthropic person memory. *Journal of Personality and Social Psychology*, Vol. 70, No. 4, pp. 691-700.

[401]Ybarra, O. and Stephan, W. G. 1999. Attributional orientations and the prediction of behavior: The attribution-prediction bias. *Journal of Personality and Social Psychology*, Vol. 76, No. 5, pp. 718-727.

[402]Young, L. and Saxe, R. 2009. An fMRI investigation of spontaneous mental state inference for moral judgment. *Journal of Cognitive Neuroscience*, Vol. 21, No. 7, pp. 1396-1405.

[403]Yzerbyt, V. Y. et al. 2008. Compensation versus halo: the unique relations between the fundamental dimensions of social judgment. *Personality & Social Psychology Bulletin*, Vol.34, No. 8, pp. 1110-1123.

[404]Zeigler-Hill, V. et al. 2015. Self-esteem instability and personality: The connections between feelings of self-worth and the big five dimensions of personality. *Personality & Social Psychology Bulletin*, Vol. 41, No. 2, pp. 183-198.

[405]Zell, E. and Alicke, M. D. 2010. The local dominance effect in self-evaluation: Evidence and explanations. *Personality and Social Psychology Review*, Vol. 14, No. 4, pp. 368-384.

[406]Zhu, Y. and Zhang, L. 2002. An experimental study on the self-reference effect. *Science in China Series C: Life Sciences*, Vol. 12, No. 6, pp. 120-128.

[407]Zung, W. W. 1971. A rating instrument for anxiety disorders. *Psychosomatics*, Vol. 12, No. 6, pp. 371-379.

附 录

一、社会认知基本维度中文形容词词库

词汇	褒贬度	熟悉度	社群性	能动性	笔画	频级
笨拙	-1.67	2.22	1.41	1.67	19	15 909
草率	-2.02	2.31	1.35	1.63	20	19 109
迟钝	-1.80	2.45	1.47	1.73	15	15 480
粗心	-1.55	2.51	1.37	1.55	15	25 690
脆弱	-1.22	2.29	1.20	1.67	20	6 452
呆板	-1.75	2.24	1.55	1.65	15	19 362
胆怯	-1.73	2.31	1.51	2.02	17	11 645
胆小	-1.41	2.55	1.22	1.69	12	14 371
堕落	-2.59	2.51	2.08	2.20	24	8 241
彷徨	-1.13	1.98	1.33	1.82	19	16 792
肤浅	-2.13	2.49	1.48	2.04	16	17 558
糊涂	-1.67	2.69	1.41	1.67	25	5 564
灰心	-1.33	2.49	1.22	1.96	10	16 626
混乱	-1.35	2.10	1.29	1.63	18	3 119
懒散	-2.08	2.27	1.73	1.92	28	21 855
落后	-2.00	2.27	1.46	1.94	18	1 647
马虎	-1.71	2.67	1.43	1.59	11	13 216
盲从	-2.02	2.22	1.61	1.69	12	23 178
懦弱	-2.35	2.41	1.73	2.00	25	16 536
怕事	-1.80	2.45	1.53	1.94	16	35 856
平庸	-1.37	2.27	1.24	1.41	16	12 337
气馁	-1.76	2.41	1.43	1.92	14	19 560
怯懦	-2.24	2.29	1.67	2.10	25	22 119
轻率	-2.04	2.31	1.57	1.86	19	19 461

词汇	褒贬度	熟悉度	社群性	能动性	笔画	频级
软弱	−2.06	2.37	1.80	2.20	18	9 172
散漫	−1.86	2.29	1.41	1.69	26	21 539
偷懒	−1.88	2.49	1.33	2.12	27	19 535
颓废	−2.37	2.22	1.78	2.31	20	18 086
退缩	−1.78	2.18	1.78	1.90	22	12 784
萎靡	−2.35	1.86	1.96	2.39	30	30 868
畏难	−1.86	1.96	1.67	1.84	19	23 008
畏缩	−2.14	1.96	1.80	2.35	22	20 962
无能	−2.27	2.35	1.71	2.24	14	13 094
武断	−1.49	2.08	1.31	1.80	18	21 402
消极	−2.33	2.65	1.80	2.24	18	4 908
虚荣	−2.27	2.63	1.92	1.98	20	18 351
愚笨	−2.04	2.39	1.51	1.61	23	33 066
愚蠢	−2.51	2.49	1.96	2.24	34	10 048
愚昧	−2.35	2.41	1.67	2.06	21	10 751
自卑	−1.71	2.47	1.63	2.00	14	13 696
暴躁	−2.33	2.43	1.88	1.53	35	17 652
残酷	−1.78	2.29	1.84	1.45	23	5 985
残忍	−2.50	2.49	2.33	1.73	16	10 589
丑陋	−2.25	2.63	1.90	1.80	13	12 838
粗暴	−2.31	2.33	2.31	1.51	26	9 381
粗鲁	−1.94	2.37	1.96	1.63	23	19 448
粗俗	−1.98	2.27	1.94	1.51	20	17 653
粗野	−1.94	2.04	1.59	1.37	22	22 045
敌对	−1.37	2.10	1.84	1.37	14	8 486
多疑	−1.82	2.33	1.61	1.57	20	20 807
烦人	−1.92	2.55	1.90	1.31	12	27 274
放纵	−2.10	2.53	1.96	1.84	15	15 776
好色	−2.27	2.59	1.98	1.49	12	20 402
狠心	−2.06	2.54	2.33	1.53	13	14 903
嫉妒	−1.92	2.41	2.20	1.78	20	10 323
骄横	−2.45	1.98	2.45	1.78	24	24 892
可恶	−2.37	2.55	2.16	1.53	15	12 399
可怕	−1.94	2.49	2.12	1.43	13	3 372

续表

词汇	褒贬度	熟悉度	社群性	能动性	笔画	频级
可憎	-2.38	2.12	2.39	1.71	20	31 057
刻薄	-2.56	2.47	2.20	1.88	24	19 190
冷酷	-1.67	2.29	2.06	1.31	21	13 261
冷漠	-1.90	2.59	1.88	1.53	20	9 119
吝啬	-2.29	2.65	2.41	1.41	17	18 694
蛮横	-2.22	2.02	2.31	1.90	27	20 054
难缠	-1.90	2.06	1.67	1.12	23	32 785
欺骗	-2.46	2.57	2.47	1.55	24	5 668
轻浮	-2.33	2.12	1.86	1.22	19	23 762
轻佻	-2.20	1.98	1.86	1.73	17	27 555
任性	1.39	2.57	1.55	1.22	14	15 212
讨厌	-2.17	2.71	2.20	1.49	11	5 477
挑剔	-1.65	2.53	1.57	1.12	19	12 575
无礼	-2.04	2.29	2.18	1.57	9	22 239
无情	-2.00	2.47	1.86	1.22	15	6 376
小气	-1.60	2.59	1.82	1.39	7	19 974
凶悍	-2.06	2.24	2.08	1.22	14	31 562
野蛮	-1.85	2.39	1.67	1.43	14	8 934
阴沉	-1.69	2.02	1.59	1.31	14	13 377
圆滑	-1.41	2.29	1.25	0.71	21	27 328
谄媚	-2.51	1.80	2.10	1.51	19	27 344
纵欲	-2.25	1.76	2.00	1.86	18	33 212
乐观	2.83	2.94	2.29	2.51	16	4 978
博学	2.61	2.61	2.02	2.53	20	24 621
沉稳	2.40	2.55	2.04	2.49	21	16 366
出众	2.63	2.57	2.31	2.63	11	15 423
创新	2.55	2.73	1.86	2.59	19	1 347
聪明	2.52	2.84	2.02	2.59	22	3 382
聪颖	2.71	2.47	1.98	2.24	28	30 584
独立	2.45	2.80	1.84	2.16	14	1 008
高超	2.10	2.35	1.90	2.31	22	10 968
高效	2.29	2.53	1.86	2.67	20	3 332
果断	2.06	2.18	1.63	2.33	19	5 866
果敢	2.35	2.12	1.96	2.31	19	21 670

续表

词汇	褒贬度	熟悉度	社群性	能动性	笔画	频级
机警	2.10	2.14	1.78	2.31	25	19 086
机智	2.63	2.55	2.06	2.37	18	12 582
坚持	2.29	2.78	1.90	2.60	16	498
坚定	2.42	2.41	1.76	2.63	15	2 159
坚强	2.65	2.82	2.08	2.67	19	3 498
坚韧	2.48	2.57	1.96	2.67	14	14 309
尽责	2.44	2.63	2.14	2.55	14	21 718
进取	2.67	2.71	2.12	2.73	14	5 739
刻苦	2.45	2.65	1.73	2.57	16	6 461
理智	2.18	2.59	1.73	2.31	23	6 544
灵活	2.33	2.63	1.80	2.31	16	3 593
能干	2.49	2.56	1.86	2.69	13	11 797
努力	2.63	2.78	1.90	2.78	9	353
强大	2.33	2.67	2.06	2.53	14	1 854
勤奋	2.63	2.73	1.92	2.65	20	6 865
勤劳	2.49	2.80	1.80	2.45	19	7 928
勤勉	2.63	2.41	1.88	2.51	21	25 436
认真	2.49	2.78	1.98	2.61	14	469
睿智	2.73	2.43	2.12	2.57	26	18 255
上进	2.66	2.84	2.02	2.55	11	13 906
稳重	2.57	2.53	2.02	2.29	23	18 160
勇敢	2.75	2.86	2.08	2.49	20	3 921
有成	2.24	2.33	1.84	2.45	12	14 289
镇定	2.02	2.43	1.61	1.98	23	10 672
自立	2.47	2.61	1.86	2.57	11	8 210
自强	2.57	2.61	2.10	2.69	18	7 721
自信	2.59	2.82	1.96	2.69	15	3 904
自尊	2.02	2.59	1.78	2.12	18	9 957
正直	2.90	2.88	2.51	2.08	13	11 300
诚实	2.69	2.69	2.57	2.02	16	5 911
慈祥	2.63	2.67	2.43	1.65	23	14 505
大度	2.55	2.67	2.63	1.90	11	17 684
大方	2.49	2.84	2.51	1.80	7	9 204
道德	1.83	2.43	2.27	1.43	26	808

续表

词汇	褒贬度	熟悉度	社群性	能动性	笔画	频级
懂事	2.71	2.82	2.39	2.16	23	9 691
风趣	2.37	2.59	2.24	1.86	19	12 235
感恩	2.51	2.73	2.41	1.92	23	21 707
公平	2.24	2.81	2.04	1.69	9	2 371
好心	2.35	2.84	2.31	1.73	10	9 945
和善	2.50	2.61	2.53	1.45	20	16 226
开朗	2.55	2.80	2.16	1.88	14	13 718
慷慨	2.51	2.61	2.59	2.16	26	8 897
可爱	2.14	2.96	2.08	1.57	15	3 495
可靠	2.63	2.71	2.45	2.06	20	3 269
宽大	2.08	2.41	2.24	2.06	13	9 720
宽容	2.56	2.80	2.49	1.92	20	8 449
礼貌	2.65	2.80	2.55	1.98	19	8 282
廉洁	2.78	2.47	2.08	1.96	22	6 549
朴实	2.29	2.49	1.92	1.76	14	8 429
虔诚	2.53	2.22	2.10	1.96	18	9 895
亲切	2.52	2.67	2.49	1.76	13	1 759
热情	2.43	2.73	2.57	2.04	21	923
热心	2.51	2.67	2.39	1.86	14	5 186
柔情	2.06	2.15	2.20	1.55	20	14 011
善良	2.59	2.73	2.71	2.12	19	5 487
爽快	2.47	2.69	2.20	1.80	8	11 242
坦率	2.52	2.71	2.47	1.94	19	10 433
体贴	2.57	2.73	2.49	1.41	16	11 809
温和	2.35	2.63	2.47	1.78	20	8 276
温暖	2.51	2.65	2.20	1.88	25	2 213
温柔	2.20	2.67	2.14	1.39	21	5 585
无私	2.73	2.69	2.67	2.29	11	8 606
幽默	2.23	2.82	2.37	2.04	24	4 713
友好	2.58	2.82	2.59	2.00	10	1 690
真诚	2.71	2.55	2.67	2.27	18	3 171
正义	2.67	2.65	2.27	1.80	8	4 007

词汇	褒贬度	熟悉度	社群性	能动性	笔画	频级
忠诚	2.73	2.84	2.61	2.18	16	5 218
忠实	2.65	2.59	2.39	1.76	16	15 986

资料来源：韩梦霏、Oscar Ybarra、毕重增："社会认知基本维度中文形容词词库的建立"，《西南大学学报（自然科学版）》，2015年第8期。

二、描述两大基本维度的句子

（一）高能动性句子

1. X努力钻研线性代数的额外加分作业。

2. 在储蓄上X非常上心，从而很快就能购买第一套房子。

3. X组织了一个学生社团，向大学管理方反馈意见。

4. 经过一个月每天20次的练习，X感觉他/她掌握了小提琴。

5. 当X还在大学的时候，就在一本文学杂志上发表了短篇小说。

6. X曾在欧洲广泛游历，会讲数种语言。

7. X因为对公司的利润贡献最大而赢得了年度员工奖。

8. X写了一个小计算机程序，解决了一个棘手的积分计算问题。

（二）低能动性句子

1. 因为没有支付电费，X的住所被停电了。

2. 当被教授提问时，X是懵掉了，无法连贯地回答问题。

3. X因为专业入门课不及格而打算辍学。

4. X的自行车被偷了好几次，因为他总是忘了上锁。

5. X在考试中做得很差，因为混淆了需要学习的章节。

6. X找工作有麻烦，因为他/她总是面试迟到。

7. 同事们已习惯了不让X组织活动，因为他/她很少按时完成事情。

8. X花了几乎一个小时找到他/她停在购物中心停车场的车。

（三）高社群性句子

1. 当邻居外出的时候，X自愿照顾其宠物。

2. X喜欢和别人在一起。

3. X 与朋友打招呼总是给一个大大的拥抱。

4. X 早上 5:00 开车送朋友去机场，即使他 / 她真的可以用这时间来睡觉。

5. X 帮助一个盲人过马路。

6. X 总是在街上向陌生人微笑，希望让人们的一天更好。

7. X 喜欢在散步的时候手牵手。

8. 朋友的狗死后，X 花了几个小时陪朋友。

9. X 喜欢和朋友们长谈。

10. 在拥挤的公共汽车上有老人的时候，他 / 她主动让座。

（四）低社群性句子

1. X 很少与住在一起（同住）的人交流沟通。

2. X 会大吼抢了空停车位的司机。

3. X 认为晚会上的每个人都很浅薄，很早就离开了。

4. X 喜欢独自去看电影而不喜欢和朋友一起去看电影。

5. X 不会祝贺比赛的胜利者。

6. X 没有去他 / 她祖母的葬礼，因为他 / 她太忙于工作了。

7. 当他 / 她的同事在工作时打招呼，X 经常不回应。

8. X 向一个违反规矩的小女孩发飙。

9. 当要求为洪水受害者捐赠些钱时，X 回答说，他们压根就不应该住在那个地方。

10. 就像给陌生人指路这样的事，X 都觉得被打扰了。

（五）中性句子

1. X 喜欢阅读一本好小说。

2. X 喜欢偶尔去一家很好的餐厅。

3. X 每隔一段时间给他 / 她的父母打电话。

4. X 通常在他 / 她上班的路上买杯咖啡。

5. X 告诉父母他 / 她假期不能回家。

6. X 喜欢在公园里骑行。

7. X 有时去健身房锻炼。

8. 当 X 回到家，他 / 她喜欢检查他 / 她的电子邮件。

资料来源：Judd, C. M. et al. 2005. Fundamental dimensions of social judgment: Understanding the relations between judgments of competence and warmth. *Journal of Personality & Social Psychology*, Vol. 89, No. 6, pp. 899-913.

三、青少年性别角色测评表条目

（一）社群性

1. 我真的很喜欢为别人做事情。

2. 我很温柔（温和、和气、温顺）。

3. 我对别人很有帮助。

4. 我在其他人如何感受方面花了很多心思。

5. 我对别人很好。

6. 我总是试着去理解别人的感受。

7. 我是一个很温暖、友好的人。

（二）极端社群性

1. 我经常去担心别人的问题。

2. 我经常会卷入别人的问题。

3. 当我身边的人都快乐的时候，我才高兴。

4. 当别人不高兴的时候，我在晚上就很难睡着觉。

5. 即使当我感觉不舒服时，我也会去帮助别人。

6. 当有人向我寻求帮助时，说"不"对我很困难。

7. 我总是先帮助别人处理好他们的问题，再解决自己的问题。

8. 我担心别人需要我的时候，我却不在场。

9. 当别人想让我做别的事情时，我就不可能做我想做的事。

（三）能动性

1. 我宁愿独自做事情，也不愿向别人寻求帮助。

2. 我很忙碌、很活跃。

3. 我喜欢努力赢得比赛和竞赛。

4. 我相信我可以做好我可以做的大部分事情。

5. 我比其他人做得更好。

6. 当事情遇到困难时，我几乎总是会坚持下去。

7. 我经常是我朋友们的领头人。

（四）极端能动性

1. 我很会显摆自己。

2. 在担心别人之前，我会先担心自己。

3. 我是贪心的。

4. 我喜欢炫耀（自夸、吹牛）。

5. 大多数时候，我觉得我比别人好得多。

6. 我经常对人粗鲁。

7. 我是刻薄的——不正经说话的聪明人。

资料来源：Helgeson, V. S. and Palladino, D. K. 2012. Agentic and communal traits and health adolescents with and without diabetes. *Personality and Social Psychology Bulletin*, Vol. 38, No. 4, pp. 415-428.

致　谢

　　幸福并不仅仅是眼前的满意或高兴，而是一种表现于个体、根植于文化、社会、工作、学习、人际、环境等诸种内容整合的永续发展模式。这个模式有两大目标具有根本性：融合和进取。两大目标涉及的"为人"与"做事"是古今中外所有人必然要认识、必然要协调的一对基本关系。在社会结构纵横框架中，在社会关系中，在对他人、组织的认识中，在自我意向、自我认知中，二者的权衡也都形成了一对基本矛盾。因时因地处理好二者的关系，更是一个健康的文化、社会、组织、个人幸福存在与成长的根本任务。理清这些关系是多学科共同探讨的主题，本书从心理学视角进行了有限的探讨，得到了一些有意义、有启发的结果，同时也提出了若干问题，一并整理出来与大家共享。

　　大主题需要大智慧、大投入，并非我个人小团队有限视野和积累所能解答的。令人高兴的是，国内有多单位、多研究方向在本主题进行了多样化的研究和探讨，这见诸第一章、总结展望以及各章的具体引用。心理学在中国革命性创新的爆发点发生在哪个具体的研究领域，是难以预料的，但发生于心理内容领域的可能性高于心理过程领域。内容领域的特异性可以与心理过程的特异性叠加，反过来则不一定成立。另外，心理学现实生活中的生命力还在于内容，这个是任何文化和时代都需要具体面对的问题，也是文化传统与现代科学融合创新的必然。

　　在阅读郭永玉教授团队《人格研究》一书时，我表达了对人格心理学的一点看法，即人格心理学面临着对内、对外话语的挑战，对内要解释、指导现实生活，对外要能展开文化之间的对话，对学科发展做出独特的贡献。这个看法同样适用于社会认知基本维度研究，二者在内容和理论关切上重叠、关联。基本维度主题是需要并能够在当前伟大的社会实践中形成突破的研究领域。

对于基本维度未来的研究，我在总结与展望部分写了十个可能的问题，尚有一个思考过但没有写在这一部分的问题，这就是文化思维方式与基本维度的关系。基本维度是对内容的概括和描述，中华文明五千年未曾中断，思维方法和内容整合应当曾经做出过根本性贡献。思维方式中的因素和模式，如中庸、整体性思维，如何在现代生活中展开，是一个充满潜力、令人着迷的问题。

这本书所描述的研究在时间跨度上大约有七八年，虽然研究并无多少直接的资助，但前后参与其中者为数众多 —— 包括研究者、研究对象 —— 至少万余人，在此向所有的参与者致谢！尤其感谢我的几位研究生，他们与我在一个脑科学试图主宰心理学的单位，探讨这个很难出成果、拿奖学金的研究主题，他们在研究中的甘苦、困惑和收获，必定成为该领域有益的贡献。所执行的研究大部分已经写入本书，也有内容已经以论文或研究报告的形式在中英文专业期刊发表。这些研究生包括蔡贞、韩梦霏、李雪姣、陈菲菲、刘凯歌、狄轩康、李松桃、王明月、肖影影等。赵玉芳教授及其研究生、吕厚超博士及其研究生、杨红升博士及其研究生参加了部分研究工作。对于他们的奉献，特别予以感谢！这本书虽然是署名我个人，但也是集体劳动的成果，没有众人的帮助，是无法完成的。

感谢研究起步阶段中山大学景怀斌教授对该主题研究的肯定，他还指出了两个方向、三个问题，分别是中国人社会认知的原生维度，基本维度在领导与组织行为领域理论的建构与应用，以及中国人天道信仰中基本维度的文化、社会及脑机制。虽然这三个问题我至今未曾进行切实的研究，但确实让我感受到思考基本维度是有价值的，鼓舞我从小问题入手，不忘大愿景。

感谢徐琴香利用有限的业余时间来帮我转换参考文献的格式，这是一项细致的工作。

本书中的研究除了得到重庆市人文社会科学重点研究基地项目计划（项目批准号：18SKB004）的支持，还有一部分研究得到了西南大学一流学科建设经费和中央高校基本科研业务费重点项目"中国人社会认知基本维度研究"（SWU1509118）的资助，特此一并致谢！

期待新的研究！

毕重增

2018 年 3 月 22 日